本专著受到国家社会科学基金"十二五"规划2015年度教育学

一般课题（BFA150041）资助

中国高校大学生
资助绩效评估研究

曲绍卫　范晓婷　刘晶　著

中国社会科学出版社

图书在版编目（CIP）数据

中国高校大学生资助绩效评估研究／曲绍卫，范晓婷，刘晶著 . —北京：中国社会科学出版社，2016.8

ISBN 978 - 7 - 5161 - 8977 - 1

Ⅰ.①中… Ⅱ.①曲… ②范… ③刘… Ⅲ.①大学生—助学金—评估—研究—中国 Ⅳ.①G649.20

中国版本图书馆 CIP 数据核字（2016）第 227437 号

出 版 人	赵剑英
责任编辑	吴丽平
责任校对	周 昊
责任印制	李寡寡

出　　版	中国社会科学出版社
社　　址	北京鼓楼西大街甲 158 号
邮　　编	100720
网　　址	http://www.csspw.cn
发 行 部	010 - 84083685
门 市 部	010 - 84029450
经　　销	新华书店及其他书店

印　　刷	北京明恒达印务有限公司
装　　订	廊坊市广阳区广增装订厂
版　　次	2016 年 8 月第 1 版
印　　次	2016 年 8 月第 1 次印刷

开　　本	710×1000 1/16
印　　张	20.5
插　　页	2
字　　数	336 千字
定　　价	68.00 元

序　言

伴随高校扩招而产生的贫困大学生规模相对扩大的现象，只有深化高等教育民生建设与改革才能使该问题得到有效缓解。高校学生资助管理工作是国家学生资助管理工作的一项重要组成部分，随着高校资助对象规模的不断扩大，以及学生资助政策体系的建立健全和资助内容的不断丰富，高校学生资助管理工作量随之增加，资助政策贯彻与执行的有效性问题相伴产生。本书关于高校大学生资助管理工作评估，主要围绕国家所统一制定的高校大学生资助政策落实情况而展开，并未包括高校内部自设或与社会共同开展的资助项目管理工作。

第一，加强大学生资助管理对解决上学难有重要意义。学生资助是指向学生提供的包括奖学金、助学金、助学贷款、困难补助、勤工助学基金、学费减免等形式在内的各种类型的经济资助。高校大学生资助一般包括政府、学校、个人、企业、社团等其他社会机构，通过直接资助和间接资助的方式向在校大学生提供的各种类型的经济资助。高校大学生资助管理即指高校学生资助管理机构有效组织并利用各项人力、物力、财力等资源，利用行政手段、信息化等方式，组织实施高校大学生资助的具体政策与项目的过程。高校大学生资助管理绩效评估则是指以高校为评估对象，在综合考虑投入与产出的基础上，通过构建系统的评估指标体系来考核高校大学生资助管理机构运用各种资源及职能来贯彻落实国家学生资助政策的实际过程及结果而开展的评估活动。

第二，关注人权和教育机会均等是政府高度重视的教育问题。高校大学生资助政策是党和国家"惠民政策""阳光政策"的直接体现，评估高校大学生资助管理绩效具有丰富而深刻的价值意义。教育公平理念是社会公平的基础，同时也是社会公平价值观在教育领域的延伸和体现。伴随着高等教育大众化阶段的到来，以及高等教育成本分担政策的逐步推行，高校家庭经济困难学生的问题日益凸显。针对高校大学生资助管理绩效进行评估研究，既是践行教育公平理念的体现，同时也有助于保障大学生资助公平性的实现。通过对学生资助管理工作客观系统的评估，以督促高校大学生资助工作的公平开展，保障家庭经济困难学生接受高等教育的合法权利，促使大学生资助政策充分发挥教育公平保障功能。评估高校大学生资助管理绩效是保障和改善民生的有效手段之一。基于此，作为高等教育"民生工程"的一项重要内容，高校大学生资助工作的出发点在于减轻经济困难家庭子女入学的经济负担，保障大学生全身心投入到大学生活与学习之中，对于解决他们的就业问题及保障社会安定意义重大。评估大学生资助管理绩效水平则基于结果反馈，将进一步促进资助政策的贯彻落实，审视大学生资助的力度与标准，从支持与监督的视角保障家庭经济困难学生的入学机会，通过改善学习与生活条件帮助完成学业，继而从根源上消除贫困代际传递。开展高校大学生资助管理绩效评估是践行教育公平理念的重要举措。

第三，储备和扩大国家优质人力资源以提高国际竞争实力。高校大学生资助管理绩效评估活动是建设人力资源强国的必然选择，我国是人力资源大国但并非人力资源强国，实现中华民族的伟大复兴，需要建立人力资源强国为坚强厚盾。高校是提供我国经济社会发展所需的人力资源宝库，对于推动科技创新和产业结构升级具有极其重要的作用。高校大学生资助政策是确保家庭经济困难学生就学的重要前提，是保障高素质人力资源不可或缺的重要构成部分。高校担负着中华民族伟大复兴所需人才的重大任务，为此，高校应当牢牢抓住时代赋予的历史使命，在教育强国、科技强国和创新型国家建设战略实施进程中，充分发挥自身对于提升人力资本赶超竞争力的培育与加速功能，更多更好地为中华民族复兴之梦培育栋梁之材，以人力资本支持和提升我国在世界国际竞争中的地位。据国家统计局公布的数据显示，1999 年普通高校在校生数为 408.6 万人，2014 年在校生数为 2547.7 万人，14 年间高校在校生涨幅超过 500%，意味着目前我国大学生人数已达到 1999 年人数的 6 倍之多。我国虽可谓人力资源大国却非人力资源强国，在人口大国转向人才资源强国的进程中，高校必须且应当充分发挥自身的骨干引领作用，培养大批高素质劳动者和科技创新人才。随着家庭经济困难学生人数的逐渐增多，大学生资助工作的开展有利于高校将贫困学生转化为人力资源储备力量，通过资助政策来促进贫困学生向高素质人力资源的发展。

第四，通过资助管理评估来推进管理科学化。绩效通常而言指组织或个人在一定时期内的投入产出情况，科学地组织开展高校大学生资助管理工作能够有效提升资助工作的绩效水平，从而优化资源的配置结构及资助经费的利用率。据高校大学生资助报告统计数据显示，截至 2014 年底我国学生资助投资高达 1421.28 亿元，其中高校大学生资助投资额度达到 716.86 亿元，在当前高校资助对象、经费及工作量持续增加的形势背景下，如何管好用好如此庞大的资助经费并提高资助绩效，加快促进高校大学生资助管理工作制度化、规范化、科学化和法制化，通过绩效评估可以发现学生资助管理环节中存在的公平失范现象，是高校大学生资助管理工作绩效评估之核心宗旨。

本书作者分工：曲绍卫：第一编全部（第 1—5 章），第二编（第 1—2 章）以及问卷设计分析等内容。范晓婷：第二编（第 3—4 章）刘晶：第三编（第 1—3 章）全部内容

目　　录

第一篇　大学生资助的基本理论问题

第二篇　大学生资助管理过程评估

第 一 篇

大学生资助的基本理论问题

近年来，我国国家财政性教育经费占 GDP 的比重逐年增高，2012 年已顺利突破 4% 的目标并连续三年维持在 4% 的水平以上，我国教育经费投入总额也逐年增加，由此可见政府对于教育投入重视程度的不断提高。作为党中央、国务院"惠民工程"的重要体现之一，学生资助政策的贯彻落实情况既关系到我国教育公平理念的推进，也关系到广大学生群体切身利益的实现。自 2007 年我国逐步构建起覆盖各个教育阶段的学生资助政策体系，国家先后出台一系列政策措施及文件，突出强调国家学生资助政策体系的完善与推进。其中，高等教育作为高级人才的培养阵地与输出系统，保障高校家庭经济困难学生顺利接受并完成高等教育意义尤为重大。

第一章　引言

第一节　研究问题的提出

当前，国家对于教育资助已达到前所未有的重视程度，近年来政府持续增加全国高校大学生资助的投入经费，家庭经济困难学生的资助覆盖面也越来越广，资助形式与内容愈加多样化。在高校学生资助工作开展得如火如荼的形势下，反思资助政策贯彻落实的问题与困境是进一步推进大学生资助工作的必然之举。

一　高校大学生资助基础建设能否满足工作需要尚待考察

自我国学生资助政策体系建立以来，全国资助学生人数与资助金额大幅度增长，据近三年全国学生资助发展报告统计数据显示，2012 年全国学生资助金额为 1126.08 亿元，2013 年增长至 1185.15 亿元，2014 年增长至 1421.28 亿元。其中，我国高校学生资助经费 2012 年投入至 547.84 亿元，2013 年增长至 574.11 亿元，2014 年则迅速攀升至 716.86 亿元，三年内增长率达到 36.33%。国家对于大学生资助工作的重视程度显而易见，然而高校作为大学生资助政策的贯彻落实主体，其基础建设程度是否能够满足工作需要？是否具备保障资助管理工作顺利开展的人力、物力等资源基础？例如，在家庭经济困难学生认定制度建设环节，当前我国许多高校并未按照政策规定制定校级具体的贫困生认定办法或管理制度。作为大学生资助政策落实到位的前提条件之一，贫困生认定办法的制定是大学生资助公平开展的重要制度保障。另外，在高校资助网站建设方面，许多高校并不具备校级专门的大学生资助网站信息平台，因而导致大学生资助政策信息的发布缺乏便捷有效的传递渠道，不利于资助管理工作的高效开展。基于此，大学生资助基础建设是保障资助政策顺利贯彻落实的前提和基础，需要考察当前高校学生资助管理机构在基础建设层面的薄弱环节，通过查漏补缺以深入推进资助管理工作，因而也是本书开展的问题出发点之一。

二　高校大学生资助政策的贯彻执行力度有待商榷

从我国高校大学生资助政策体系的演变历程来看，1982 年以前，我国大学生处于免费上学阶段，资助政策即为人民助学金制度；1982—1986 年，资助政策演变为奖学金与人民助学金并存的制度；1986—1993 年实行奖学金与贷款制度相结合的资助政策体系；1999 年至今，高校大学生资助政策逐渐向多元化、混合化的方向发展，集中体现为愈渐丰富的资助内容与资助方式，现已形成"以奖贷助为主，勤补免为辅"的内容框架。由此可见，步入 21 世纪以来的高校大学生资助政策内容不断增加，资助管理工作也随之面临前所未有的挑战。当前，在混合资助模式逐步建立健全的形势下，高校资助政策的贯彻落实成效有待研究考察。实际上，高校大学生资助管理工作的许多环节存在政策执行缺失的问题。例如，在家庭经济困难的贫困资格认定过程中存在弄虚作假的现象，个别高校实行主观资格认定；在政策宣传环节同样存在执行缺失现象，许多学生对于生源地助学贷款等政策信息并不清楚，许多高校甚至并未开设生源地助学贷款项目。因此，政策落实过程中出现的这类问题表明，国家虽然建立健全了高校大学生资助政策体系，然而高校对于政策的贯彻执行力度与成效有待考量。

三　高校大学生资助管理的成效产出情况需要深思

据高校学生资助报告统计，政府、高校及社会设立的各类政策资助普通高等学校学生人次由 2006 年的 1530.27 万人次增长至 2014 年的 4064.25 万人次，八年内累计增长 2.66 倍。尽管高校大学生资助对象的数量呈快速增长趋势，然而庞大的经费投入是否获得了相应的效益产出却无从获知。例如，贫困学生在受助后是否获得良好的就业机会、是否按时还贷，等等。在助学贷款还款方面，违约还贷现象屡见不鲜，据统计许多高校学生拖欠贷款的比例已远远超出银行放贷的风险底线；另外，许多大学生由于家庭背景原因在性格上较为内向，往往导致在就业时出现成绩优秀但不善言辞的现象，从而进一步造成贫困学生就业困难的问题。综上所述，政府部门已投入大量人力、物力、财力以资助高校学生接受高等教育，但当前资助管理工作存在的"重投入轻产出"的倾向严重影响着资助效益的产出。

第二节　研究意义及研究方法

一　研究意义

高校大学生资助政策是党和国家"惠民政策""阳光政策"的直接体现，评估高校大学生资助绩效水平在教育领域的研究意义主要体现为下列三点。

（一）开展大学生资助绩效评估工作，有助于践行教育公平理念

社会公平之基础在于教育公平，追求教育公平自古以来就是人类在教育领域的忠实理念。随着高等教育成本分担机制的推行，家庭经济困难学生能否顺利接受高等教育的问题逐渐被提上议事日程，教育公平的缺失依然存在。作为全民教育的灵魂，高等教育若失去了教育机会的均等，社会公平便无从谈起。因此，开展大学生资助绩效评估工作，既是践行教育公平理念的体现，同时也有助于保障大学生资助的公平性实现。一方面，客观系统地评估高校资助管理工作能够督促高校学生资助工作的公平开展，保障不让一个学生因为家庭经济困难而失学；另一方面，开展大学生资助政策评估，可以发现资助管理环节中存在的公平失范现象，从而推进资助管理的公平性，最终推动教育公平理念的践行。

（二）评估大学生资助政策实施效果，有利于增强人力资源储备

高校作为托起中国梦的有力支撑，在实现中华民族伟大复兴的梦想之旅中担负着重大而艰巨的任务。为此，高校应当牢牢抓住时代赋予的历史使命，在教育强国、科技强国和创新型国家建设战略实施的进程中，充分发挥提升人力资本赶超竞争力的培育与加速功能，更多更好地为中华民族复兴之梦培育栋梁之材，以坚实的人力资本支持和智力保障提升我国在世界国际竞争中的地位。据国家统计局公布的数据显示，1999 年普通高校在校生数为 408.6 万人，2014 年在校生数为 2547.7 万人，14 年间高校在

校生涨幅超过 500%，意味着目前我国大学生人数已达 1999 年人数的 6 倍之多。我国虽有人力资源大国之称，却非人力资源强国。在推进我国由人口大国向人才资源强国转变的过程中，高校必须且应当充分发挥自身的骨干引领作用以培养大批高素质劳动者和科技创新人才。基于此，大学生资助工作的开展有利于将贫困学生转化为人力资源储备力量，激励在校大学生奋发向上、成长成才，进而推动我国人力资源强国战略的实施及中华民族伟大复兴之梦的实现。大学生资助绩效评估研究的开展则基于监督保障的视角，通过推动资助政策的贯彻落实来促进贫困学生向人力资源的转换。

（三）加强大学生资助绩效评估研究，有益于切实提高资助效益

高校学生资助管理工作是国家学生资助管理工作一项重要的组成部分，随着资助政策内容的不断丰富及受助学生规模的不断扩大，高校学生资助管理工作量随之增加，资助政策贯彻与执行的有效性问题随之产生。通过设计高校学生资助管理绩效评估指标体系来对大学生资助政策的实施效果进行评估，能够帮助高校从整体上把握资助政策执行的效果及问题所在，掌握高校资助活动中各类资金的发放与使用是否规范、及时且足额，以此考察资助经费的使用效益。不仅如此，对高校学生资助管理工作的系统评估包括对高校的资助水平与育人成效的评价，有助于了解我国大学生资助育人的切实成效，准确把握资助育人中存在的主要问题，进而对症下药以使资助工作的育人效益得到最大限度的发挥。

二 研究方法

本书主要采用文献研究法、访谈调查法、模型量化等研究方法。

（一）文献研究法

利用文献检索和分析的方法收集大学生资助绩效评估方面的已有成果，其中包括相关文献、著作、报告公文等内容，通过整理分析已有研究成果为本书的开展奠定理论基础和历史依据。

（二）访谈调查法

对全国学生资助管理中心和在全国不同地区选取的 11 所高校学生资助中心的工作人员进行调研访谈，了解现行的家庭经济困难学生资助政策的制定、实施情况。

（三）　问卷调查法

首先，本书选取中央直属的 120 所高校为实证评估对象，依据构建的大学生资助绩效评估指标体系，通过设计问卷、评估表的形式对 120 所中央直属高校展开调查研究并进行实证分析，从而为全国高校大学生资助管理评价研究提供数据支持。其次，对全国不同地区、不同类型的 11 所高校的学生进行抽样调查，获得家庭经济困难学生的个人及家庭的相关信息、获得资助的情况、在校各方面表现及学习、心理、就业准备现状，对家庭经济困难学生资助政策的评价及建议。

（四）　描述性统计法

依据实证评估所获得的评估数据，采用描述性方法进行统计分析。在获得 120 所中央直属高校排名后，从平均成绩、分值等级分布两个维度对高校资助管理总水平及各级指标得分情况进行描述性分析，以期为下一步的模型量化研究的展开奠定基础。

（五）　层次分析法

研究在实证评估环节主要运用 Matlab、Stata 等统计软件来处理和分析数据资料，结合专家评议法和层次分析法等构建大学生资助绩效评估指标体系，开展指标要素的筛选与构建，基于层次分析法确定指标权重。

（六）　综合评价法

选取层次分析和模糊综合评判集成的方法，对家庭经济困难学生资助政策在高校执行的效果进行实证评价。

（七）　多元线性回归分析法

针对高校类型对大学生资助绩效水平的影响进行研究。将 120 所中央直属高校按照办学层次、办学水平、所在区域、隶属部门及学校类型进行分类，采用 Stata 12.0 统计软件对五种高校类别与大学生资助管理的基础建设、工作实施及工作成效分别进行虚拟自变量的多元线性回归分析，一方面能够得出高校类别对于大学生资助绩效水平的解释力度，另一方面便于从类别差异入手有针对性地改进高校大学生资助绩效水平。

第二章 大学生资助的内涵、本质、价值及理念探析

随着高校大学生资助政策的贯彻落实，我国高等教育在解除家庭经济困难学生后顾之忧、缩小学生之间经济差距、激励学生勤奋学习、努力进取、促进教育公平、提高资助水平及促进教育持续健康发展等方面取得了令人瞩目的成绩。从内涵、本质、价值及理念四重视角审视高校大学生资助，有助于从根源上明确大学生资助的根本属性与功能，对于把握资助活动的目的与方向至关重要。

第一节 大学生资助的内涵

为确保研究一脉相承，在此首先对大学生资助、大学生资助绩效及大学生资助绩效评估的概念予以界定。

一 大学生资助

关于"大学生"的概念，《中华词典》将其界定为在高等教育学校就读的学生，《现代汉语词典》将其界定为在高等学校读书的学生。有关"资助"，在《现代汉语词典》中，"资助"一词意为"用财物帮助"；Harolw G. Unger（1996）在其所著的《美国教育百科全书》中对"学生资助"进行了概念界定，认为学生资助是公立机构、私立机构、高等院校或其他社会组织通过向学生提供贷款、奖学金、补贴、工作机会等方式帮助学生支付教育费用，同时这种经济资助是以学业成就、经济需要或服务回报为基础的。同时，国内还有学者对"学生资助"进行了概念界定，《教育管理词典》对"学生资助"的解释为"政府部门为保障学生顺利接

受教育，特别是高等教育而采取的系列性财政资助政策"。① 国内学者王康平（2001）将"学生资助"定义为"面向学生提供的包括奖学金、助学金、助学贷款、困难补助、勤工助学基金、学费减免等各类经济资助"。② 彭安臣（2009）则指出："根据涵盖内容的不同，学生资助有狭义和广义之分，狭义的学生资助通常指政府为学生提供的财政资助；广义的学生资助包括政府以及社会其他机构对于受教育学生提供的各种经济上的资助，而不单指政府部门提供的财政性资助。"③

实际上，学生资助面向各个教育阶段，然而不同教育阶段下的受教育者需要分担的教育成本不同，教育层次越高，教育成本也就相对越高，因此接受高等教育的大学生对于学生资助的需求越大。因此，大学生是国家资助体系中至关重要的资助对象。从概念关系来看，学生资助的概念范畴包括大学生资助在内，二者之间属于上下位概念的关系。本书认为，大学生资助的基本内涵包括广义和狭义两个范畴。广义的"大学生资助"是指我国政府部门、其他机构团体乃至个人通过直接或间接的方式，向在高等学校就读的学生提供的经济资助和非经济资助；狭义的"大学生资助"则指政府作为大学生资助政策的制定者与实施领导者，将学校、银行等社会机构作为合作主体，通过多元化形式对接受全日制高等教育的学生实施非营利性的资助活动，具体资助政策包括"奖、贷、助、勤、补、免"六类。

本书中的大学生资助更倾向于狭义的概念，但又将大学生仅限定于普通高校的本专科在校生，即指就读于大专以上高校的接受全日制学历教育的学生，其中包含高等职业教育，但并未将硕士生、博士生、进修生和函授生等学生纳入其中，因而在某种程度上区别于研究生资助的基本概念。除此之外，本书中的大学生资助的概念并非仅仅包括对高校贫困学生的资助，同时还包括对高校普通学生的奖励和资助，因而与贫困生资助的内涵相较而言更为丰富。

---

① 教育管理词典编委会：《教育管理词典》，海南人民出版社 2005 年版，第 361—362 页。
② 王康平：《高校学费政策的理论与实践》，厦门大学出版社 2001 年版，第 25 页。
③ 彭安臣：《中国博士生资助》，博士学位论文，华中科技大学，2009 年，第 7 页。

二　大学生资助绩效

绩效（performance）在英文中的原意是"履行、执行、表现、行为、完成"，引申为"作为、成就、成果、业绩"。从普遍意义上来说，绩效是对组织的成就与效果的全面系统的表征，它通常与生产力（productivity）、质量（quality）、效果（outcome）、权责（accountability）等概念密切相关。绩效是一个与效率有联系又有区别的概念，是一个包括效率但又比效率更为广泛的概念。尼古拉斯·亨利认为，"效率（efficiency）指以最少的可得资源来完成一项工作任务，追求投入与产出之比的最大化，而有效性（effectiveness）则是指注重实现所预想的结果"[①]。

从管理学层面来说，学者们对于绩效概念的解释并不统一，但较为流行的主要有三种观点。

第一，绩效行为说[②]。即绩效被认为是一种工作行为，墨菲（Murphy，1990）给绩效下的定义是"绩效是与一个人在其中工作的组织或组织单元的目标有关的一组行为"。在这个定义中，墨菲将目标与行为统一起来，绩效与行为相关但并不相等。坎贝尔则在1990年明确提出"绩效是行为，应该与结果区分开，因为结果会受系统因素的影响"。此后，1993年他在 Theory of Performance 一书中给绩效下的定义为："绩效是行为的同义词，它是人们实际的行为表现并且能观察得到的。就定义而言，它只包括与组织目标有关的行动或行为，能够用个人的熟练程度（贡献水平）来定等级（测量）。"墨菲与坎贝尔都认为绩效是包含"目标"与"行为"的统一体。

第二，绩效结果说。绩效结果说认为绩效即结果，是对个人、组织或者群体的工作成绩的记录。如伯纳丁（Bernardin，1995）认为"绩效应该定义为工作的结果，因为这些工作结果与组织的战略目标，顾客满意度及所投资金的关系最为密切"。凯恩（Kane，1996）指出，绩效是"一个

---

① ［美］尼古拉斯·亨利：《公共行政与公共事务》（第八版），张昕译，中国人民大学出版社2002年版，第284页。

② 参见卓越《公务员绩效评估》，中国人民大学出版社2010年版，第4页。

人留下的东西，这种东西与目的相对独立而存在"①。绩效结果说的学者将"目的"与"结果"严格区分开来，这是它与绩效行为说的不同之处。

第三，绩效"实践"综合说。随着人们认识的发展和深入，后来的学者们逐渐认识到不论是绩效行为说还是绩效结果说，都有偏颇之处，因此，更多的学者主张将二者综合起来，从动态角度来解释"绩效"一词。陈振明认为绩效是指"从过程、产品和服务中得到的输出结果，并能用来进行评估和与目标、标准、过去结果以及其他组织的情况进行比较"②。石金涛等人在《绩效管理》一书中认为，绩效是指有效的活动及其结果。③ 厦门大学的卓越教授则认为，要理解绩效必须把握两个关键点：其一，绩效是与规范的、客观的评价相联系的。其二，绩效体现在行为、方式和结果三个方面，是对员工履行职能的全面评价。越来越多的学者倾向于将行为、过程与结果结合起来解释绩效的概念，并把绩效分成三个方面：个人绩效、团队绩效和组织绩效。

本书将大学生资助绩效定义为，高校学生资助管理机构通过有效利用人力、物力、财力和信息等资源，运用决策、计划、组织、领导、激励和控制等职能，对于国家资助政策及帮助家庭经济困难学生完成学业的贯彻落实效果与执行情况。

三　大学生资助绩效评估

关于"评估"概念的界定，《现代汉语词典》将其定义为评议估计、评价；王战军（2000）将"评估"界定为"依据相应标准，采用定量或定性的方法对事物或对象进行判断"④。《教育管理词典》将"教育评估"一词界定为"根据既定的目标来构建系统的指标内容体系，通过收集相关数据资料采用定量或定性的分析方法来对教育活动的成效或状态进行判断、评定和估量的过程"⑤。陈玉琨教授（2001）对"教育评估"概念的

---

① 卓越：《公务员绩效评估》，中国人民大学出版社 2010 年版，第 4 页。
② 陈振明：《公共部门绩效管理的理论与实践》，《中国工商管理研究》2006 年第 12 期，第 71 页。
③ 参见石金涛《绩效管理》，北京师范大学出版社 2007 年版，第 4 页。
④ 王战军：《学位与研究生教育评估技术与实践》，高等教育出版社 2000 年版，第 5 页。
⑤ 教育管理词典编委会：《教育管理词典》，海南人民出版社 2005 年版，第 379 页。

界定为国内学界所认可，指出"教育评估"是指"对教育活动满足社会与个体需要程度进行价值判断的活动过程"①。这一概念界定表明教育评估在本质上是一种价值判断活动，既强调教育活动对社会需要的满足，也强调个体需要的满足；同时，教育评估不仅对教育活动的现实价值作出判断，还要着眼于未来。金娣等（2002）将其界定为"为系统收集相关信息、数据并以此作为判断教育活动价值的依据以期提高教育质量的活动"②。

到目前为止，人们对绩效评估的认识也未达成一致。其中具有代表性的观点主要有：美国学者格朗斯纳认为，"绩效评估是基于事实，有组织地、客观地评估组织内每个人的特征、资格、习惯和态度的相对价值，确定其能力、业务状况和工作适应性的过程"③。美国学者 R. 伟恩·蒙迪和罗伯特·M. 诺埃等认为，"绩效评估是定期考察和评价个人和小组工作的一种正式制度"④。国内学者吴国存认为，"绩效评估是对雇员与职务有关的业绩、能力、业务态度、性格、业务适应性等诸多方面进行评定与记录的过程"⑤。而范柏乃将绩效评估定义为："运用科学的标准、方法和程序，对个体或组织的业绩、成就和实际作为做尽可能准确的评价。"⑥

本书围绕高校大学生资助管理工作进行评估研究，属于教育评估活动的范畴。因而教育评估的概念界定对大学生资助绩效评估概念的界定具有重要的借鉴意义。综合大学生资助、大学生资助绩效、教育评估、绩效评估的概念，本书将大学生资助绩效评估定义为：为满足社会监督与学生个体需要，对高校学生资助管理机构运用各类资源及职能贯彻落实学生资助政策的情况作出价值判断的活动过程，通过建立科学合理的评估指标体系和评估机制，对组织及其工作人员履行职能、完成工作任务以及实现资助目标的过程、实绩和效果实行综合考核评价，并根据考评结果改进高校的

①　陈玉琨：《教育评价学》，人民教育出版社 2001 年版，第 7 页。

②　金娣、王刚：《教育评价与测量》，教育科学出版社 2002 年版，第 2—3 页。

③　陈振明：《公共部门绩效管理的理论与实践》，《中国工商管理研究》2006 年第 12 期，第 236 页。

④　[美] R. 伟恩·蒙迪、罗伯特·M. 诺埃：《人力资源管理》，经济科学出版社 1998 年版，第 296 页。

⑤　吴国存：《企业职业管理与雇员开发》，经济管理出版社 1996 年版，第 250 页。

⑥　范柏乃：《政府绩效评估与管理》，复旦大学出版社 2007 年版，第 9 页。

资助工作、降低管理成本、提高资助效能的一种管理理念和方式。需要指出的是，本书所涉及的大学生资助绩效评估主要是围绕国家所统一制定的普通高校本专科生资助政策落实情况进行的评估研究。

第二节　大学生资助的本质特征分析

所谓本质即为事物本身所固有的根本属性，是指某类事物区别于其他事物的基本特质。人的任何一种生命活动都具有特定的价值追求，都要实现某种价值理想。大学生资助的实践活动就是人类创造性、超越性生命活动的一种具体方式。既然是一种具体方式，大学生资助的实践活动与人类的生命活动之间就是一种个性与共性的辩证关系。基于对人的生命活动的前提理解，大学生资助的实践活动必然具备实践活动的主体与客体，并由此成为大学生资助体系的核心构成要素之一。从马克思主义哲学视角而言，大学生资助活动是在客观世界中发生于主体与客体之间的人的生命活动方式，它隶属人的本源性生命存在方式。实质上，大学生资助体系的现实运行能否实现某种道德教育的价值追求，一个重要的节点在于资助活动的主体与客体之间能否构建一种合理、适当的互动交往方式。由此，问题的关键显然集中在如何了解资助活动的主体与客体。① 资助活动包括资助者与被资助者，因而成为资助活动的主体与客体。

就全国大学生资助活动整体而言，资助活动中的主体即为国家或国家学生资助管理中心，客体则为广大受助的高校大学生，而资助活动的开展与政策的落实则通过主客体之间的活动方式进行，即主客体之间以资助活动进行交往。然而，就某所高校内部的大学生资助活动而言，资助活动中的主体则指代某所高校内部的学生资助管理机构，客体范围则缩小至某所高校内的大学生。哲学中对于人的生命活动最大特质的解释在于它是"自由的有意识的活动"②，人以这种"自由的有意识的活动"作为生命

---

① 参见赵贵臣《我国大学生资助体系的德育功能研究》，博士学位论文，东北师范大学，2011年，第22页。

② ［德］马克思：《1844年经济学哲学手稿》，中共中央马克思恩格斯列宁斯大林著作编译局编，人民出版社2000年版，第57页。

存在的根基，创造出了具有人的本质属性的生活世界，进而自信、自立于自然界的万事万物之中，其中的生存逻辑便在于人能够在此种生命活动中实现本质交换①。就此而言，在资助政策落实的活动过程之中，资助管理工作人员与学生之间实现了一种本质性的价值交换，主体通过资助获得了教育公平、人力资本等价值，而客体则通过受助顺利完成学业或受到激励、鼓舞，等等。

第三节　大学生资助的价值功能阐释

作为一种行为活动的规范和准则，政策并非纯粹意义上的抽象工具与手段，就其本性而言，政策本身具有理性和感性的双重属性。高校大学生资助活动的开展以资助政策的颁布与实施为媒介，因而大学生资助政策亦具备理性和感性两方面。在感性属性方面，大学生资助政策的出发点在于资助育人、实现教育公平，因而其政策制定本身就意味着对于高校优秀大学生及贫困大学生的关爱与责任；在理性属性方面，大学生资助活动蕴含着效率与价值二者的对立统一。依据德国社会学家马克斯·韦伯的基本观点，理性内在包含工具理性和价值理性两个层面，二者相互对立统一。在韦伯看来，工具理性是指利用对他人举止的期待来实现目的，而价值理性则不考虑是否实现目的，单纯、无条件地对固有价值的信仰。② 简言之，工具理性即为操作方式与实践途径，它关注的是政策在操作上的便利性和优越性，并追求效率的最大化；而价值理性则表现为价值追求与价值目标，它所关注的是活动目的和价值。体现在高校大学生资助领域，其工具理性即为资助政策贯彻落实的方式、途径、效率、效益，价值理性则表现为资助活动所追求的公平正义、扶贫育人等。实际上，我国大学生资助制度自新中国成立以来便受到政府和社会各界的高度重视，这与其本身所具有的价值密切相关。基于此，本书将高校大学生资助的价值主要概括为以

①　参见赵贵臣《我国大学生资助体系的德育功能研究》，博士学位论文，东北师范大学，2011年，第22页。

②　参见［德］马克斯·韦伯《经济与社会（上卷）》，林荣远译，商务印书馆1997年版，第56页。

下四大要点。

一　经济价值之扶贫济困

自"二战"结束以来，我国一直是世界减贫事业的积极倡导者和有力推动者，并已走出了一条中国特色的减贫道路。国家先后推出一系列反贫困的战略举措与政策制度，依据贫困性质与根源的不同，反贫困战略可分为制度变革型扶贫、基础型扶贫、生态恢复型扶贫、能力增进型扶贫、救济型扶贫和族群系统型扶贫。其中，制度变革型扶贫是指对现有制度进行系统性改革和创新，教育制度扶贫便是制度变革型扶贫的重要举措之一，在通过教育制度改革开展扶贫活动方面，高校大学生资助政策的颁布与实施正是制度变革型扶贫的有力之举。家庭经济困难学生作为大学生资助对象的主要群体，主要有以下三大基本来源：一是经济困难的农村家庭，二是城市下岗职工家庭和城市低收入家庭；三是挫折家庭。三大来源的共同特点均在于贫困生出自社会弱势群体家庭。因而，大学生资助的关注点在于通过提供有偿或无偿的经济支持来帮助弱势群体子女获得接受高等教育的权利。家庭经济困难学生在读期间接受来自国家财政资金的奖励和补助，以接受经济援助的方式缓解家庭经济负担。我国大学生资助政策是将帮助学生克服经济困难放在首位，例如，1952 年人民助学金制度在免收学费的基础上发放一定补助，所发放的助学金能够满足学生在校学习期间的全部生活费用，且学生无须偿还所获得的资助；1993 年勤工助学政策的颁布同样出于对资助家庭经济困难学生的考虑，要求学校在贯彻落实该政策时应优先安排家庭经济特别困难的学生；2007 年国家励志奖学金的颁布则用于资助品学兼优、积极向上的高校贫困学生。由此可见，扶贫济困一直以来都是我国大学生资助政策的出发点。

二　教育价值之扶智育人

我国高校大学生资助政策在发挥其扶贫济困的首要经济价值之外，在资助育人方面还具有至关重要的激励教化作用，且这种教育价值不仅仅体现在家庭经济困难学生群体身上，同样激励教育着其他普通大学生。

第一，授人以渔。对于贫困生而言，一方面通过资助缓解了家庭经济紧张的状况；另一方面使其获得接受或继续享受高等教育的权利，通过自身知识与能力的提高来实现"授人以鱼,不如授人以渔"的目标,使贫困生获得"知识改变命运"的机会继而从根源上消灭贫困。"授人以渔"不仅仅体现在学生通过接受高等教育获得专业知识,更重要的表现为学生在受教育期间综合素质的改进与提高。"助学是手段,成长是目标",唯有有效提升家庭经济困难学生的工作技能与综合素质,才能真正发挥高校学生资助政策的价值与功能,也是我国资助工作必须始终坚持的政策导向。以勤工助学资助项目为例,在缓解贫困生经济压力的基础上,通过参与校内相关助学岗位工作帮助学生通过自身努力来获得相应报偿,与此同时提高其工作实践与交流沟通能力、拓宽知识领域与学术视野。而这种"授人以渔"的教育同样体现在非家庭经济困难学生群体中,尽管勤工助学岗位项目优先考虑贫困生,非贫困生仍有机会参与到实践锻炼活动之中。

第二,激励进取。国家奖学金和国家励志奖学金因其申请条件本身的激励作用而推动着大学生积极进取,以表彰奖优的方式鼓励贫困学生和非贫困学生的进取心。其中,国家奖学金面向全体学生中的品学兼优者,国家励志奖学金则面向品学兼优的贫困生,并参考其学业成绩与家庭经济困难情况。奖学金制度奖励优秀学生的设定有助于激发学生自我提升的积极性,因而有助于培养大学生的自强自立精神,使其摒弃"懒惰、依赖、不思进取"的被动观念,使经济资助转而成为心理精神资助,由此视角而言,大学生资助制度具有重要的导向作用和励志教育功能。

第三,诚信、责任。以国家助学贷款制度为例,该资助项目建立在信用基础上,督促家庭经济困难学生凭借个人信用申请贷款,可在参加工作后用自身劳动收入还贷。这种政策规定本身即对大学生的诚信意识与责任教育,不仅能够增强大学生的金融意识和信用观念,而且有助于培养贷款申请人的自立自强精神,改变教育成本应由家庭负担的观念进而激发学习内在动机与责任感。

三　伦理价值之人文关怀

伦理价值是社会公共政策所追求的重要目的之一。尤其作为对贫困大学生这个特殊群体进行公共管理的载体和手段,大学生资助政策的制定和实施渗透着鲜明的伦理性。肯尼思·阿罗(Kenneth Arrow)曾把那些致力于国民财富增长研究并开出许多消除贫困药方的经济学家形象地称作"穷人的保护者"。不管是为了消除贫困的理想，还是对于贫困人群的同情，学者们对于反贫困和资助均凝结着深厚的伦理价值追求。① 江应中（2010）将贫困生资助政策伦理层次结构概括为底线伦理、边际伦理、理智伦理和美德伦理四个层面，指出四层伦理价值取向引导着资助政策的制定者、操纵者和政策相对人的伦理行为。其中，底线伦理指政策的制定、实施与评价遵循着最基本的道德规范和伦理要求，使所有贫困学生在资助政策面前均享有平等的受助权利；边际伦理指赋予并保护资助政策相对人的知情权、话语权和参与权，即学生对政策和活动可以进行参与、评价；理智伦理则是对政策进行反思、检点、批判的伦理价值观；美德伦理是资助政策最高层次的伦理追求，表现为政策主客体对于真善美的价值追求。研究认为，大学生资助的出发点与归宿都在于学生，是为满足学生的物质需要与精神需求而进行的，无论是底线、边际、理智还是美德等伦理均离不开"人文关怀"。所谓人文关怀是指对人的生存状况、尊严和生活条件的关注和肯定，因此不管是贫困学生接受补助还是优秀学生接受奖励，无不彰显着资助工作对学生的人文关怀。以"大学绿色通道"为例，对被录取入学但家庭经济困难的学生，可暂缓缴纳学费并入校学习，学校通过帮其申请助学贷款、勤工助学等措施缓解其经济困难状况，以确保贫困新生顺利入学。此项政策使家庭经济困难的新生在入学时便感受到国家和学校的关爱，从而增强努力成才的自信心以及对国家、学校的信任。

四　社会价值之教育公平

效率与公平问题是经济学难以解决的一对矛盾。尽管在竞争面前，人人机会均等，但事实上"如果存在激励机制，不平等就必然存在"。高等教育缴费上学制度同样面临公平与效率的两难困境。一方面，免费上学既不合情，也不合理；另一方面，我们的大学校园确实存在为数不少的特困生，也有一部分贫困家庭的学生因负担不起就读的直接成本和机会成本而放弃接受高等教育的机会，从而引发高等教育公平的问题。"在非理想化

---

① 参见江应中《高校贫困生资助政策的伦理性及价值跃迁》，《江苏高教》2010 年第 3 期，第 126 页。

社会中，要实现绝对的教育公平并无现实可能性，但可以做到相对公平。"其中，"从社会理性、公正出发强调对社会弱势群体的补偿"是实现相对公平的重要原则之一，因而许多国家把"使那些家庭贫困的学生不致由于经济原因而失去上大学的机会"作为大学生资助政策抉择的出发点，也是各国追求社会公平理念的一种重要表现。我国现阶段实现高等教育公平的关键在于改革和完善学生资助制度，以充分发挥其促进高等教育公平的功能，以缓解一部分学生入学与经济困难的矛盾，减轻家庭在经济上的压力，使一部分低收入家庭乃至中产阶层家庭的子女获得继续求学深造的机会。从实践的角度来看，由于资助表现为一种经济上的支持，而非道义上的支持，任何一种资助形式都包含了资助者（通常是政府）所付出的经济补贴，为此付出的一定程度的牺牲。奖学金、学费减免、特困生补助是赠予性的，贷学金需要贴息因之低于市场贷款利率的利息。但资助者的这种损失可以帮助那些学习成绩优异而家庭确有困难的学生完成学业，赢得社会的认同，促进高等教育公平。①

教育公平包含教育权利平等和教育机会均等，实质在于教育机会的均等。从社会理性、公正出发强调对社会弱势群体的补偿是实现相对公平的重要原则之一，大学生资助制度通过向家庭经济困难学生提供经济援助而减缓家庭经济负担，使其避免因为经济原因而丧失接受高等教育的机会，从制度上保障了贫困学生的教育机会均等进而促进了教育公平与社会公平。

第四节　大学生资助的理念探析

一　大学生资助理念的嬗变

我国高校大学生资助的理念随着社会经济和时代背景的发展而逐步演变，且往往带有较为浓厚的政治色彩。在不同的历史发展阶段，资助主体也不尽相同，有时还会有较大差异，反映出来的资助理念与意识是不一样的。

---

① 参见叶忠《论当前我国大学生资助制度的功能》，《教育与经济》2000 年第 1 期，第 34—35 页。

作为一个具有政府办大学传统的国家，我国早在春秋时期便有"有教无类"吸收平民入学之说。早在盛唐时期，四门学中多达八百人的"庶人之俊异者"便由朝廷提供津贴并由国家供养。实际上，在秦朝至明清朝代的两千多年历史中，我国高等教育机构主要由中央政府管理，官办高等教育以培养国家行政官吏为基本理念，学生被作为未来政府官员进行培养。例如，国子学、太学等完全由中央政府保障财政供给，政府定期资助学生。在清末民初时期的文献中，有关大学生资助制度的条文规定更为详细明确。但这种资助制度均是以维护封建和半封建的社会制度为根本目的的。

至民国时期，国民党政府实行大学生资助金和公费制度。1941 年出台了《国立中等以上学校学生资金暂行规则》，1943 年出台的《国立中等以上学校及省私立专科以上学校规定公费生办法》中明确规定了以学校或科系之别定公费生的比例。其一，在学校和科系的区别方面，国立师范、医药、理工各院科系学生均为甲等公费生，理学院 80%、农学院 60%、文法商及其他院系 40% 的学生为乙等公费生；其二，甲等公费生免膳食费，同时还可享有其他费用的补助，而乙等公费生则只免膳食费。①

新中国成立初期，随着新型社会形态的确立，人民当家做主的主人翁意识不断强化，教育的人民主体意识非常浓厚，人民政府的主体办学观念异常强大。严格意义上讲，这一时期的大学生资助还不完全是一种经济帮助，尽管从形式上看，新中国成立初期的大学生资助是以经济的方式表现出来的，但是，这一时期的资助主要强调的是政治地位、政治影响，突出的是人民政府办学的人民性的政治主体内涵，它所要表达的大学教育是人民的教育这一政治影响力。所以，它具有丰富的政治意识形态特质，这与中西方传统的经济支持为主的资助方式还是有较大区别的，甚至在资助的意义上，并没有特别显现出"贫困"资助的意蕴，它在更多意义上，传达的是一种政治权利的实质性内涵。所以，资助的主体是人民政府，少有其他主体的介入，不仅资助的主体单一，而且资助主体的观念也比较单

① 参见熊志忠、郭梅香《大学生资助理念的国际化视野与本土特色》，《当代青年教育》2009 年第 3 期，第 38 页。

一，基本上倾向于资助的政治意义和人民当家做主的权利意识，经济资助仅仅是一种手段，其传递和表达的信息则是政治性的内涵。① 随着我国大学开始向工农民众敞开大门，高等教育不再是富有人群所享有的特权，然而当时的普通百姓并不具备接受高等教育所需的经济条件。因此，为保障工农民众受教育的权利，同时也出于培养工农出身知识分子的考虑，政府开始实行免学费、住宿费、伙食费等资助政策，所以我国第一种大学生资助理念在于培养工农出身的知识分子。

解放战争结束后，新中国开始学习苏联的教育模式，在大学生资助方面采取"免费上大学"加"人民助学金"的政策，这种资助制度尽管在当时计划经济的体制下对于发展高等教育具有一定合理性，但随着高校规模的迅速扩大，这种模式给我国政府带来沉重的经济负担。因此，"以俄为师"成为我国大学生资助历史中的又一大理念。

随着中苏关系的恶化，我国高等教育资助理念转而朝向满足社会需要的方向发展，即通过大学生资助培养人才以满足社会发展的智力需要。

改革开放的到来推动我国经济发展步入新的台阶，高等教育成本分担机制的实施促使高等教育贫困问题愈演愈烈，在此时代背景下，促进高等教育机会公平成为我国当前大学生资助的基本理念。2007 年以来，我国高校学生资助政策体系逐步建立健全，各项资助措施的出发点均在于促进高等教育公平，保障每一个学生不因家庭经济困难而失学。

二　我国大学生资助管理的工作理念

我国高校发展运行的三大要素分别为行政管理、教育教学和科学研究，其中，行政管理工作是高校实现教育教学和科学研究两大社会功能的基础与前提，是学校实现教育工作目标的必要保障。在高校管理体系之中，行政管理体系具有领导和服务的双重功能，是高校发展运行不可或缺的重要保证。大学生资助管理工作作为目前我国高校管理体系的环节之一，其管理工作理念与高校行政管理理念息息相关。

---

① 参见曹艳春《中美两国大学生资助理念比较及其启示》，《学理论》2013 年第 21 期，第 312 页。

（一）人本化服务理念

在党的十六届六中全会的政府工作报告中，国家首次提出建设服务型政府的明确要求，指出要强化社会管理和公共服务职能。高校作为社会的重要组成机构，其行政管理模式势必受社会行政管理体制的影响，伴随着国家行政管理体制的改革，服务型高校行政管理模式由此产生。作为政府主体而言，行政管理的核心理念在于"以人为本"，就高校而言，其主体成员则为教师和学生，因此其核心理念在于"以师生为本"。大学生资助管理工作面向主体为广大在校学生，故其核心理念在于"以学生为本"。服务型高校行政管理模式在高校大学生资助管理工作中则表现为以学生为服务对象，从广大学生的切身利益与需求出发，切切实实落实国家大学生资助政策。尤其考虑到家庭经济困难学生是主要服务群体，"人本化服务理念"作为大学生资助管理的首要理念，应当且必须关注家庭经济困难学生的物质需要与精神需求，本着"扶贫济困、助教结合、爱心传递、互助成才"的工作目标来为贫困学生群体做好各项资助工作。

（二）信息化管理理念

伴随着计算机与网络科学技术的不断发展和进步，现代管理决策和服务方式已发生深刻变革，以往传统的行政管理方法已无法适应时代的发展。唯有充分利用现代技术手段，才能及时、高效、准确、便捷地传递并获得工作信息。尤其自2007年国家学生资助政策体系建立以来，各项高校学生资助政策相继颁布实施，资助政策内容愈渐丰富的同时大学生受助规模得以持续扩大，继而造成大学生资助管理机构的工作量迅速增加。具体到资助政策落实的各个环节，例如校级制度颁布、项目申请通知、助学贷款审批通知、受助人员信息、家庭经济困难学生信息等一系列琐碎的资助管理工作，无不需要通过信息化的管理方式来实现。借助信息化管理方式，大学生资助工作在确保信息准确性的同时能够极大提高工作效率，既便于整理保存又便于快速查询。因此，为适应科技时代进步，信息化的管理理念已成为大学生资助管理工作的第二大理念。

（三）效率与公平兼顾

公平与效率是人类社会坚持不懈的永恒追求，效率的概念出自经济学的理论范畴，就大学生资助管理工作而言，效率的理想结果便是实现"物尽其用、有效便捷"，即资助经费的支出能够收到最满意的成效以及资助管理工作的有效性。公平一词则源于伦理学，资助管理公平的理想结果在于"公平公正"，资助政策制定的出发点在于实现教育公平，但在政策贯彻落实的过程中同样应严格秉承公平正义的价值理念，以保证为每一个主体创造全面发展的机会。关于效率与公平的优先性，目前学界持有不同意见，研究认为大学生资助管理工作的开展应当以"效率与公平兼顾"为基本价值理念。一方面，资助管理公平也必须以效率为基础，唯有提高资助经费的利用率才能更快更好地推进教育公平的实现；另一方面，资助管理效率必须以资助公平为前提，因为管理效率的提高有赖于公平竞争的规则和环境，不公平的竞争必然会损害效率。例如，对贫困生进行资格认定是资助管理公平的重要体现，在贫困生认定过程中，高校资助管理机构应依据明确的认定标准，通过相关认定程序以保证贫困生资格认定的公平性。相反，若缺乏相应的贫困认定标准，资助管理工作的效率就无从谈起。

第三章　本书的理论基础及研究综述

第一节　本书的理论基础

本书从教育公平理论、教育评估理论及利益相关者理论三个角度论述研究的理论基础。

一　教育公平理论

教育公平是社会公平的基础，是社会公平价值观在教育领域的延伸和体现。追求教育公平自古以来就是人类在教育领域的忠实理念，教育公平的思想充分体现在古代教育学家和哲学家的思想观点中。例如，孔子"有教无类"的教育理念，柏拉图实施初等义务教育的观点以及亚里士多德提出的法律保证自由民主教育权利的主张，等等。伴随着我国高等教育大众化阶段的到来，高校家庭经济困难学生的问题日益凸显，教育公平的缺失依然存在。作为全民教育的灵魂，高等教育若失去了教育机会的均等，社会公平便无从谈起。因此，高校大学生资助问题的研究，应当从分析、研究教育公平理论入手，站在教育公平的高度来客观科学地评估高校大学生的资助绩效。在教育领域，教育权利平等与教育机会均等两项内容构成教育公平的基本内容，其中，教育权利平等的理念是政治、经济领域的平等权利在教育领域的延伸，教育机会均等作为现代教育基本理念具有鲜明的价值指向，主要在于改变处于不利地位的社会阶层的教育状况。鉴于教育公平理论内容对于大学生资助指导意义程度的不同，选取以下三种理论作为本书的理论支撑。

（一）马丁·特罗大众化理论中的教育公平理论

马丁·特罗（Matin Terrow）是美国著名的教育社会学家，同时也是原加利福尼亚大学伯克利分校高等教育研究中心的主任。他在 1962 年提出了"精英""大众""普及"的教育阶段论，并于 1973 年提出了"高等教育大众化"三阶段论。依据特罗教授的理论划分，毛入学率在 15% 以下的高等教育属于精英教育阶段，在 15%—50% 范围之内属于大众化阶段，高于 50% 则进入普及化阶段。作为一个完成的理论体系，特罗的高等教育大众化理论几乎涉及了高等教育大众化过程中的大多数问题，其中的教育公平理论观点对于研究高校大学生资助管理具有重要借鉴意义。其理论内容主要体现为实现高等教育机会均等和促进高等教育机构之间地位平等以保障受教育者成就平等两方面。

首先，在高等教育发展的不同阶段，人们对高等教育入学机会的认识不同，当高等教育步入大众化阶段时，人们试图通过各种补偿措施来减少处境不利的社会群体和阶层的入学机会的"不平等"。[①] 由于是否接受过高等教育对于年轻人的职业和在社会结构中的位置起着决定性作用，接受高等教育的重要性因此为越来越多的人所认识。当受教育权由少数人的特权转变为每个适龄青年公民的权利时，如何保证高等教育机会均等是摆在教育者面前的重要问题。因此，应当通过补偿性计划和引起其他非学术标准来使更多的人接受高等教育，这对于提高整个社会的文化水平和家庭社会收入，降低学生在中等教育的辍学率，促进国家和社会的公平与稳定至关重要。

其次，在解决个人入学机会均等问题的同时，还应当关注不同高等教育机构之间的地位平等，否则教育机构差距的扩大必然导致学生受教育过程的不平等从而影响高等教育的公平性，主张通过实现高等教育机构间的平等为先天禀赋和后天学业基础不同的学生提供不同类型和形式的高等教育。

（二）詹姆斯·科尔曼的教育公平理论

詹姆斯·科尔曼（James Samuel Coleman）是美国的社会学家，1991 年被推选为美国社会学协会（American Sociological Association，ASA）主席。20 世纪 60 年代，受美国教育部委托，科尔曼教授牵头组织并成立调

---

① 参见陈兴明《特罗的大众化理论中的教育公平观及启示》，《黑龙江高教研究》2003 年第 6 期，第 147 页。

查组专门负责撰写关于美国教育平等的报告。由于调查学生样本覆盖美国各地 4000 多个学校中 64 万名学生，该项目因而成为当时教育领域历史上规模最大的研究课题之一。该调查依据种族类型将学生划分为六种类型，分别包括黑人、美洲印第安人、亚裔、波多黎各人、墨西哥人、白人，分别统计分析不同种族类型的学生在种族隔离、设施和师资、学习成就以及与成就相关的学校特征因素四方面的现状与差异。① 在对调研材料进行充分论证的基础上，1966 年，科尔曼调查组向国会提交了《关于教育机会平等性的报告》（*Equality of Educational Opportunity*），即历史上著名的科尔曼报告。科尔曼报告的创新点在于将学生的学业成就引入教育机会均等的研究领域，并发现以下四点主要结论：第一，美国公立学校中存在严重的种族隔离问题；第二，校际间差距对不同种族的学生具有不同影响；第三，造成黑人儿童学习水平低的原因在于校内社会因素，即家庭社会经济背景因素；第四，同学间的社会经济背景对不同社会阶层的学生影响不同。②

　　科尔曼认为教育公平是历史发展的必然要求，并提出了关于不均等的五种界说，包括社区对学校的投入差异、学校的种族构成差异、教师德行等的校内无形差异、学校对背景能力相同个体的投入差异以及学校对背景能力不同个体的投入差异。

　　科尔曼从受教育的具体过程对教育机会均等进行阐释：首先是进入教育系统的机会均等，即提供一个免费教育，使劳动力的教育程度达到入职要求，为所有儿童提供共同课程并让不同背景的儿童在同一学校学习；其次是教育机会均等，标准在于不同社会出身的组别都有相同比例的人数得到同样的教育机会，在数量和质量上得到相等的教育参与；再次是教育结果均等，其衡量标准在于，每种性别或社会阶层都有一定比例的人在每学年的教育进程和整体教育经验中得到相似的教育成效，要求不仅应重视受教育的数量，还应关注教育能否有效地培养成人的生活技能、行为方式和生活态度；最后是教育对生活前景机会影响的均等，这是一个更为理想的

---

　　① 参见马晓强《"科尔曼报告"述评——兼论对我国解决"上学难、上学贵"问题的启示》，《教育研究》2006 年第 6 期，第 30 页。

　　② 同上。

观念，要求通过教育来克服由于出身、性别等天然差别造成的不平等，保障人类取得同样的社会成就。按照科尔曼的这一理想观念，教育制度能够通过补偿父母财富、收入、教育、文化等的差异使其不影响成年子女在财富、收入、教育、政治力量和社会关系等方面的机会，最终达到影响社会制度的效果。换言之，即通过教育公平来促进社会公平。

综上所述，教育机会均等主要包括四层内涵[①]：一是向人们提供达到某一规定水平的免费教育；二是不论社会背景如何，向所有儿童提供普通课程；三是为不同社会背景的儿童提供进入同样学校的机会；四是在同一特定地区范围内教育机会一律平等。应当注意，机会均等只能是一种接近，而不可能完全实现，这种接近的特性，一方面由教育投入的均等程度所决定，另一方面受校内和校外的差异度影响。教育机会均等观念从学校资源投入的均等演变为学校教学效果的均等，使学校的责任从公平增加与"均等"分配，转变为增加学生学业成就的均等，同时也成为科尔曼研究的最大贡献。

（三）布迪厄文化资本理论中的教育公平理论

皮埃尔·布迪厄（Pierre Bourdieu）是法国当代著名的社会学家，他所论述的有关文化与权力的关系理论对西方社会学研究产生了重大影响。布迪厄将资本划分为经济资本、社会资本和文化资本三类。在布迪厄看来，通过家庭所传递的文化资本，相较于经济资本和社会资本来说具有最佳隐秘的继承性，也是最具社会决定意义的教育投资。[②] 文化资本理论是布迪厄教育社会学理论中的重要内容之一，"所谓文化资本即指不同家庭教育行动所传递的文化财产，即所有与文化相关的财产或与文化活动有关的资产，依据表现形式的不同分为形体化、客观化和制度化三类文化资本，其中，形体化文化资本指以精神和身体的持久'性情'形式存在的文化产物，如通过家庭熏陶所获得的兴趣、修养或生活习惯等无形的文化资产；客观化文化资本表现为以文化商品的形式存在的资本形态，如集成

---

① 参见王锐英《教育公平理论及其在战后美国高等教育领域的实践》，硕士学位论文，陕西师范大学，2006年，第11页。

② 参见徐瑞、郭兴举《文化资本理论视阈中的教育公平研究》，《教育学报》2011年第2期，第15页。

的图书、器械等有形的物质文化资产；制度化文化资本则以教育资格形式存在的资本，即通过学校教育获得文凭等方式所具备的处于无形与有形之间的文化财产[1]"。基于此，文化资本与学校教育之间存在极为紧密的相互关系，一方面，学生在学校教育中所获得的收益在极大程度上有赖于家庭预先投资的文化资本；另一方面，学校教育中的文化资本以教育资格的形式被制度化，教育制度通过承认文化资本的家庭传递而为社会结构的再生产做出贡献[2]。

与科尔曼的教育公平思想之区别在于，科尔曼等人强调社会资本对教育成功与否的影响，而布迪厄则更强调文化差异对于教育不公平的影响。基于文化资本理论，结合欧洲社会学中心的系列调查结果等有关统计数据，布迪厄对法国不同社会阶层在接受高等教育方面的不平等问题进行了研究。研究发现，不同社会阶层接受高等教育的人数比例差异巨大，表明教育在客观上进行着接受高等教育机会的筛选。布迪厄认为此种受教育机会的不均等是教育机会不均的显性表现，为挖掘教育机会不均的隐形表现，布迪厄对不同社会阶层子女在接受高等教育的主观愿望、专业选择及学业成就三个方面进行了分析。在主观愿望差异方面，社会阶层越低，接受高等教育的主观愿望越低；在专业选择差异方面，社会下层比社会上层受到更多选择限制，下层社会学生一般会被迫选择文学院或理学院，而社会上层学生则多选择法律、医学等专业；在学业成就差异方面，在学校未组织统一教学的领域，上层阶级子女与下层阶级子女间的学业差异较为明显，其原因在于不同社会阶层子女对于文化资本的占有量存在显著差异。

总而言之，布迪厄认为，尽管经济资本处于主导地位，但并不是决定阶层身份的唯一因素。在布迪厄看来，出身优越的学生从小就受到社会承认的语言、品位和文化的熏陶所养成的习惯在学校场域被合法化，从而获得象征性权利，使得他们在学校的学习发展中领先一步。加之后来雄厚的

---

[1] 徐瑞、郭兴举：《文化资本理论视阈中的教育公平研究》，《教育学报》2011年第2期，第15页。

[2] 参见［法］布迪厄《文化资本与社会炼金术》，包亚明译，上海人民出版社1997年版，第192—194页。

经济资本和文化资本的辅助，对他们将来的成功如虎添翼①。因此，布迪厄认为，学生所具备的不同的文化资本以及社会和学校对不同文化资本的承认导致了如今教育不公平的现象。

布迪厄的文化资本理论揭示了晚期资本主义社会不平等的等级秩序以及不平等的社会资源分配体系，为分析高等教育领域中的教育公平问题提供了崭新的理论视角，有助于从深层、隐性的文化资本和社会分层的角度探析教育机会不均。同时，布迪厄的理论思想也为大学生资助研究的开展提供了理论支撑，通过教育扶贫为家庭经济困难学生提供接受高等教育的机会，帮助其顺利完成学业，从经济上援助其获得文化资本，使贫困学生获得更多的经济资本与文化资本，进而推进教育公平理念的践行。

二　教育评估理论

"教育评估"的概念自提出以来便处于不断发展变化之中，其具体概念至今尚未得到统一公认的学科定义。而不同学者对其概念的阐释也体现着教育评估理论内容的不断丰富拓展，且在不断接近着教育评估的本质。西方教育评估理论产生于19世纪下半叶，研究起步较早且理论成果颇为丰富，为我国教育评估理论的产生与发展奠定了坚实的理论基础。

（一）西方教育评估理论

西方教育评估的历史于19世纪下半叶产生并发展，对于其发展阶段及理论内容演变的划分，不同学者有不同的分类标准。其中，以色列著名教育家、课程论学者 A. 利维对西方教育评估的发展历史进行了大跨度的审视，将其分为古典考试时期、测量主导时期和后现代时期；美国评价专家古巴（Eyong Guba）和林肯（Y. S. Lincoln）则在《第四代评价》一书中将其分为测量和测验时期、描述时期、判断时期和建构时期。利维从教育评估的整体历史演变视角出发，而古巴和林肯的划分方式则以现代教育评估为视角。涂艳国则综合三位学者的观点将西方教育评估理论划分为五个发展阶段，分别是考评阶段、测量阶段、描述阶段、判断阶段和建构阶

---

① 参见赵杰、刘永兵《布迪厄的文化资本与教育公平》，《社会科学战线》2010 年第 3 期，第 267 页。

段。① 之所以对西方教育评估理论的发展历程进行梳理，是因为其评估理论的内容随着历史的演变在不断地发展壮大，且每一时期的评估内容均对于本书评价指标体系及后续内容分析的开展具有重要的指导意义。

第一，教育产生以来至 19 世纪末期为考评阶段。此阶段是教育评估的漫长酝酿阶段，虽未形成专门的教育评估理论，却存在大量的教育评估实践活动，且往往与教育活动或人才选拔活动相结合。评估方式体现为考察（问答、谈话、背诵等）或考试（口试、笔试等）等手段，评估者往往为教师，评估对象则为学生，评估内容是对知识的掌握情况。此时，教育评估并未取得独立的地位，也不存在专门性研究，评估范围相对狭窄，仅限于对记忆性知识和简单技能的考核，且主观性较强。

第二，19 世纪末至 20 世纪 30 年代是教育评估的测量阶段，即古巴和林肯所划分的第一代评价时期。评估主要采用测验和测量的方法对学生的知识掌握情况或其他方面进行测定。此阶段的测量即为评价，评估方式较上一阶段科学化增强，然而评估的内容仍相对有限。

第三，20 世纪 30 年代至 50 年代为教育评估发展的描述阶段，即第二代评价时期。教育评价的本质被认为是描述，即为描述教育结果与目标之间的一致程度，真正的教育评估活动从此起步。这一阶段的教育评价特点有三：其一，认为评估过程就是将教育结果与预定的教育目标进行对照的过程，是根据预定的教育目标对教育结果进行客观描述的过程；其二，评估之关键是要确定清晰可操作的行为目标；其三，与以往评估理论的显著不同之处在于，指出评估不等于考试和测量，但包括二者在内。因此，描述阶段的教育评估理论的科学化水平相对更高。

第四，20 世纪 50 年代至 70 年代是教育评估发展的判断阶段。这一阶段的教育评估理论认为，其一，评估是价值判断的过程，而不单是依据预定目标对教育结果进行描述，原因在于预定目标本身也需要进行评估。因此，评估是对教育方案、教育工作过程进行价值判断的过程；其二，判断阶段的教育评估理论明确提出了评价是为决策而服务的全新思想；其三，预定目标并非固定不变的评价标准，评估应注重过程而非限于预定目标；其四，追求教育价值的多元化，即对于同一教育现象，不同的人可

---

① 参见涂艳国《教育评价》，高等教育出版社 2007 年版，第 23—44 页。

发表不同的价值追求和价值倾向以得出更加多元化的价值判断，而非囿于单一价值；其五，提出了形成性评价和总结性评价的思想。由此可见，判断阶段是对描述阶段的重要超越，走出了价值中立和限于预定目标的误区并确认了教育评估的核心在于进行价值判断。

第五，20 世纪 70 年代至今是教育评估发展的建构阶段，即第四代评估时期。建构性评估由古巴和林肯所创立，他们认为以往的教育评估理论存在排斥价值多元性、过分推崇科学范式和官僚主义倾向严重的缺陷。建构性评估的主要特点为：其一，将评估视为评估者和与评估有关的各方主体进行"协商"的共同心理建构过程；其二，评估坚持多元主义价值观倾向；其三，评估活动的过程是一种民主协商、主体参与的过程，而非评估者对评估对象的控制过程，评估对象既是评估的参与者也是评估的主体之一；其四，强调质性方法的运用，使评估不再局限于量化评估方法的使用；其五，评估具有较强的哲学理论基础，运用当代哲学中诸如"辩证循环"等最新理念；其六，具有较强的时代特征，反映着社会生活中的民主气息与人文关怀，将利益相关主体视为评估的主体。

从以上五个时期教育评估理论的演变历程来看，西方教育评估理论发展的每个时期都从不同侧面反映着人类对于教育发展的认识和需求，其理论内容不断朝着更加丰富、科学、多元、系统、民主、人文的方向发展，尽管科学性在不断发展与提高，但每个时期的教育评估理论内容均有值得借鉴之处，尤其在描述、判断与构建的历史阶段。其中选取以下颇具代表性且对本书具有重要启示作用的代表人物及理论内容进行简要阐述。

1. 泰勒的教育评估理论

泰勒（Tyler, R. W., 1942）在被称为"教育评价宣言"的《评价委员会报告书》（史密斯—泰勒报告）中正式提出教育评价的概念，确定了教育目标作为评价过程的核心和关键，认为教育评价是衡量实际教育活动达到教育目标的程度，并提出以下五个观点：教育是使人的行动方式发生变化并得到改善的过程；各种行动方式的变化都是教育的目标；教育计划要以教育目标实际完成的水平加以评价；人的行为是复杂的，既不能用个别的名词概念来说明，也不能用单纯的测验来判断，应当从多方面综合评价；评价工作不能单靠纸和笔，还应当采用观察、谈话等多种方式。

泰勒的教育评估理论又被称为"泰勒模式"或"行为目标模式"，是教育评估历史上的第一个教育评估模式，即认为教育评估是一个以目标为中心的模式，预定的目标决定了教育活动，同时也规定着判断实际教育活动达到或偏离目标的程度，从而通过信息的反馈来促进实际工作，使之能够尽量地靠近目标。该模式将教育评估活动分为四步：第一步为确定教育目标；第二步为设计评估情境；第三步为选择和编制评估工具；第四步为分析评估结果。其中，第一步也是最重要的一步。

这一评估模式的优点体现为严谨的评估结构、较强的操作性、较以往提高的评估效率及逐步改善的评估功能。首先，该评估模式的结构之所以严谨，是因为它将教育目标作为教育活动和评估活动的主要依据，保证了评价具备可把握的标准。这种确定目标、实施目标和进行评估的思想和步骤较为严谨。其次，由于将预定目标作为评价标准、将行为目标作为评价对象，因而使评价有了明确的依据且方便操作和执行。再次，目标评价模式将结果与目标进行对比，较以往实验组和控制组的比较方法大大节省了人力与物力，从而提高了评估效率。最后，以往的评估重视评估对象间的差异且以区分为目的，而目标评价则强调评估对象的目标达成度，使评估活动直接反映评估对象与预定目标间的差异。但同时该种模式也存在过分注重结果、受技术限制和忽略非预期教育效果以及对预定目标缺乏判断的问题。

2. 克隆巴赫的教育评估理论

克隆巴赫（Cronbach，L. J.）反对仅以目标为教育评估的出发点和最终归宿，认为此有悖于教育评估的初衷，在其题为《通过评价改进课程》的文章中将教育评价界定为"为作出关于教育方案的决策，收集和使用信息的过程"。认为评估的重点应当在教育过程之中，对教育决策给予必要的改进，而不是只关心教育过程结束之后目标完成的程度。

3. 斯塔弗尔比姆的教育评估理论

斯塔弗尔比姆（Stufflebeam，D. L.，1966）力图超越泰勒的目标模式，认为教育者需要一个较广义的评估定义，而不只是局限于确定目标达成的情况。[①] 他认为，教育评估应当有助于更好地执行和改进教育方案，并将评价定义为"为决策提供有用信息的过程"，强调评价最重要的意图

---

① 参见瞿保奎《教育学文集·教育评价》，人民教育出版社 1989 年版，第 301 页。

不在于证明，而在于通过收集、组织、分析和报告有用的信息来改进方案，帮助决策者作出正确决策并使其更具功效。

因此，斯塔弗尔比姆创建了"CIPP 评价模式"，即评价应当由教育活动的背景评价（context）、信息输入评价（lnput）、活动过程评价（process）和成果评价（product）四部分组成，每种评价为决策的不同方面提供不同信息，以此对教育活动给予综合性评价。因为评价的目的在于为教育决策提供信息，故每一种评价类型对应于一种决策类型，即背景评价为预期结果的评价提供信息，描述教育目标及确定目标的适当性和可行性；输入评价为预期方法的决策提供信息，即条件评价，主要确定目标实现的条件和实现目标的程度，是对方案可行性和效用性进行评价以选择出一个最佳方案；活动过程评价为补救方法的决策提供信息，即为决策者提供反馈性信息用于发现计划和方案实施过程中的潜在问题；成果评价为最终决策提供信息，即为目标评价或总结性评价，主要测量教育活动的结果并予以解释和价值分析。

CIPP 评价模式以决策为导向而非目标，因而明显地区别于泰勒模式，突出评价的形成性功能并强调评价为教育决策、改进工作服务，且重视评价的综合性功能，试图将形成性评价、诊断性评价和总结性评价综合体现。另外，该模式将教育目标本身纳入评估活动之中，从而保证了目标本身的合理性。但该模式相对缺乏价值判断，尚未将评估作为一个完全的价值判断过程，且仅适用于大型的教育决策。

1974 年，斯塔弗尔比姆将斯里克文教授提出的元评估的概念具体化，将其定义为为获取和运用那些评估的实用性、可行性、合理性和准确性，以及其系统本质、行为能力、诚信度、受尊重程度和社会责任感方面的描述性和评估性信息，引导评估并向公众报告该评估的价值和缺陷的过程。[①]

4. 斯里克文的教育评估理论

斯里克文（Michael Scriven，1967）在考察教育活动的实际效果后提出，依据预定好的教育目标进行评估活动往往使评估的范围受到限制，因

① Stufflebeam D. L, A meta-evaluation. Western Michigan University, School of Education, 1974，pp. 159 – 161.

为教育活动除收到预期成就外，往往会产生积极的或消极的"非预期效应"。因此，依据预期目标进行评估通常会只关注目标规定的预期效应，而忽视其他实际效应。斯里克文认为，教育评价活动应当考察教育方案、计划、活动的真实效果，而不是预期效果。评价的重点由方案意图转变为方案实效，因为实际的教育活动不仅会收到预期的效应，还会产生各种"非预期效应"或是"副效应"。

由于这种评估模式将教育目标与评估活动分离开来，因此斯里克文的教育评估理论也被称作"目标游离评价模式"，主张在形成性评价阶段由教育计划、方案的执行者充当评价人。在总结性评价阶段则强调评价人的客观性，把搜集资料作为评价活动的重点。总之，作出评价结论的依据不是教育方案制定的预定目标，而是教育活动参与者的意图。

与斯塔弗尔比姆的"CIPP评价模式"相比，二者的区别在于"目标游离模式"得出评估结论的依据并非预期目标，而是依据评估对象需要。同时，评估活动从反映管理者和决策者的意志转为反映局外人的意愿。该评估模式首先强调评估过程是一种价值判断的过程，从而促使评估概念更加接近其本质；其次，突破了预设目标的轨道限制，由应然评估转为实然评估；再次，强调评估过程中形成性评价和总结性评价相结合；最后，将决策者的目标与评估者相分离，从而进一步保证了评估的科学性和公正性。但同时，该种评估模式仍存在难以作出适当价值判断的问题，因为评估并非以目标为依据而是以评估对象需要为标准，然而需要因人而异，所以难以作出合适的价值判断。另外，由于评估不以决策者目标为依据，因而易导致评估者与管理者之间的关系难以协调。

5. 比贝的教育评估理论

比贝（Beeby, C. E., 1975）认为评价是"系统地收集信息和解释证据的过程，在此基础上作出价值判断，目的在于行动"。教育评估要通过收集系统的而非零散的资料，并将其加以整理和解释后引入评判性的思考。教育活动的评价应当包括对教育目标本身的判断，使评价活动有助于决策的科学化。

6. 斯塔克的教育评估理论

斯塔克（R. E. Stake, 1973）在肯定评价是一种价值判断的基础上提出应答评价模式。斯里克文的"目标游离评价模式"和斯塔弗尔比姆的

"CIPP 评价模式"对目标的正确性和完备性作出了补充却并未从根本上否定评价中以目标的形式体现出的价值取向。斯塔克认为教育价值在表现形式上有时是扩散的潜伏的，在评价期限内并不一定能显现出来；同时许多教育现象除了表现出为特定教育目标服务的价值外，其自身也具有内在价值。因此，斯塔克反对用传统的"设定目标—依照目标搜集资料"的形式进行预定式评估，主张以所有与教育方案有切身利益关系的人所提出的问题作为评价的先导，通过评价者与相关人员的不断对话寻求满足各种人需要的应答。

所以，应答性评价是指更直接地指向方案的活动而非方案的内容，且能够听取人对信息的需要或反映不同的价值观念的评价，强调价值观念的发散性和所有参与评价人的意图。评价者与有关评价的各方利益主体进行持续不断的对话，以充分了解各方愿望并不断对教育方案进行修改。斯塔克认为，解决教育问题只有依靠直接接触问题的人才能帮助评估促进教育工作。在具体实施过程中，首先要求广泛征询意见，了解评价需要并据此制订评价计划；其次要求评价者深入评价活动中进行细致观察并记录活动中出现的问题；再次要求设法利用交流媒介收集持有不同观点的人对评价对象的意见以及被评价者的看法，请专业人士对评价问题的重要性发表见解；最后要求整理汇总调查获得的资料从而得出最终评价结果。

总体来看，应答评估模式强调评估的民主性，较为注重各方主体在评估中作用的发挥，关注管理者与评估者、决策者与实施者的对话，且重视非正式评估方法的作用以保证全面、丰富的信息。然而正是由于民主性和非正式评估的倾向导致该评估模式实施效率较低，因为既要考虑各方面利益，同时还要耗费大量的人力、物力以开展非正式评估，也因此存在一定的主观性缺陷。

7. 古巴、林肯的教育评估理论

西方教育评估理论的建构阶段以古巴和林肯（1989）所创建的建构性评价为代表，其基本理论内容主要表现为以下六点[①]：第一，评估描述的是参与评估的所有人或团体关于评估对象的一种共同的心理建构，评估的结果不仅仅是评估者的主观认识，而是与评估有关的人的共同看法。因

---

① 参见涂艳国《教育评价》，高等教育出版社 2007 年版，第 40—41 页。

此，评估活动所得出的结论既非事实也非价值判断，而是参与评估的所有人共同的心理建构。第二，由于评估主体较多元化，因而对同一教育现象会有不同的价值判断，这种多元化的价值判断是共同心理建构的基础和前提。因而教育评估并非在多元的价值判断中进行筛选，而是在不同的价值体系间协调，以缩小各方价值分歧从而得出一致性看法。第三，评估对象参与评估对评估结果影响较大。在以往的评价中，由于评估对象无法参与进来导致评估只能按照对管理者和评估者有利的方向进行，从而容易压制评估对象的合理权利和正当要求。只有当评估对象参与到评估之中才能帮助其表达合理意见并增强改进行为的自觉性。第四，评估应当重视评估结果的推广与使用。评估不能止于评估结果的获取，建构性评价要求评估者在获取结果之后对成果进行推广，古巴和林肯将其称为"后续过程"。第五，评估应重视对个人的尊重。古巴和林肯要求在评估过程中始终坚持尊重个人隐私和人格的原则。第六，评估结果表现为案例报告。通过报告显示各方对事实的感受、动机和思考，反映在特定时空、条件和经验中形成的共同建构。

（二）我国教育评估理论

我国学者对教育评估的不同定义也体现着教育评估理论的丰富内容，在此重点介绍几种对本书具有重要借鉴作用的评估概念。《教育管理词典》中将"教育评估"一词界定为根据既定的目标，建立科学的指标体系，通过系统地收集信息和定性、定量分析，对教育系统、教育活动的功效及工作状态进行评定、估量和判断的过程。[①]

在我国教育学界，通常将教育评估定义为：在系统、科学、全面地搜集、整理、处理和分析教育信息的基础上，对教育的价值作出判断的过程，目的在于促进教育改革并提高教育质量。[②] 这一定义主要包含四项要点[③]：第一，教育评估作为一种价值判断，其评估的对象可以是教育领域的任何元素，既可以是教育的参与者，如教师、学生、管理人员等，也可以是教育现象或教育管理活动，如教育政策、教育过程、教育活动

[①]　参见教育管理词典编委会《教育管理词典》，海南人民出版社 2005 年版，第 379 页。

[②]　参见金娣、王刚《教育评价与测量》，教育科学出版社 2002 年版，第 2—3 页。

[③]　参见涂艳国《教育评价》，高等教育出版社 2007 年版，第 5 页。

或教育效果等；第二，教育评估的本质在于对教育的价值作出判断，是评价者的主体需要与评价对象的客体属性的一种特殊的效用关系运动；第三，教育评估所采用的方法是科学的评价技术，综合采用测量、统计、系统分析等手段进行综合分析判断，将定性与定量的方法相结合；第四，教育评估的目的在于促进教育改革并提高教育质量，因此教育评估需要评估者针对评估对象存在的各种问题，有针对性地寻求改进措施。

华东师范大学陈玉琨教授对于教育评估概念的界定也被众多人接受，他从教育评估的需求角度界定其基本概念，认为教育评估是对教育活动满足社会与个体需要的程度作出判断的活动，是对教育活动现实的或潜在的价值作出判断，以期达到教育价值增值的过程①。这一概念界定表明教育评价在本质上是一种价值判断活动，既强调教育活动对社会需要的满足，也强调个体需要的满足；同时，教育评价不仅对教育活动的现实价值作出判断，还要着眼于未来，从而实现增强教育价值增值的目的。

基于此，本书在开展我国高校大学生资助绩效评估的过程中，应当注意明确以下几点②：首先，教育评估是为教育而进行的评估，最终要实现教育的发展。教育作为一种培养人的社会活动，是一种具备复杂性和创造性的活动，为保证评估的全面性、系统性和科学性，应当将评估涉及教育活动的整个过程，将评估对象的发展变化、评估活动的过程与结果都纳入评估的范围中来。其次，教育评估的目的在于保证教育活动正常、有序地进行，并最终促进人的发展。再次，教育评估活动的核心在于价值判断。教育价值包括个人价值和社会价值两方面，因此，在教育评价活动的过程中应当同时关注社会发展和受教育者个人发展的需要，并将价值判断的标准建立在协调双方需求的基础之上。另外，价值判断需要以一定事实为依据。教育评价过程是收集评价对象的信息并对其进行加工处理的过程，需要运用科学有效的技术手段和方法获得翔实可靠的数据。最后，教育评价要对教育活动的显性效果和隐性效果进行双重

---

① 参见陈玉琨《教育评价学》，人民教育出版社 1999 年版，第 7 页。
② 参见涂艳国《教育评价》，高等教育出版社 2007 年版，第 5 页。

价值判断。所谓显性效果是指达到某种预计目的的程度，隐性效果则是预计目的以外的结果。因此，在本书对高校大学生资助管理活动展开教育评估工作时，应注意从以上五点基本理论内容出发，着重对教育评估活动的过程完整、目标清晰、核心准确、事实依据及双重效果等理论内容的基本把握；同时还应把握现代教育评价的五大发展趋势：坚持量化评价与质性评价互补、结果评价与过程评价并重、他人评价与自我评价相结合、正式评价与非正式评价共存、元评价日益受到重视，尽量保证评估研究的科学性与完整性。

三　利益相关者理论

为便于制定出较具代表性的、系统的高校大学生资助绩效评估指标体系，本书将西方经济学和管理学界的利益相关者理论（Stakeholder Theory）引入，作为评估研究的重要理论基础。

20 世纪 80 年代，由于利益相关者理论转变了传统企业管理理念和管理方式因而使其影响力逐步扩大。虽然利益相关者理论发展至今已有多年，但关于概念的界定问题，至今没有得到普遍的认同（多纳德逊、邓非，2001）。实际上，早在 1965 年，Ansoff 便将"利益相关者"应用到管理学与经济学领域，并提出一个企业在制定目标时应当综合考虑各方利益相关者之间相互冲突的索取权，他们可能包括管理者、工人、股东、供应商及分销商；Mitchell、Agle 和 Wood（1991）对三十种利益相关者的定义进行了归纳和分析，总地来看有广义和狭义之分，广义的概念能够为企业管理者提供一个全面的利益相关者分析框架；而狭义的概念则指出哪些利益相关者对企业具有直接影响从而必须加以考虑。其中比较有代表性的是弗里曼与克拉克森的表述。1984 年，爱德华·弗里曼（R. Edward Freeman）在其著作《战略管理：利益相关者管理的分析方法》中阐述了利益相关者理论的基本内容，对"利益相关者"概念的界定是"能够影响一个组织目标实现的人"。由此看来，利益相关者与一个组织目标的制定、实现的关系异常紧密。这个概念强调利益相关者与企业的关系，当然这个概念对利益相关者的界定十分广泛，股东、债权人、雇员、供应商、顾客甚至社区、环境、媒体等对企业活动有直接或间接影响的都可以看作利益相关者。克拉克森认为"利益相关者以及在企业中投入了一些实物资本、人力资本、财务资本或一些有价值的东西，并由此而承担了某些形式的风险；或者说，他们因企业活动而承受风险"这个表述不仅强调利益相关者与企业的关系，也强调了专用性投资（付俊文、赵红，2006）。国内学者贾生华、陈宏辉（2002）结合了上述二者的观点，认为"利益相关者是指那些在企业中进行了一定的专用性投资，并承担了一定风险的个体和群体，其活动能够影响该企业目标的实现，或者受到该企业实现其目标过程的影响"。这一概念既强调专用性投资，又强调利益相关者与企业的关联性，有一定的代表性。[1]

利益相关者理论认为，对于任何一个组织来说，均会涉及诸多利益相关主体。以企业为例，其利益相关主体通常包括投资者、员工及顾客等，这些利益方对公司发展投入了相应资本并承担一定程度上的风险，因此企业要想获得良好发展务必要恰当、有效地处理好各方利益相关主体之间的关系，以便为组织的发展获得更长远的竞争力。因此，股东并非企业唯一的利益相关主体。在利益相关者理论中，企业绩效评价是其核心内容。企业绩效评价需要考虑评价主体、评价内容、评价方法及评价结果等，而这些内容恰恰是利益相关者理论的关键。企业绩效评估方法主要包括以下三种[2]：其一，企业社会绩效（Corporate Social Performance，CSP）评估方法。有学者根据利益相关者理论的规范性基础，认为企业绩效便是企业社会绩效，指出应通过企业在社会中处理问题和承担责任两方面来进行评价。其中，较具影响力的评价模式为美国学者索尼菲尔德（Sonnen-feld J.，1982）提出的外部利益相关者评价模式以及加拿大学者克拉克森（Clark-son，1995）提出的 RDAP 模式。克拉克森认为企业不同于政府部门和慈善机构，认为企业并不需要处理与其无直接关系的社会问题，只需关注于内部利益相关者，因此认为应当以企业的利益相关者管理框架为基础建立企业社会绩效的评价模式。其二，平衡计分测评法。有学者认为企业绩效应当包含财务和非财务绩效，较具代表性的是哈佛大学教授 Robert Kap-

---

① 参见王唤明、江若尘《利益相关者理论综述研究》，《经济问题探索》2007 年第 4 期，第 11 页。

② 参见贾生华、陈宏辉、田传浩《基于利益相关者理论的企业绩效评价———一个分析框架和应用研究》，《科研管理》2003 年第 4 期，第 94—95 页。

lan 和诺顿研究院（NolanNorton Institute）的执行长官 DividNorton 于 20 世纪 90 年代初提出的"平衡计分测评法"，他们认为管理一个复杂性的企业组织，需要从最关键的四个方面来测评企业绩效：财务（financial）、顾客（customer）、企业内部流程（internal business process）、学习与成长（learning and growth），并建立了一套完整的测评体系。其三，目前有部分学者认为企业绩效的评估应当从任务绩效和周边绩效两方面展开，认为两种绩效分别受到不同利益相关者的影响，因而应当将两者结合起来进行综合评估。所谓任务绩效是与具体职务的工作内容、个体的能力、知识、完成任务的熟练程度密切相关的绩效，它主要包括两类行为：把原材料转化为产品和服务的活动；通过补充原材料的供应来服务和维持技术核心，完成相应的工作职能。而周边绩效则与组织特征密切相关，是组织中利益相关者自身随机行为所产生的绩效，这些行为虽然对于组织的技术核心的维护和服务没有直接的联系，但是从更广泛的企业运转环境与企业长期战略目标来看，这种行为非常重要。Motowidlo 和 Scotter（1994）认为，周边绩效主要包含五方面内容：一是主动完成并不是自己本职工作的任务；二是在工作时表现出超常的热情；三是帮助他人并与他人合作工作；四是坚持严格执行组织的规章制度；五是对组织目标的认可、支持和维护。他们还利用 400 多名空军机械师的上级考评来测试任务绩效和周边绩效之间的区别，结果表明个性变量与周边绩效有更高的相关性，任务和周边绩效因素的确独立地贡献于整体绩效。20 世纪 90 年代中期以后，利益相关者理论吸纳了组织行为学中关于绩效研究的最新成果，认为企业的各种利益相关者的行为不仅会导致相应的任务绩效，而且还会产生周边绩效。如果企业忽视了某些利益相关者的利益要求，或是其利益要求的实现方式不够完善，那么这些利益相关者的行为就会影响企业的绩效。

实际上，前两种方法得到了西方学者的广泛讨论，国内也有相当的文献对其基本内容和操作过程进行了介绍，目前学界对于后三种评价方法尚有待进一步讨论。这三种方法的共性是：（1）都以利益相关者理论为基础；（2）都不同程度地拓展了传统的企业绩效评价思维框架，都认为企业绩效不只是企业的经济绩效；（3）都借用了别的学科知识，对企业绩效进行综合评价：社会绩效评价法离不开企业伦理理论，平衡计分法离不开战略管理理论，利益相关者要求测评法离不开组织行为学理论。应该说迄今为止这三种方法都还处于完善和发展之中。

以上三种评价企业绩效的方法为本书评价指标体系内容的选定进一步奠定了理论框架，尤其是"平衡计分测评法"主张从财务、顾客、企业内部流程以及学习与成长四个层面进行评价的基本观点，启发笔者将经费、学生、管理工作流程、育人等方面纳入评价指标体系之中，具体利益相关主体的筛选及指标体系的筛选详见本书第二篇。随着利益相关者理论在组织实证研究中的不断发展，越来越多的学者开始应用利益相关者理论的基本观点分析政府、高校等组织机构的管理工作评估。因此，本书引入利益相关者理论，借鉴其基本观点及其企业绩效评估的相关内容，以期为高校大学生资助绩效评估指标体系的构建奠定理论基础。在利益相关者主体选定方面，本书在后文构建指标体系内容时，将政府、高校、学生、银行、社会等多方利益主体纳入评估范围中来，恰恰符合利益相关者理论的核心观点。

第二节 国内外研究综述

国内外有关高校大学生资助的相关研究较多，由于国内外研究的侧重点各不相同，对国外文献的综述则从大学生资助理念、资助政策以及资助模式三个层面进行总结，同时探讨了教育公平、教育评估及利益相关者等理论基础；对国内文献的综述主要从大学生资助政策体系、资助管理模式和资助绩效评估三方面展开。

一 国外关于大学生资助绩效评估的研究综述

大学生资助的理论与实践研究已经引起了国外专家学者的高度重视，各国相继出版了诸多论述大学生资助问题的著作与报告，其中的典型研究包括：美国高等教育学生财政资助专家 D. B. 约翰斯通所著的《高等教育财政：问题与出路》一书，详细阐述了学生资助的必要性与可行性，并为高校学费制度与学生资助制度的实施提供了实践依据；自 20 世纪 50 年代起，美国包括 T. 舒尔茨和 M. 弗里德曼在内的大批经济学家、社会学家、高等教育家便长期参与到大学生资助领域的研究，出版了专门刊物《大学生财政资助》（*Journal of student Financial Aid*），并在国会设了大学生资助政策关注和咨询小组[1]；美国国家教育统计中心每年都会更新《国家高等教育学生资助研究报告》（*National Postsecondary Student Aid Study，NPSAS*）[2]，是联邦政府、研究学者或高等教育工作人员收集信息的首要资源。英国教授伍德霍尔更以大学生资助政策研究为己任，编写出版专著和研究报告十余部。其中，伍德霍尔经授权对英国、美国、日本、加拿大、德国、法国、荷兰、挪威、瑞典和澳大利亚十国的大学生资助政策进行调查，撰写了《经济合作与发展组织成员国学生资助方案述评》（1978）[3]，成为学生资助政策改革中最早的国际比较研究报告；另外，由伍德霍尔主编，英国、美国、瑞典三国学者编撰的专著《大学生财政资助——助学金、贷学金还是大学生毕业税》（1989）[4]，审视了发达国家大学生资助政策的新发展。希腊学者、世界银行高级经济学家萨哈罗普勒斯也通过对78个国家的高等教育回报率的比较研究，提出了对大学生资助政策改革发展方向的预言和建议。具体到研究内容来看，在此从大学生资助理念、资助政策以及资助模式三个维度对国外大学生资助研究进行综述。

（一）关于大学生资助理念的研究

在西方高等教育的发展历史上，不同背景之下产生了不同的资助理念，例如慈善与宗教理念、生而平等与国家利益理念、机会均等与人力资本投资理念，等等。国内外许多学者对此进行了理论性研究。

George Psaccharopoulos（1987）[5]认为高等教育成本分担理论是当下高校学生资助的主要理念，认为高等教育成本应由政府、家长、学生、企业和慈善机构各方来共同承担，企业由于获益于学生而需向高校提供资助

---

[1] 参见胡道敏《基于人力资源开发的高校贫困大学生资助体系研究》，硕士学位论文，贵州大学，2007年，第2页。

[2] NPSAS，*National Postsecondary Student Aid Study*，http：//nces. ed. gov/surveys/npsas/，2014 – 10 – 19.

[3] Maureen. Woodhall，*Review of Student Support Schemes in Selected OECD Countries*，Paris：OECD，1978.

[4] *Financial Support for Students，Grant，Loans or Graduate Tax*? London：Bedford Way，1989.

[5] George Psaccharopoulos，*Economics of Education Research and Studies*，Washington，D. C.：Advances in Education Yergamon Press，1987.

和贷款来承担部分高等教育成本。柳国辉等（1999）① 认为在美国高等教育史上大学生资助理念先后有六种：来自民间的慈善与宗教的理念、为了国家利益资助贫寒学生以培养精英人才的理念、人力资本投资理念、高等教育机会均等理念、扩大选择自由理念以及高等教育成本分担理念，其中，教育机会均等和教育成本分担理念在国外影响较大。熊志忠（2005）② 依据教育发展过程梳理了世界各国学生资助理念的嬗变。濮筠（2006）③ 在柳国辉研究的基础上阐述了六个时期不同背景下美国高校学生资助理念，认为美国资助制度的一大特点便在于众多资助理念并存。这种多元混合的理念使美国大学生资助事业呈现出资助机构多层次、资金来源多元化、资助性质多样化和资助项目层出不穷的发展态势，从而促进了美国学生资助事业和教育事业的发展。

（二）关于大学生资助政策的研究

目前，国内外许多学者都针对国外大学生资助政策进行了研究，其中，对美国、英国、日本这三个国家的研究较为集中系统，在此综合研究学者的观点对典型国家进行政策内容综述。

1. 美国大学生资助政策体系

美国高校资助体系主要由奖学金与补助金、校园工读计划和助学贷款三项构成。

第一，奖学金与补助金。该项资助资金的主要来源是美国联邦政府，例如哈佛大学每年接受财政资助的学生占总人数的 70% 以上，麻省理工学院接受财政资助的学生人数占 75% 以上，其主要的资助项目有联邦佩尔助学金、联邦补充教育机会助学金（FSEOG）、教师助学金、学术竞争奖学金、国家 SMART 奖学金。其中，佩尔助学金是美国目前根据学生需要制订的最大规模的资助计划，属于无偿资助项目，主要面向低收入和中等收入的本科生；联邦补充教育机会助学金则为有特殊经济困难需要的本

① 参见柳国辉、谌启标《国外学生资助政策及借鉴意义》，《江苏高教》1999 年第 4 期，第 100 页。

② 参见熊志忠《教育成本分担制与国内外高校学生资助政策的比较研究》，《煤炭经济研究》2005 年第 2 期，第 77 期。

③ 参见濮筠《高校学生资助政策比较与构想》，硕士学位论文，兰州大学，2006 年，第 20 页。

科生设立；教师助学金用于资助在毕业后愿意到公立或私立中小学任教或者愿意服务于低收入家庭学生的申请者；学术竞争奖学金和国家 SMART 奖学金主要针对学习成绩优异的家庭经济困难学生，相当于对佩尔助学金的补充。另外，各州、学校和企业也均设有不同形式的奖学金项目，其中，美国州政府奖学金项目的目的在于增加高等教育入学率，将优质高中毕业生留在本州高校内，同时激励学生提高学术表现。有学者从政策目标、资助对象、评选标准、资助额度等方面对美国不同州之间的学生资助活动进行了比较。

第二，校园工读计划，也称学生课外就业项目。它是根据《1964年美国经济机会法》建立的学生资助项目，由联邦政府每年分拨给学校一笔经费为在校就读的学生提供兼职机会，学生通过工作来获得一定报酬。

第三，助学贷款。从制度建设和贷款规模来看，美国的助学贷款政策是国际学生贷款的成功典范，是一种延迟付费性质的资助项目。自金融危机爆发以来，整体信贷市场紧缩导致个人商业贷款额度下降，学生贷款也是如此。据统计，截至 2009 年 1 月底，以往 60 家私人贷款机构中的 39 家停止放贷，未停止放贷的机构也提高了审核标准。种种原因推动着联邦政府改革学生贷款方案，走向利率相对更低的政府"直接贷款"。因此，2010 年以前，美国助学贷款形式多样，包括联邦政府发放的贷款、低利率的长期贷款、私人金融机构贷款等。自 2010 年 7 月 1 日起，联邦政府取消了由政府补贴私人贷款公司办理的贷款业务，所有贷款全部通过联邦直接贷款项目进行，内容主要包括联邦直接贷款和帕金斯贷款。其中，直接贷款包括贴息和非贴息的斯坦福贷款；帕金斯贷款由政府将贷款基金拨给学校，不收手续费、利率为 5% 且偿还期为 10 年。在还款环节，美国政府提供标准、延期、渐增和按收入比例还款四种还款计划，贷款者可根据自身的经济情况返还贷款。另外，美国贷款的还款约束力也比较严格。一旦借款人违约将导致严重后果，政府将通过法律途径加大对拖欠者的处罚力度，如降低拖欠者的信用等级使其难以获得其他形式的贷款，派遣专门的追款机构进行追讨或要求用人单位扣除一部分比例的工资、失去申请延期还款和债务免除的资格以及对恶意拖欠者诉诸法律，由法律机关强制执行，等等。①

2. 英国大学生资助政策体系

英国早在 1944 年的教育法中便规定由政府为学生提供奖学金和其他津贴，1962 年在安德森委员会报告的基础上，议会通过修改教育法规定所有接受全日制高等教育的学生都可以接受需要的资助。② 其大学生资助政策体系主要包括免收学费、奖学金和助学金以及贷款三项内容。第一，免收学费。该项政策主要面向在英国高校接受全日制教育的英国和欧盟国家的本科生，由英国政府通过地方教育局将免去的学费划拨给学校。第二，奖学金和助学金。由于英国学生的学费、生活费和其他费用主要由政府承担，因此，在奖学金与助学金之间有时并没有明显的界限，地方教育局提供的奖学金是学生获得资助的最大来源；大学和大学学院掌管的基金也会为学生提供奖学金，但部分奖学金只限于某些特殊学校或特定地区的学生。第三，贷款。该项资助经费由国家提供，形式为低息贷款或无息贷款，低息贷款利息低于存款利率，一些家庭经济情况良好的学生也愿意参与贷款。还款一般从毕业后次年开始，学生可以分期偿还所有贷款。

3. 日本大学生资助政策体系

日本是贷学金政策实施较早的国家，其大学生资助政策体系以学生贷款为主，在资助形式上日本不倡导无偿资助，主要由具有教育贷款性质的"育英奖学金"以及一些组织机构和个人为学生提供奖学金、助学金、贷学金等多种形式的资助组成。

首先，育英奖学金是日本大学生资助资金的主要来源。具有公共法人团体性质的日本育英会组织以法律和经济手段来实施资助，是管理育英奖学金事业的独立机构。

其次，在贷学金方面，《日本育英会法》和《实施条例》将贷学金划分为"无息贷予性奖学金"和"有息贷予性奖学金"，前者不计利息，主要供出身贫寒、经济困难的学生贷款，后者年利率为 3%，供其他需要的

---

① 参见高建民《美国近年联邦教育资助评述》，《比较教育研究》2003 年第 8 期，第 30 页。

② 参见詹鑫《英国高校改革：学生资助与教育参与》，《比较教育研究》2004 年第 4 期，第 42 页。

学生贷款。贷学金主要来源于育英会借贷的资金、政府拨款以及回收的贷学金三个渠道，根据学生家庭经济状况、学生品行、学生成绩、学生健康状况对学生进行审核并确定发放金额。在资金回收方面，日本助学贷款的回收，在世界上几个长期采用贷学金政策的大国中做得最好。日本的育英会就作为一个专门机构发放学生贷款，并且制定了高效的追讨办法以降低拖欠率。学生逾期不主动前来偿还，由育英会派人员前去收缴，若再不偿还则诉诸法律。日本的追缴方法使贷款拖欠率从 1973 年的 46.7% 下降到 1985 年的 2.3%[①]，回收率高居各国之首。除育英会外，日本地方政府为鼓励学生尽早还款，规定若在偿还期内提前 4 年还清贷款，则退还贷款的 10% 作为奖励。同时规定了贷学金减免的相关政策：学业优异者可以享受不偿还贷款的优惠；若毕业后到中小学、幼儿园、特殊教育机构任教，以及到高等院校和文部大臣规定的研究机构从事教育和科研（非营利性的）工作一年可免还部分贷款，连续从事 5 年可免还全部贷款，不足五年的则部分减免；在校期间或毕业后因患重病、病休或死亡者，可免除余下的应返还资金。

最后，日本民间团体对大学生资助的投入力度很大，许多组织机构均为学生提供资助，来自社会民间团体的资金已成为日本学生接受资助的第二大来源。早在 20 世纪 80 年代，日本就有 3000 多个组织和机构为学生提供资助，其中私人基金会有 800 多家，如"私人教育基金会"等；到 1992 年，日本共有民间学生资助机构 4000 多个，尽管民间机构提供的贷学金大部分为有息贷学金，但筹集资金占全日本资助金额的 27%，受助学生人数是日本全部受助人数的 39%，成为日本学生接受资助的第二大来源。

（三）关于大学生资助模式的研究

1. 以美国为代表的"混合资助模式"

混合资助模式是目前世界上最为普遍采用的模式，其运作受各国历史文化传统的影响。资金来源和资助形式的多元化是美国混合资助模式的主要特点。其混合性、多元性主要体现在资金来源、资助形式及管理方式方面。首先，在资金来源上，美国大学生资助资金来源于联邦政府、州政

---

① 参见王承绪、顾明远《比较教育》，人民教育出版社 1999 年版，第 41—42 页。

府、高校、慈善组织和企业，其中联邦政府的资助占主导地位；其次，在资助形式上，采用奖学金、助学金、贷学金、校园工读和学费减免相结合的五种形式；最后，在资助管理方式上，美国采取有针对性的资助和科学的"资助包"方式，包括健全法律保障、规定资助系统及比例、独创"资助包"政策严谨管理、定期公布监督结果及制定还贷优惠政策等。其一，健全法律保障：美国早在20世纪60年代便出台了多项学生资助法律，《1964年经济机会法》、《1965年高等教育法》及《高等教育法的1972年修正案》均成为美国高校大学生资助政策实施的法律保障；其二，规定资助系统及比例：在美国高校大学生资助政策体系中，奖、助、贷、工读约占资助总额的80%；各院校资助和其他资助则占20%左右①；其三，实施"资助包"政策：美国丰富多样的资助政策内容使得大学生资助形成"混合资助"的特点，在给大学生带来众多受助机会的同时也引出了资金公平发放等问题，因此为保持资助公平美国独创了"资助包"政策以防止资金发放失衡；其四，定期公布监督结果：美国大学入学考试委员会每年会公布六大地区四类院校成本费；各高校每年也会公布基本配比标准从而推进了美国高校大学生资助管理工作的透明化、规范化，形成了良好的社会监督氛围；其五，制定还贷优惠政策：如延长还贷期限、毕业后参军或到特定公立中小学任教以减少或免还贷款；等等。

2. 以英国为代表的"贷助结合模式"

该资助模式是世界上最早对贫困学生开展的资助模式，并先后在中国、苏联、英国及联邦德国等50多个国家实施，其中以英国为典型代表。1970年之前，英国采取由政府无偿为学生支付学费和大部分生活费的资助政策，而且还为大学生提供免费医疗、失业救济金和住房补贴；1970年之后，在经济和舆论的双重压力下，英国政府把"免学费+高额补助"的资助模式逐渐转变为"收学费+限额补助+贷款"；自20世纪80年代后期开始，"生活费用补助"又改为"补助"与"贷款"相结合；90年代后期开始，只提供贷款并收取学费；2004年1月，英国政府通过《高等教育法案》，推出了新的高等教育学费政策和资助

---

① Jean M. Johnson, Graduate Education Reform in Europe, Asia and the Americas, National Science Foundation, 2000, pp. 45 – 46.

制度，规定从 2006 年 9 月开始，英格兰地区的大学将进一步提高学费，上限为每年 3000 英镑，新法案实施后 2006—2007 学年入学的新生，根据家庭收入情况可获得无须偿还的生活费用补助，还贷期可推迟到毕业且年收入高于 15000 英镑之后再开始偿还债务，25 年之后所有债务将不再追究。

3. 以日本为代表的"无息贷款资助模式"

日本的大学生资助制度与其他国家资助制度的主要差异在于日本不提供无偿资助，而是通过无息贷款的形式资助学生。近年来，日本成立了独立性管理机构学生服务组织（JASSO），主要负责学生贷款系统管理，日本的贷学金分"一般贷款"与"特别贷款"两种，其中前者主要针对家庭经济一般困难的学生，贷款金额较少；后者则主要针对家庭经济十分困难的学生，但对其学业成绩要求非常严格，贷款金额也相对较多①。但无论哪种形式的贷款都一律免息，要求学生在毕业后按月偿还且在 20 年内还清。另外，日本的贷学金有专门的组织机构负责学生困难程度的认定和助学贷款的审批与发放。

二　国内关于大学生资助绩效评估的研究综述

当前诸多学者已对高校大学生资助进行了比较系统的理论研究，为保证文献获得的全面性，本书在中国知网数据库内，以"高校学生资助"或含"大学生资助"或含"高等教育资助"词频为检索词对数据库内文献的"篇名"进行精确检索，共获得 893 篇文献，内含来自中国学术期刊网络出版总库的 669 篇期刊文献。通过对所有文献进行整理分类后发现，现有针对大学生资助的学术研究主要分为制度发展研究、政策体系研究、管理模式研究、德育伦理研究、管理评估研究和中外比较研究六个方面。结合已有文献特点，依据我国大学生资助绩效评估的研究主题，在此选取我国大学生资助政策体系、管理体系及绩效评估三个维度进行文献综述，以期对本书的开展有所启示与借鉴。

---

① 独立行政法人日本学生支援机构 JASSO［EB/OL］（http：//www. jasso. go. jp/，2015 - 8 - 20）。

（一）关于大学生资助政策体系的研究

当前围绕"高校学生资助政策体系"的研究较多，学者们从历史发展、道德教育等角度就高校学生资助政策的演变历程、资助政策体系的基本内容进行了研究，主要代表观点如下。

张建奇（2003）将 1983 年以来我国大学生资助政策体系分为四个时期：一是改革免学费加人民助学金政策；二是取消人民助学金，实行奖学金与学生贷款为主的政策；三是"奖、贷、助、补、减"的资助体系；四是"奖、贷、助、补、减"资助体系的完善及国家助学贷款与国家奖学金的试行阶段。牛彦绍（2005）对高校学生资助政策体系在不同时期的目标进行了研究，认为可以分为三个时期：一是 1977—1998 年为国家经济建设服务时期，二是 1999—2002 年为大众入学时期，三是2003 年至今为多目标服务时期。范先佐（2010）回顾了我国的学生资助政策，全面总结了资助政策体系的形成与发展过程，从国家奖学金、国家助学金、国家助学贷款、免费师范生教育和免费医学生培养、学校事业收入经费提取用于学费减免五个维度分析了建立健全政策体系的主要内容。余秀兰（2010）对新中国成立 60 年以来我国大学生资助政策体系的历史变迁进行了梳理，并从资助对象、资助内容、资助方式、政策选择的价值观几方面对我国大学生资助政策的理念变化进行了解析。余秀兰认为，新中国成立以来我国的大学生资助政策可以分为三个阶段：免费加人民助学金阶段、奖学金为主阶段和以政府为主的多元混合资助体系阶段。杨斌（2012）梳理了我国大学生资助政策体系历史变迁的脉络，结合国内与国际背景，将我国大学生资助政策体系分为政策缺失、探索、停滞、恢复、发展、相对完善与深化发展七个阶段。

熊志忠（2005）认为现行大学生资助政策体系存在法律缺陷、公平失位、认定缺陷和信用风险的问题，以中国矿业大学为个案进行了资助体系运行研究。李东阳（2007）认为高校大学生资助体系的演变主要经历了人民助学金阶段、人民助学金加人民奖学金阶段、奖学金与学生贷款并存阶段，从措施、成绩和问题等方面分析了高校学生资助体系的现状，从资助理念出发提出构建科学完善的高校学生资助体系的建议。肖遥（2007）将资助政策体系的发展分为三个阶段：政府资助为主，政府与学校相结合，政府与学校、社会相结合，并从主观和客观两个维度分析了高校大学生资助困境的产生原因。胡道敏（2007）对国家高校学生资助体系和地方高校学生资助体系进行了研究，认为国家大学生资助体系包括奖学金、助学金、师范生免费教育、国家励志奖学金、国家助学贷款，地方高校学生资助体系由勤工助学、困难补助、减免和社会资助构成，提出了完善资助政策体系的对策及规避资助风险的措施。曲龙巨（2007）分析了我国现行高校学生资助政策体系的特点及矛盾，从国家、社会、学校和学生四个维度对政策体系运行的困境进行了分析。丁阳（2008）认为我国高校学生资助政策体系的发展经历了人民助学金、人民助学金与奖学金并存、奖学金与贷学金并存以及"奖、贷、勤、助、免"并存的四个发展阶段，对北京两所高校的资助现状进行了调查分析，阐述了资助措施、成绩及问题。郑春（2009）认为我国高校学生资助体系由奖学金、助学贷款、勤工俭学、困难补助和学费减免五项内容构成，从资助方式的局限性、资金来源渠道的单一性、精神扶贫的忽视、配套制度的欠缺以及感恩诚信教育的不足等几个方面分析了资助政策体系的问题所在。谢更兴（2009）从助学金、奖学金、励志奖学金、师范生免费教育、国家助学贷款、生源地信用助学贷款、国家助学贷款代偿制度、勤工助学和其他资助政策等方面对大学生资助体系的内容进行了论述，认为当前资助体系存在认定缺乏科学性、经费来源渠道单一、运作缺乏合理性、观念落后、区域校际落差严重等问题，从国家、高校、社会和学生的视角分别提出了完善对策。王平（2009）认为我国大学生资助体系的历史演进应当分为五个阶段，分别是免费教育加人民助学金阶段、奖学金和助学金并存阶段、奖学金和贷学金并存阶段、以国家助学金贷款为主体的混合资助阶段、以国家奖助学金为主体的新资助体系阶段，认为我国高校学生资助理念经历了三个演进过程：人民教育和人力资本投资理念、教育成本分担理念和以人为本的理念，认为我国高校学生资助体系存在不能完全满足受助需求、政策设计缺乏科学性、运行机制有待完善以及社会资助寡且不均的问题。梁红军（2010）从德育视角出发对高校资助育人体系进行研究，基于体系的发展历程、基本内容、操作缺陷和执行缺陷进行现状分析，并提出以德育为导向构建完善的资助政策体系的基本路径。乔宏峰（2011）认为我国高校学生资助政策的演变分为免学费加人民助学金、招收自费生并设立奖学金、奖学金与学生贷款并行、"奖、贷、助、补、减"资助体系的建立以及绿色通道的开通共五个阶段，论述了我国现行资助体系的特点、问题及建议。马彦周（2012）通过初步建立、逐步探索、改革发展和完善体系四个发展过程梳理了大学生资助政策体系的演变过程，并从国家、学校和社会单位三个层面的资助阐述了大学生资助体系的发展现状，认为大学生资助体系存在理念陈旧、方式单一、忽视育人和学生心理、贫困生认定准确性欠佳和社会参与度较低等六项问题，提出应当构建具有育人、导向、激励和约束四项功能的大学生发展型资助体系，设计了由教育引导体系、项目支持体系、运行管理体系和评估考核体系构成的基本框架，并以中国地质大学为例进行了发展型资助的个案研究。

（二）关于大学生资助管理体系的研究

当前许多学者在进行大学生资助政策体系研究的同时针对大学生资助管理体系展开了研究，主要围绕管理体系的内容、运作流程、问题及改革对策展开研究，代表观点如下。

谢黎文（2006）认为当前的学生资助管理体系运转流程主要有三种类型：目前高校采用最多的是辅导员主导型、班委推荐型以及班会讨论型，认为上述三种流程类型无从获得反馈和评价，且缺乏有效的过程控制和绩效监督。因此，主张采用基于网络的充分重视学生自主意愿，以事实为依据且内部力量均衡的资助管理模式，再造管理决策流程并引进及时反馈和资助评价的功能。安冰（2008）以聊城大学为例对高校学生资助管理体系进行了个案研究，分析了聊城大学资助管理政策、数据库制度、管理机构、管理成效及问题。梁天梅（2010）将我国高校学生资助过程管理体系分为资助资金来源、资助目标预申请、资助管理和资助偿还四个方面，并建立了学生资助过程管理的 PDCA 循环图，即从管理政策、管理执行、管理检查到管理改进的循环图，论述了高校学生资助过程管理的政策、目标群体、执行机构、运行机制及问题。其中，高校学生资助管理的运行机制包括对资助资源的运行机制和资助目标的管理机制。资助资源的运行过程分为融资、投资和回收三个阶段，资助目标的运行程序包括确认资助目标、资格初审、责任审查、确定资助标准、发放助学金和资助后监管六项内容。

安江燕等（2012）主张构建多部门协同工作的资助管理运行体系，

实施精细化管理以构建科学合理的管理体系。谷忠新等（2012）[①] 认为当前高校学生资助管理体系中存在资助管理机构不健全、贫困生认定措施不完善、资助指标分配方法不科学以及资助前后教育管理不到位的问题，主张通过加强领导、健全机构、完善制度和强化监督的方式构建科学合理的资助管理体系来推动资助管理工作的良性发展。于纪航（2013）指出，高校学生资助管理模式存在贫困生认定标准不统一、认定程序不科学、认定体系不完善、认定标准弹性缺失、资助方式单一等问题，主张通过健全贫困生认定机制、加大贫困生资助监督力度、明确资助对象、增加资助范围、健全资助办法并建立"精神助困"体系等措施完善高校学生资助管理模式。王薇（2013）根据"规划（plan）—实施（do）—检查（check）—处置（act）"PDCA 模型理论提出了高校学生资助管理体系的内容构成，包括规划和建立、运行和实施、监督和检查、保持和改进四项基本内容，研究通过资助管理体系运作的实践表明，这种管理体系可以不断完善资助管理过程，能够解决资助管理工作中遇到的问题。黄艳（2014）认为高校学生资助管理体系的健全与否直接影响到教育公平与和谐社会的构建，指出系统的高校学生资助管理体系在我国已逐步建立，主要体现在对助学金、助学贷款、勤工俭学、各类困难补助、助学绿色通道、减免学费等管理方面，然而当前的学生资助管理体系中依旧存在资助机制不完善、资助方式不科学以及贫困生认定主观性强的问题。陈乔等（2014）主张充分发挥学校二级学生资助单位在资助管理体系中作用的发挥，实行二级管理是学生资助管理体系正常运转的必然选择。

（三）关于大学生资助绩效评估的研究

从获得的大量文献资料来看，长期以来，我国研究学者致力于高校贫困生资助政策体系及管理内容的研究，对于高校学生资助管理工作评估的研究则重视程度不够。从已有研究来看，当前我国学者对于高校资助体系的历史发展、政策内容进行了诸多研究，并注重对高校资助政策实施问题领域的理论性研究，研究大多采用演绎归纳的方法对大学生资助政策体系进行描述性论述。然而对于高校学生资助管理效果进行研究的文献则相对

---

① 参见谷衷新、安江燕、刘永智、宋艳兰《高校学生资助管理体系问题及对策探析——以河北农业大学为例》，《河北农业大学学报》（农林教育版）2012 年第 8 期。

较少，从这些少量研究中发现，关于大学生资助绩效评估的研究可以分为理论性研究和实证性研究两类，研究观点综述如下：

1. 高校大学生资助绩效评估理论研究

当前，高校学生资助绩效评估领域逐渐引起国内部分研究学者的重视，开始从理论视角出发尝试构建高校学生资助管理评价体系对高校学生资助管理工作展开评估。

黄敬宝（2007）根据公平和效率原则，认为现有各种大学生资助方式都存在一定的缺陷，必须明确资助主体、调整资助模式、完善资助方式，以强化大学生资助制度的作用。姜旭萍（2009）认为应以三个方面作为标准对高校学生资助政策进行效用评价：其一，是否能够有利于减轻家庭经济困难学生的经济压力，使他们安心求学；其二，是否能够有利于家庭经济困难学生的身心发展，健康成长；其三，是否能够有利于家庭经济困难学生政治品德和道德品质的培养。胡云江（2009）提出按区域、性质和程度对贫困生群体进行级差分类来提高资助效益，主张建立资助效益评价体系，包括贫困生级差分类，生源地与学校所在地城镇居民的最低生活保障标准，贫困生学年成绩量化表、自救量化表、日常生活支出班级评级表、生源地出具的家庭经济收入三级证明等内容，最终合成数据量化比对表得出相关变量和资助效益评价参照系。周敏（2009）认为平衡计分卡原理可以运用于高校学生资助评估并对其进行可行性分析，依据平衡计分卡思想，将学生资助评估体系分为财务、客户、内部流程管理、学习与成长思想指标，结合实际问题从理论上构建了基于平衡计分卡的高校贫困学生资助评估体系的逻辑框架。杨剑锋（2014）也主张依据平衡计分卡的原理将学生资助评估指标内容演化为资源、学生、内部流程和学习与成长四个层面。

钟一彪（2010）从贫困生个体系统、学校系统、政府系统和社会系统四个维度论述了贫困生资助评估的分析框架，认为评估应涉及贫困生对资助的需求、资助项目的设计、实施、结果、收益五方面的内容，支出评估可以分为人本模式、项目视角、组织视角和综合评估四种模式。另外，他还主张从社会工作视角的救济、发展和认同三个维度评估高校贫困学生资助，并对单个维度间的内在逻辑关系进行了剖析，认为在整个逻辑体系中救济是基础、发展是核心、认同是目标，主张从协调三者关系的角度来提升贫困大学生资助效果。梁天梅（2010）在硕士论文中以资助对象的发展和资助体系的发展为目标导向，从资助管理部门、资助对象和社会满意度三个层面出发构建了高校贫困生资助过程管理评价指标体系，从理论视角采用综合模糊评价法展示了评价的基本方法和步骤。凌峰（2010）在分析传统高校资助考核缺陷的基础上提倡采取基于目标的高校学生资助绩效考核，主张从影响力、执行力、运行困境和生活质量四个维度建立评估体系。李闯（2012）在硕士论文中结合已有评价标准通过表格的方式提出了具有普遍适用性的高校学生资助工作的评价标准及评价细则，提出贫困学生资助应注意物质资助与精神帮助两方面。评价标准包括对贫困生资助措施的考评，对资助工作部门与学生社团建设的考评，对贫困生学习、社会实践、就业情况的考评。刘敏（2012）以"公众满意"为价值取向建立以贫困生为本位的资助工作绩效评估体系，从评估小组的成立、评价主体选择、满意度指标和权重、满意度评价方法选择、构建评价信息系统、分析统计结果、反馈结果和修正行为七个步骤构建了贫困生资助工作绩效评估路径。

2. 高校大学生资助绩效评估实证研究

在少数围绕大学生资助绩效评估研究的文献中，仅存在少数文献采用定量与定性相结合的研究方法对高校大学生资助管理工作进行实证评估研究。现有的开展实证研究的文献依据评估范围可分为三类：针对某所具体高校的实证评估的研究、省份范围内开展的实证评估研究、全国范围内的实证评估研究。

第一，针对某所具体高校的实证评估研究。贝紫燕（2008）采用问卷法和访谈法对浙江省某 H 高校在大学生资助政策实施过程中的现象和问题进行调查以研究 H 高校资助政策实施办法、过程及效果。张昕鹏（2009）设计了由贫困生认定、资助资源、资源配置、社会效益和贫困生问题解决率组成的高校学生资助评价指标，并建立了模糊综合评价系统，通过发放调查问卷的形式对江南大学进行实证研究，调查结果显示江南大学学生资助总体绩效较好，评价结果与中央政府、地方政府法律法规的实施呈正相关。范聪（2010）从贫困生认定、资助资金发放效率以及贫困生在校表现三个层面对河北省 A 大学学生资助政策实施绩效进行了实证研究并提出了缓解困难学生心理问题的对策。张怡真（2011）以 H 大学为个案，通过介绍该校 2009 年的资助力度情况，分析了现行资助体系在资助前、资助中和资助后存在的问题。余鸣娇、徐吉鹏（2012）以某综合性大学的抽样调查数据为依据，以大学生的学习适应性为评价指标，对新资助政策的教育援助效果加以评估。结果显示不同家庭收入水平的大学生在学习适应性上存在显著差异，贫困生与中、高收入家庭的学生相比，其学习适应性得分表现出明显劣势；新资助政策对贫困大学生的学习适应性有显著影响，受助贫困生学习适应性得分明显高于未获资助的贫困生。

第二，省份范围内开展的实证评估研究。李慧勤（2005）对云南省26 所高校学生资助情况进行问卷调查，采用方差分析和逻辑回归模型的方法分析了影响学生资助的因素、学生对资助政策变化的反映与对学费变化的反映孰强孰弱、高等教育需求的学费弹性与收费及资助政策的变化关系，较早地对省份范围内高校学生资助政策进行了实证研究，但其评估内容较为零散，并非严格意义上的实证评估研究。

徐建华（2005）、莫世亮（2010）均对浙江省的高校经济困难学生资助政策及执行情况进行了实证研究。前者在论述高校资助政策演变历程的前提下对浙江省各大高校 1500 余名大学生展开问卷调查，结合对执行工作人员及受助学生等的访谈分析省内资助政策运作状况。后者在介绍浙江省高校贫困大学生资助政策体系的基础上对各项资助政策经费执行情况进行分析，通过设计调查问卷对省内 5 个地市 14 所高校的 1500 余名大学生展开实证调查并结合对管理人员、受助学生等的访谈从政策宣传、执行满意度、目标群体影响、执行评价、执行梗阻五个维度进行分析，基于理论、数据和现象三个层面以及量化统计和执行分析的方法说明政策执行现状及问题，运用独立样本 T 检验和单因素方差分析等方法分析政策执行在人口社会学特征上的差异及原因。

马静等（2007）为了解山西省属高校贫困生的资助体系绩效评价状况以及影响资助绩效的因素，通过发放调查问卷的方式对省内 38 所省属高校接近 2000 名贫困生的资助形式绩效进行实证性调查研究，针对不同资助形式设计六项评价指标，分别为对资助形式的了解程度、评定条件的合理程度、评定程序的公平程度、资助到位的及时程度、解决经济困难程度以及对自身的激励程度，采用计分形式及平均法取得最终评估得分并计算贫困生对各项资助形式的绩效评价，得出山西省属高校贫困生资助体系总体绩效良好、需进一步提高资助公平和效率的结论。

赵炳起、李永宁等（2007）从理论上尝试构建了包括贫困生认定、资助资源筹措和资助效果三个层面的评估指标体系，并采用模糊综合评价的基本原理论述了评估操作流程，通过发放问卷、调查表和访谈等方式对江苏省9所高校接近4000名贫困生的经济资助情况进行了调研并对评估结果进行了实证分析，结果显示当前高校贫困生资助总体绩效较好，绩效评价的结果与中央政府、地方政府法律法规的实施呈正相关。

雷娜等（2011）以河北省为例，随机抽取10所高校对家庭经济困难学生资助政策进行了问卷调查及综合分析，调查结果显示高校资助工作存在缺位现象，学生认定程序形式化且实际操作过程中人为因素过多，贫困生获得奖学金比例不高，学生对国家助学贷款制度认知程度较低，部分勤工助学组织机构尚不健全，相关制度仍需完善；经济贫困对学生生活、学习、身心健康等诸多方面都造成一些不利影响。

陈芳（2012）通过查阅相关资料并对甘肃省内兰州大学、兰州交通大学、甘肃政法学院、兰州工业学院4所高校大学生资助工作的调查分析，认为甘肃省内高校学生资助体系在运行中存在法律法规不完善、资助经费不足、资助工作不平衡等问题。

张梦菲（2014）以吉林省为例选取长春理工大学和长春工业大学为调查对象，通过问卷调查的形式从资助政策认可度、资助工作执行度、资助政策惠及度和资助政策知晓度四个层面对高校资助政策的实效性进行了评估研究，调查结果显示吉林省大学生资助政策在实施过程中存在家庭经济困难学生认定缺乏科学标准、资助项目之间缺乏整合、资助资金使用缺乏监管以及对受助学生教育引导缺乏力度四大问题。

第三，全国范围内的实证评估研究。曲绍卫、刘晶（2012）基于资助政策执行主体和政策受助主体的视角从理论上尝试构建家庭经济困难学生资助政策在高校执行效果评价指标体系，包括5项一级指标体系和23个二级指标体系，其中一级指标有：对政策的认识、重视程度，资助对象的认定，资助工作投入及资金发放，资助工作的管理和监督，对家庭经济困难学生的教育和关爱。研究选择北京、上海、长春、西安、武汉和兰州等地的11所高校中的4000余名大学生作为调研对象，运用层次分析法和模糊综合评判相结合的方法对高校学生资助政策执行效果进行实证研究，极大地丰富了高校学生资助绩效评估的理论内容和实践经验。

总体来看，我国部分学者自 2007 年以来对高校学生资助绩效评估已从理论和实践的层面对其进行了不同程度的研究，通过上述综述可见此领域的研究大都集中于理论研究和省级范围内的实证调研，全国范围内的实证评估研究则相对欠缺。

三　对现有研究成果的评价

综上所述，目前国内外学者在大学生资助领域开展了比较丰富的研究，但研究主要集中在大学生资助政策的理论和内容研究模式上，部分学者在大学生资助政策落实方面提出了颇具建设性的意见。然而，关于大学生资助绩效的评估研究却很少，尤其是实证研究更是微乎其微。

首先，学者们围绕高校学生资助政策体系进行了较系统全面的研究，从历史发展、道德教育等角度分析论述了高校学生资助政策的演变、现状及进一步构建完善的资助政策体系；还有部分学者针对大学生资助管理体系的内容、运作流程、问题与对策展开研究；但只有少数学者围绕大学生资助的绩效水平进行评估研究，说明学界对于高校学生资助绩效评估研究的重视程度不够，这是现有研究存在的明显不足。

其次，在少数大学生资助绩效评估的研究中，仅有少数文献采用定量与定性相结合的研究方法对大学生资助绩效进行评估研究，且实证研究的范围多限于某所高校或省内的几所高校，实证研究范围有待进一步扩大。

最后，现有研究在理论基础、时代背景、政策内容及研究方法方面为本书的研究提供了重要借鉴，尤其在评估指标体系的设计方面，已有研究对大学生资助绩效的评估内容进行了有益思考，本书将结合已有研究构建更加科学系统地评估指标体系。

第四章　大学生资助绩效评估的背景及原则

高校大学生资助管理工作的开展是有条件的，并非在真空中进行，而是在现代社会的架构之下得以落实资助管理政策实现资助育人、推进教育公平的目标。社会架构为资助管理工作的开展提供了相对稳定的社会、政治、经济等环境。尤其是在当前多元、开放的时代背景之下，在世界观与价值观日趋复杂的文化理念之下，开展基于社会架构的逻辑理论探析势在必行。基于此，在高校大学生资助绩效评估研究伊始，应当且必须从社会背景、经济环境与教育基础等不同维度对其进行逻辑理论的探析，基于不同侧面和角度为高校大学生资助绩效评估研究的开展提供多维立体的基础与支撑。

第一节　大学生资助绩效评估的社会背景

第十八次全国代表大会报告指出，必须坚持维护社会公平正义的信念，公平正义是中国特色社会主义的内在要求。要在全体人民共同奋斗、经济社会发展的基础上，加紧建设对保障社会公平正义具有重大作用的制度，逐步建立以权利公平、机会公平、规则公平为主要内容的社会公平保障体系，努力营造公平的社会环境，保证人民平等参与、平等发展权利。

一　中华民族伟大复兴之梦

习近平总书记指出："实现中华民族伟大复兴就是中华民族近代以来最伟大的梦想。"实现中华民族伟大复兴是近代以来中华民族肩负的历史使命，不仅是全国各族人民的共同愿望和长久期盼，也是每位中华儿女的奋斗目标和历史责任，更是高等院校人才培养、科学研究、社会服务、文化传承的根本出发点和落脚点。

高校是教育强国梦、科技强国梦、创新强国梦的重要载体，是托起中国梦的有力支撑，在中华民族伟大复兴的梦想之旅中责任重大、任务艰巨。当前，高校要抓牢时代赋予的历史使命，瞄准中华民族伟大复兴之梦，在教育强国、科技强国和创新型国家建设战略实施的进程中，充分发挥高校对提升人力资本赶超竞争力的培育与加速功能，更多更好地培育优秀的努力践行中华民族复兴之梦的栋梁之材，进而为实现中国梦提供坚实的人力资本支持和智力保障。

第一，建设教育强国急需打造人力资本赶超竞争力。教育强国是实现中国梦的必然选择。我国是人力资源大国但不是人力资源强国，实现中华民族的伟大复兴离不开人才资源强国的支撑。高等教育作为教育的顶层部分，不仅直接推动着科学技术创新和产业结构升级换代以保持经济持续健康发展，而且是经济社会发展所依赖的人力资本的主要培养力量，还在培育国民的品性气质和凝聚国家的民族精神方面起到不可替代的作用。因此，高校应发挥加快中国从人口大国向人才资源强国转变的骨干引领作用，培养大批高素质劳动者和拔尖创新人才以提升国家总体人力资本赶超竞争力，在为实现中华民族复兴之梦提供坚实的人力支撑的同时，凝聚起当代青年自我圆梦及为国圆梦的精神力量。大学生资助在发挥助困作用的同时还肩负着扶智育人的重要功能，是我国建设人力资源强国的有力途径与重要举措。

第二，创建科技强国急需打造人力资本赶超竞争力。科技强国是实现中国梦的中流砥柱。当今，我国经济在保持高位增长的状态下已跃居为世界第二大经济体，但其增长点还在很大程度上依赖于资源、环境和廉价劳动力的比较优势，粗放型经济发展特征明显，科技在促进经济发展中的支撑作用有很大的提升空间。在实现中国梦的关键历史时期，实现国民经济持续、快速、健康发展必须进一步依靠科技进步，通过科技创新以提升人力资本竞争力和增强国家自主品牌的核心竞争力，以切实调整产业结构、提高经济增长质量，进而加速国民经济增长从外延型向集约型、从技术依赖型向自主创新型的战略转变。高校更应清醒地认识到要在更加激烈的国际竞争中把握主动权，必须加快构建更具赶超竞争力的人才培养方式，明确把科技强国战略思想摆在自身发展的头等位置，高质量地培养科技创新人才，大力实施基础研究、高技术研究，加快提升人力资本赶超竞争力，增强高校的科技实力及向现实生产力转化的能力，为充分发挥科技对经济社会发展和经济结构调整中的支撑引领作用提供理论基础和人才保障，进而为跻身世界科技强国行列并为托起中国梦奠定坚实基础。

第三，建构创新型国家急需打造人力资本赶超竞争力。创新强国是实现中国梦的动力源泉。创新型国家建设的核心是把增强自主创新能力作为发展科学技术的战略基点，走出中国特色自主创新道路并推动科学技术的跨越式发展。改革开放以来的快速发展为实现中国梦奠定了雄厚的国力基础，但不容忽视的是，经济增长的同时也付出了沉重的代价，随着国际金融危机的深入影响，调整经济结构、转变经济发展方式的要求更加迫切，更加凸显了创新强国的重要性和紧迫性。高校在服务经济社会发展中具有基础和生力军作用，是国家创新体系的主要执行主体，具有培养造就大批创新能力强、质量水平高、适应经济社会发展的拔尖创新人才的优势，在国家创新体系建设中发挥着举足轻重的作用，是推动创新型国家建设和创新强国梦落到实处的关键所在。高校应瞄准中华民族复兴之梦，以国家战略需求为导向，抓住机遇，深化内部科研体制改革，加快外部协同创新步伐，全力提升人力资本赶超竞争力，真正发挥高校在创新型国家建设中的主体作用，为建设创新型国家和实现创新强国梦提供强有力的知识、技术和人才支撑。

人力资本赶超竞争力是中国复兴梦想的核心问题之一。当前高校只有立足和瞄准中华民族伟大复兴之梦，加速提升人力资本赶超竞争力，为赶超或引领世界先进科技发展水平提供人力资本支撑，才能为实现中国伟大梦想并赶超世界发达国家助力护航。高校大学生资助能够保障家庭经济困难学生顺利接受高等教育，同时拓宽贫困大学生成长成才的发展机会与空间，激励在校学生成长成才、形成奋发向上的学习氛围，继而推动我国由人力资源大国逐步向人才强国转变。

二　第三次社会转型

按照西方社会学和社会功能结构学派的观点，社会转型是指社会结构及其运行机制的转换。在这个过程中，转型的主体是社会结构，其表现形式则为社会制度的标志性改变或社会形态的重大变迁；转型的方式是运行机制，主要表现为社会资源配置手段的变换；转型的结果有三：其一是宏观性的社会整体呈现出现了转型前所不能容纳的面貌与特征，通常表现为国家价值观与生产方式的变迁；其二是中观的社会分层重组，新的社会阶层涌现；其三是微观的社会组织与社会个体的价值体系、行为方式和心理倾向向新的坐标体系中位移。①

新中国成立以来我国经历了三次大规模的改革与调整：第一次是新中国成立后的社会主义改造，主要表现为社会根本制度的转变；第二次是1978 年以来推进改革开放，表现为计划经济体制向市场经济体制的转轨；第三次是"十二五"以来开始系统推进经济发展方式转变或发展模式转型以及十八届三中全会开始启动经济、政治、文化、社会、生态和党的建设制度"六位一体"的全面改革。第三次社会转型与前两次大转型有所不同：一是转型面临的内外环境不同，从国际环境来看，2008 年国际经济危机后全球转型如火如荼地进行，随着经济总量的增长和国际地位的提高，中国面临的外部环境日趋复杂；从国内环境来看，随着经济增长由高速增长阶段向中高速增长阶段转换，各种经济社会矛盾开始显现。二是转型的内容不同，这次转型不仅有体制或制度转型，还有发展模式转型，不仅有经济体制改革，还有一系列非经济方面制度的改革。三是转型的方式不同，这次转型将更多地表现为人本转型、全面转型、协调转型、创新转型、可持续转型等。② 由此可见，社会转型问题是一个庞大且复杂的宏观社会问题，统筹政治、经济、文化、生态各方面的全面转型，在此主要将社会转型作为微观层面的社会性背景进行探析。

在经历 30 多年的持续高速增长后，我国开始步入新的发展阶段，第三次社会大转型也面临新的国内环境，主要体现在中高速经济增长、"中等收入陷阱"、"高成本时代"、工业化中后期、城市化后期、区域经济一体化快速推进等阶段。中国的社会转型是社会生活和组织模式从传统走向

---

① 参见席升阳《批判与期盼：社会转型中的中国大学》，《自然辩证法研究》2007 年第 5期，第 101 页。

② 参见李佐军《第三次大转型：新一轮改革如何改变中国》，中信出版社 2014 年版，自序。

现代、迈向更加现代和更新现代的过程。① 从社会整体结构的变动而言，社会转型的具体内容广泛包括结构转换、机制转轨、利益调整和观念转变，由此促使人们的行为方式、生活方式、价值体系都发生明显的变化；从社会形态的变迁而言，中国社会正从传统社会向现代社会，从农业社会向工业社会，从封闭性社会向开放性社会变迁。中国社会的急剧转型意味着一个创造性的时代，一个前进而不是紧缩的时代，一个可能进步而不是不可避免倒退的时代。②

　　实际上，当前我国第三次社会转型已步入矛盾凸显期并处于承上启下的关键阶段。主要体现为六点：一是各种思潮激烈交锋，理想信念有待确立；二是新旧体制长期并存，转型阵痛趋于严重；三是官民行为失范，社会趋于失控；四是改革出现停滞，性质发生变异；五是资源环境恶化，科学发展困难；六是执政基础变化，领导任务繁重。③

　　面对转型时期复杂的社会矛盾，我国正进入转型的"攻坚期"与"深水区"，是承前启后、矛盾交错和利益冲突的凸显阶段，但正是在这种形势背景之下，我们更应秉承社会主义的核心价值观，在正确价值导向的前提下深入推进教育领域的改革。高等教育作为培养高级专门人才的一项社会活动，能够为我国社会转型提供高素质的人力资源输出。高校大学生资助政策作为家庭经济困难学生受教育权利的有力支持，扩大了贫困学生成长成才的发展机会与空间，从而为社会转型的推进提供更多、更优秀的人才队伍。在我国社会转型攻坚期的背景之下，开展大学生资助绩效评估研究有助于提高资助管理工作水平及资助成效，在资助育人的目标引导下实现大学生资助改革的进一步发展。

三　扶贫脱贫

　　2015 年 10 月 16 日，以"消除贫困，促进共同发展"为主题的"2015

---

① 参见郑杭生《改革开放三十年：社会发展理论和社会转型理论》，《中国社会科学》2009 年第 3 期，第 17 页。

② 参见董泽芳、张继平《社会转型时期高等教育研究的社会责任》，《高校教育管理》2012 年第 6 期，第 6 页。

③ 参见王立新《论矛盾凸显期的社会转型：方向、路径与战略选择》，《江海学刊》2014 年第 3 期，第 202—204 页。

减贫与发展高层论坛"在北京举行，习近平总书记指出："中国是世界上最大的发展中国家，一直是世界减贫事业的积极倡导者和有力推动者。坚持改革开放，保持经济快速增长，不断出台有利于贫困地区和贫困人口发展的政策，为大规模减贫奠定了基础、提供了条件。我们坚持政府主导，把扶贫开发纳入国家总体发展战略，开展大规模专项扶贫行动，坚持开发式扶贫方针，把发展作为解决贫困的根本途径，既扶贫又扶志，调动扶贫对象的积极性，提高其发展能力，发挥其主体作用。我们坚持动员全社会参与，发挥中国制度优势，构建了政府、社会、市场协同推进的大扶贫格局，形成了跨地区、跨部门、跨单位、全社会共同参与的多元主体的社会扶贫体系。"①

（一）制度变革型扶贫

自十八大以来，我国民生建设站在了一个新的历史起点上。在 2013 年 11 月召开的十八届三中全会上，习近平总书记指出要紧紧围绕保障和改善民生、促进社会公平正义来深化社会体制改革，推进社会领域制度创新，确保社会既充满活力又和谐有序。

面对复杂多变的国际环境和艰巨繁重的国内改革发展稳定任务，以习近平同志为总书记的党中央按照"四个全面"的战略布局，把民生建设与全面建成小康社会、实现中华民族伟大复兴的中国梦有机统一起来，不断促进社会公平正义，奋力把以民生为重点的社会建设推进到一个新阶段。因此，解决好社会公平正义问题在当前的社会民生工作中占有特别重要的位置。社会公平正义问题的产生，既缘于"蛋糕"做得还不够大，但同时也与"蛋糕"分得不够好有很大关系。邓小平早在1994 年即指出，制度是决定因素，更带有根本性、全局性、稳定性和长期性。因此，要妥善解决当前社会存在的公平正义问题离不开相关制度建设。②

在众多社会民生问题之中，贫困问题可谓最大的民生问题。自新中国

---

① 习近平：《携手消除贫困，促进共同发展》，《人民日报》2015 年 10 月 17 日。

② 参见中共中央文献研究室《中国特色社会主义社会建设道路》课题组《十八大以来习近平关于民生建设的新思想新举措》（http：//www. wxyjs. org. cn/ddwxzzs/wzjx/201503/201506/t20150603_ 172940. htm）。

成立以来，特别是改革开放以来，我国的反贫困已取得了举世瞩目的伟大成就。国家先后推出一系列反贫困的战略举措与政策制度，特别是1999年提出的"西部大开发"战略和2005年的"建设社会主义新农村"政策，中国的经济增长势头与市场化改革推动着反贫困步伐的加速。同时，反贫困也被提升到国家战略的高度，反贫困战略实施的广度和深度也得到空前的拓展，为世界贫困人口的减少做出了决定性的贡献。有学者从系统性制度设计的视角，基于贫困的性质与根源对中国的贫困作出五种类型划分：一是制度供给不足型贫困，二是区域发展障碍型贫困，三是可行能力不足型贫困，四是先天型贫困，五是族群型贫困。据此将我国的反贫困战略分为以下五种类型：一是制度变革型扶贫，二是基础型扶贫和生态恢复型扶贫，三是能力增进型扶贫，四是救济型扶贫，五是族群系统型扶贫。其中，制度变革型扶贫是指对现有制度进行系统性改革和创新，为贫困群体的脱贫创造基础上的制度条件，制度变革型扶贫的实施主体为中央与地方政府，具体战略内容、扶贫对象及扶贫主体见表1－1。改革开放以来，通过系统性制度变革来进行有效扶贫是中国反贫困的一个基本特征，且对所有贫困群体都有覆盖因而是一种普惠型的扶贫模式。

表1－1　　　　　　　制度变革型扶贫的具体战略、对象与主体

具体战略	对象	主体
教育制度改革、医疗卫生制度改革、收入分配制度改革、金融制度改革、公共财政制度改革、社会保障制度改革、土地制度改革并完善相关法律体系	普惠型扶贫（普遍惠及社区内的所有贫困群体）	制度变革和创新大部分由中央政府或地方政府提供，基础设施建设和生态环境建设可以部分引入市场机制和非政府组织

资料来源：参见王曙光《告别贫困——中国农村金融创新与反贫困》，中国发展出版社2012年版。

近年来，政府通过教育制度改革和教育资源向农村贫困地区倾斜、新型农村合作医疗制度改革、农村金融制度创新等措施为扶贫创造了有力的

制度支撑。几乎所有学者都认为，制度变革的力量在我国的扶贫过程中最为重要。① 在通过教育制度改革开展扶贫活动领域，全国学生资助政策体系的构建恰恰是制度变革型扶贫的有力之举，应当且必须视作教育领域的关键环节予以推进和完善。

高校大学生资助政策体系作为全国大学生资助政策体系的关键环节，也是我国反贫困战略的重要组成部分。开展大学生资助绩效评估工作对于社会的稳定与发展具有丰富而深刻的蕴意，高校学生资助政策是保障和改善民生的重要举措，而评估高校大学生资助管理水平则是保障和改善民生的有效手段之一。伴随高校扩招而产生的贫困大学生规模相对扩大的现象属于高等教育民生建设过程的衍生物，只有通过深化高等教育民生建设与改革才能使该问题得到有效缓解。基于此，作为高等教育"民生工程"的一项重要内容，高校大学生资助工作的出发点在于减轻经济困难家庭供应子女入学的经济负担，保障大学生全身心投入大学生活与学习之中，对于解决贫困人口与家庭的就业问题及保障社会安定意义重大。评估大学生资助管理绩效水平则基于结果反馈的维度进一步促进资助政策的贯彻落实，审视大学生资助的力度与标准，从支持与监督的视角保障家庭经济困难学生的入学机会，通过改善学习与生活条件帮助其完成高等教育学业继而从根源上促进贫困代际传递的消除，既是实施"科教兴国"和"人才强国"战略的重要保证，又是实现国家长治久安以及建设社会主义和谐社会的本质要求。

（二）精准扶贫

2015 年 9 月，联合国发展峰会通过了以减贫为首要目标的《2015年后发展议程》，其中，中方立场文件内容提出："中国是第一个提前实现减贫目标的发展中国家，中国极端贫困人口减少数量占全球减贫总数的 2/3，从而为世界减贫事业做出了巨大贡献；消除贫困应当作为2015 年后发展议程的核心目标，政府应加大减贫投入力度，加强贫困人口、弱势群体和妇女儿童的能力建设，鼓励企业、社会团体等共同参

---

① 参见王曙光《告别贫困——中国农村金融创新与反贫困》，中国发展出版社 2012 年版，第 2—10 页。

与减贫事业。"①

　　同年 10 月 16 日，"2015 减贫与发展高层论坛"在北京举办，国家主席习近平发表了题为"携手消除贫困，促进共同发展"的主旨演讲，提出了我国在未来一段时间内的扶贫策略与目标，即要在未来五年内使现行标准下的 7000 多万贫困人口全部脱贫。为此，习总书记指出，中国坚持将扶贫开发作为经济社会发展规划的主要内容，大幅增加扶贫投入，并出台更多惠及贫困地区和贫困人口的政策措施；坚持实施精准扶贫方略，找到贫困根源并对症下药、靶向治疗。并提出下列要求：第一，坚持中国制度的优势，构建省市县乡村五级一起抓扶贫，层层落实责任制的治理格局。并注重抓六个精准，即扶持对象精准、项目安排精准、资金使用精准、措施到户精准、因村派人精准、脱贫成效精准，确保各项优惠政策落到扶贫对象身上。第二，坚持分类施策，因人因地施策，因贫困原因施策，因贫困类型施策，通过扶持生产和就业发展一批，通过易地搬迁安置一批，通过生态保护脱贫一批，通过教育扶贫脱贫一批，通过低保政策兜底一批。我们广泛动员全社会力量，支持和鼓励全社会采取灵活多样的形式参与扶贫。其中，教育资助作为国家扶贫工作的重要一环，对于推动脱贫目标的实现至关重要。在此，习主席要求通过教育扶贫使一批贫困人口脱贫，广泛动员全社会力量，支持和鼓励全社会采取灵活多样的形式参与扶贫。授人以鱼，不如授人以渔。扶贫必扶智，让贫困地区的孩子们接受良好教育，是扶贫开发的重要任务，也是阻断贫困代际传递的重要途径。② 基于此，高校大学生资助可谓国家扶贫在高等教育领域中的直接体现，并将成为国家扶贫攻坚工作中的关键项目之一。

　　随后，2015 年 10 月 29 日通过的十八届五中全会公报进一步明确了全面建成小康社会的目标，其中包括"到 2020 年，现行标准下的农村贫困人口实现脱贫，贫困县全部摘帽，解决区域性贫困"的扶贫目标。同时，公报强调，实施脱贫攻坚工程，实施精准扶贫、精准脱贫，分类扶持贫困家庭，探索对贫困人口实行资产收益扶持制度；逐步分类推进中等职

---

　　① 　中华人民共和国中央人民政府：《外交部发布 2015 年后发展议程中方立场文件》，（http：//www. gov. cn/gzdt/2013-09/22/content_ 2492606. htm）。

　　② 　参见习近平《携手消除贫困，促进共同发展》，《人民日报》2015 年 10 月 17 日。

业教育免除学杂费，率先对建档立卡的家庭经济困难学生实施普通高中免除学杂费，实现家庭经济困难学生资助全覆盖。

由此看来，扶贫、脱贫已成为当下我国民生建设的核心所在，体现在教育领域则要求通过教育资助实现使一批贫困人口脱贫的目标。作为教育资助中的关键一环，高校大学生资助政策落实及管理工作开展的重要性由于当下扶贫攻坚的民生背景而愈渐凸显。高校作为培养高级专门人才的主阵地，在做好家庭经济困难学生资助工作方面具有义不容辞的责任。

第二节　大学生资助绩效评估的经济环境

自改革开放 30 多年以来，我国经济发展水平始终保持高速增长势头并顺利跨越"贫困陷阱"转而成为中等收入国家。我国经济发展环境也随之发生深刻变化，在此，通过对经济新常态、中等收入陷阱的视角分析高校大学生资助绩效评估的经济背景。

一　经济新常态

伴随着国际金融危机的爆发及国内产业结构的调整，我国经济发展逐渐告别高速增长而呈现中高速前进的经济新常态，推动经济发展的质量和效益成为当前经济社会持续健康发展的重中之重。为适应新常态的经济形势要求，加强教育资源的合理投入与高效利用成为提升教育质量的关键所在。基于近十年国内生产总值及增长幅度演变可知，我国 GDP 总量保持持续上升态势，由 2005 年的 182 321 亿元增长至 2014 年的 636463 亿元，十年内增长 2.5 倍。从 GDP 增长幅度来看则存在显著的波动，2007 年以前的 GDP 增长率逐年提高，至 2007 年已高达 11.4%；自 2008 年起，伴随着全球金融风暴的来袭，我国经济出现需求不足、产能过剩、企业效益下降及经济增速明显放缓的现象[1]，尽管 GDP 增长幅度在 2010 年出现了短暂回升但仅达到 10.3%，此后 GDP 增幅呈现出稳步下降的趋势且近三

---

[1]　参见李清贤、曲绍卫、范晓婷《后金融危机时代我国大学生就业走势研究》，《教育与经济》2014 年第 1 期，第 40 页。

年来增长率保持在"七上八下"的范围。可见我国经济发展水平由以往的高增长常态转而步入"七上八下"的中高速增长常态（见图1-1）。因此，我国经济发展水平的新常态是指经济运行顺利度过经济增速换挡期并转入中高速增长阶段后的均衡状态。

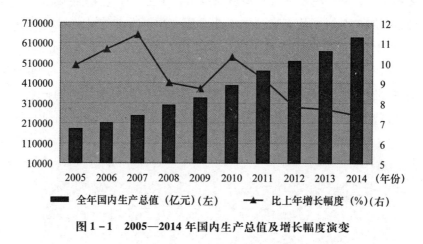

图 1-1　2005—2014 年国内生产总值及增长幅度演变

数据来源：中华人民共和国 2005—2014 年国民经济和社会发展统计公报。

我国经济新常态的到来建立在内外因共同作用的基础之上，主要受国内发展环境的深刻变化与全球经济复苏的迟滞所影响。[①] 其中，金融危机的爆发直接影响了中国经济增长的速度；从内部发展环境来看，当前我国已成为仅次于美国的全球第二大经济体，工业化与城市化水平已发展至中后期阶段，维持经济高速增长的人工、资源和土地三大红利优势已大幅递减，经济发展成本不断上升并表现出投入与产出的高度不对称特点，经济高速增长动力引擎的弱化必然引发经济增长速度的减缓。当然，也只有在经济发展速度适当的情况下，经济市场中所存在的公平缺失等潜在问题才能够得到有效从容的解决。我国当前的经济新常态环境逐渐呈现出中高速、优结构、新动力及多挑战等主要特征。

首先，中高水平的经济增速是经济新常态的外部表现。经济发展在经

---

① 参见韩康《经济新常态：新观察、新思考》，《国家行政学院学报》2015 年第 2 期，第 27—30 页。

历一段时间的高水平增长速度后必然会出现增速"换挡"的现象。

其次，优化升级的产业结构是经济新常态的结构特征。如图 1 - 2 所示，我国近十年来三大产业已然形成以第二、三产业为主，以第一产业为辅的经济格局。但自 2008 年开始，我国第一、二产业对经济增长的贡献率逐年降低，第三产业贡献率则呈稳步增长态势，至 2013 年第三产业比重已达到 46.1% 并首次超过第二产业占比，2014 年第三产业比重继续攀升至 48.2%。大量实证研究表明，随着经济发展和人均收入水平提高，劳动力与资本在三大产业内的分布会发生规律性的变化，即第三产业会随着经济发展水平的逐步提高而成为国民经济中所占比重最大的产业。因此，经济新常态下产业结构的优化升级符合经济发展的客观规律。

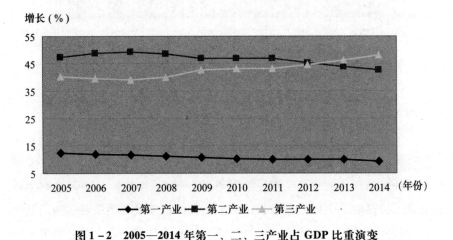

图 1 - 2　2005—2014 年第一、二、三产业占 GDP 比重演变

数据来源：中华人民共和国 2005—2014 年国民经济和社会发展统计公报。

再次，科技创新的发展驱动是经济新常态的动力转型。我国的工业化与城市化发展显现出支撑高速增长的比较优势正大幅递减的重要特征，仅仅依靠以往规模优势与投资优势显然无法适应当前的经济新常态，因此，中国经济需要由要素与投资驱动转向科技创新驱动并实现"以新驱动推动新发展"。

最后，市场风险的多方威胁是经济新常态的潜在挑战。在大规模工业化和城市化发展的高潮时期，制造业和房地产的投资迅速拉动了中国经济的增长，然而当前制造业已出现大规模的产能过剩，房地产行业则出现严重的泡沫化倾向①，管控经济增速下降带来的各类市场风险成为经济新常态环境下的严峻挑战。总之，我国经济新常态的特征表明了经济发展方式的转型与升级，高效率、低成本、可持续的中高速经济增长势不可当。

诚然，经济新常态的到来对社会各领域及各主体提出了全新的挑战，亟须寻求与新常态相得益彰的战略思路与发展模式。经济发展作为教育发展的物质基础决定着教育发展的规模与速度，社会经济和生产力发展的规模和速度决定着教育培养的劳动力规格与数量；教育则通过再生产劳动力和科学技术来推动经济的发展。在当前经济新常态的背景形势下，教育领域的改革与发展应主动适应新常态的要求，将发展思路从以往依靠教育规模与教育投资的优势转移到依靠质量、效率与效益相结合的内涵式发展道路上来，以创新驱动推动教育领域的新发展。而作为社会高级专门人才的主要培养阵地，高等教育更应当"以新思路促进新发展、以新发展推动新跨越"，走出以往过分注重数量和规模而忽视质量与效益的误区，加强资源投入的合理性与资源利用的高效性，以提升质量、降低成本、提高效率的方式推动高等教育的改革与发展。自我国高校学生资助政策体系建立以来，大学生资助经费与规模均不断扩大，经济新常态的特征与实质要求高校资助管理部门加强资助经费的管理与使用，推动大学生资助"优结构、低成本、高效益"目标的实现。

二　跨越中等收入陷阱

世界银行《东亚经济发展报告（2006）》最早提出了"中等收入陷阱"（middle income trap）的概念，其基本含义是：当某些国家的人均收入达到 3000 美元后，由于不能顺利实现经济发展方式的转变而导致经济增长动力不足，最终陷入经济停滞状态并在相当长时间内无法成功跻身高收入国家行列，一方面无法在工资方面与低收入国家竞争，另一方面也不能在尖端技术研制方面与富裕国家媲美。按照世界银行的最新定义，人均国民收入（national income per capita/per capita national income）在 824

---

①　参见韩康《经济新常态：新观察、新思考》，《国家行政学院学报》2015 年第 2 期，第 27—30 页。

美元以下的国家属于低收入国家；在 825 美元至 3254 美元之间的国家属于中低等收入国家；在 3255 美元至 10064 美元之间的国家属于中高等收入国家；超过 10065 美元则为高收入国家。据亚洲开发银行的研究，如果一个国家进入中低收入国家行列超过 28 年未达到中高收入标准，即可认为其落入"中低收入陷阱"；进入中高收入国家行列但未能在 14 年内进入高收入行列，则可看作落入"中高收入陷阱"。①

　　当前，我国迎来跨越"中等收入陷阱"的关键时期，2014 年人均 GDP 突破 7000 美元，并有望在 21 世纪 20 年代前半期达到高收入阶段。有学者认为，尽管中国陷入所谓"中等收入陷阱"的可能性较小，但仍面临较多挑战。为了最终顺利并快速地跨越"中等收入陷阱"，未来几年中国应更加注重保持经济较快增长，更加注重提高居民收入水平，更加注重坚持走共同富裕道路。同时，在新常态下，要谨慎应对发展过程中的矛盾和风险，在深化改革、转型升级、改善分配、成果共享上有所突破。②

　　在跨越"中等收入陷阱"的过程中，教育尤其是高等教育起着不可估量的重要作用，高等教育能够为社会经济的发展与进步提供人力资本，并促进专业知识转化为科技从而推动经济结构的调整和产业的更新升级。当前国内各界对教育与经济关系已基本达成共识，即"谁要想经济得到发展，谁就必须先办教育"。一方面，高等教育通过为经济发展提供智力支持与人力资源保障，为生产与创造提供高素质劳动力，尽管存在一定的周期性与滞后性，但从长远来看，教育通过人才培养为经济社会发展源源不断地提供人力资本；另一方面，高等教育通过提高劳动力的文化技术水平与综合素质来增加家庭收入，促进人均国民收入水平的提高。政府通过构建高校大学生资助政策体系帮助家庭经济困难学生顺利接受高等教育，从而保障受助学生在校安心学习专业知识与科学技术，在顺利就业后将其转化为生产力与国民收入，从而推动人均国民收入的提高以便顺利实现"中等收入陷阱"的跨越。而开展高校大学生资助绩效评估研究能够提高资助管理工作水平，因此也是我国努力跨越"中等收入陷阱"的题中之义。

---

① 参见金立群《中国如何跨越"中等收入陷阱"》，《人民日报》2015 年 8 月 11 日。
② 参见中国银行国际金融研究所"中国经济发展新模式研究"课题组《中国跨越"中等收入陷阱"的路径与策略》，《中国经济时报》2015 年 5 月 12 日。

第三节　大学生资助绩效评估的教育基础

高校大学生资助在根源上属于高等教育领域的管理范畴，深刻探析教育领域的逻辑起源与背景是开展高校大学生资助绩效评估研究的关键。当下正是我国教育体制改革 30 周年，我国教育事业快速发展并取得了累累硕果，但依旧存在改革"坚冰"未能攻破。深化教育体制改革并建设中国特色世界高水平的现代高等教育势不可当。

一　高等教育大众化

高等教育大众化是一个量与质统一的概念，其中，量的增长是指适龄青年高等学校入学率为 15%—50%；而质的变化则包括教育理念的改变、教育功能的扩大、培养目标和教育模式的多样化、课程设置、教学方式与方法、入学条件、管理方式以及高等教育与社会的关系等一系列变化。根据美国学者马丁·特罗的研究，以高等教育毛入学率（Gross Enrollment Ratio of Higher Education）为依据可以将高等教育发展历程分为"精英、大众和普及"三个阶段。[①] 其中，当高等教育毛入学率达到 15% 时，高等教育便进入大众化阶段；当毛入学率升至 50% 时便意味着高等教育进入普及化阶段。因此，高等教育毛入学率是衡量一个国家高等教育发展水平的一项重要指标。

1978 年我国高等教育毛入学率仅为 1.55%，1988 年达到 3.7%，1998 年升至 9.76%。随着 1999 年高等教育大规模扩招，高等教育的毛入学率也随之快速上升并在 2002 年达到 15%，从而标志着我国的高等教育从精英阶段迈入大众化阶段。近年来，据每年全国教育事业发展统计公报数据显示，我国高等教育毛入学率仍不断提升，2010 年已达到 26.5%，2011 年为 26.9%，2012 年攀升至 30%，2013 年毛入学率达到 34.5%，并于 2014 年增加至 37.5%。近年来高等教育毛入学率增长幅度较大的原因一方面在于高校的持续扩招，另一方面则有赖于我国高校大学生资助政

---

① 参见孙惠敏《我国民办高等教育发展及转型三阶段》，《教育发展研究》2012 年第 11 期，第 38 页。

策体系的建立与完善，帮助越来越多的家庭经济困难学生顺利接受高等教育。

高等教育毛入学率的逐年增长固然意味着高等教育大众化阶段的到来与发展水平的不断提高，然而不可否认，我国高等教育大众化也存在多种负面影响，例如高等教育质量逐渐受到挑战、办学条件全面呈现饱和、高校经济负担逐步加重以及教育公平日渐受到挑战。因此，高等教育大众化的负面影响要求高等教育发展由外延式扩张转向质量提升的内涵式发展道路。从其负面影响的解决路径来看，高校大学生资助政策体系的构建与执行便是践行教育公平理念的重要体系。通过实施大学生资助政策，一方面能够推进家庭经济困难学生入学率从而促进高等教育毛入学率的提升，另一方面有力地推进着教育公平理念的贯彻落实，对于促进高等教育大众化的内涵式发展意义重大。基于此，通过开展高校大学生资助绩效评估来审核高校资助政策的落实情况，能够有力改善资助管理水平并促进高等教育大众化的内涵式发展进程。

二　教育管理信息化

2010 年，《国家中长期教育改革和发展规划纲要（2010—2020 年）》明确提出加快教育信息化进程、构建国家教育管理信息系统，制定学校基础信息管理要求，加快学校管理信息化进程，促进学校管理标准化、规范化。整合各级各类教育管理资源，搭建国家教育管理公共服务平台，为宏观决策提供科学依据，为公众提供公共教育信息，不断提高教育管理现代化水平。结合党的十八大，十八届三中、四中全会，教育部提出 2015 年工作要点，要求主动适应经济发展新常态并全面深化综合改革，着力促进教育公平并提高教育质量。其中，推进教育信息化是 2015 年的一项重要内容，要求加快教育管理公共服务平台建设、国家教育决策服务系统建设和教育统计基础数据库建设；完善国家教育资源云服务体系。由此可见，教育信息化是近年来我国教育领域体制综合改革的一项重要内容。实际上，2012 年教育部便制定并印发了《教育信息化十年发展规划（2011—2020 年）》的通知，国家已充分认识到以教育信息化带动教育现代化是我国教育事业发展的战略选择。教育信息化体系的建立对于促进优质教育资源普及共享、提高教育质量并促进教育公平具有重要意义。规划制定了我国教育信息化发展的主要目标，其中明确要求提高教育管理信息化水平，进一步整合和集成教育管理信息系统，建设覆盖全国所有地区和各级各类学校的教育管理信息体系，教育决策与社会服务水平显著提高，学校管理信息化应用广泛普及。[①]

教育管理信息化是推动政府转变教育管理职能、提高管理效率和建设现代学校制度的有力手段。为整合新教育信息资源并提升教育管理的现代化水平，规划提出以下要求。

第一，提升教育服务与监管能力。建立教育管理信息标准体系，规范数据采集与管理流程，建立以各级各类学校和师生为对象的国家教育管理基础数据库。整合各级各类教育管理信息资源，建立事务处理、业务监管、动态监测、评估评价、决策分析等教育管理信息系统，大力推动教育电子政务，提高教育管理效率，优化教育管理与服务流程，支撑教育管理改革与创新。

第二，提高教育管理公共服务质量与水平。利用信息技术创新教育管理公共服务模式，建立国家教育管理公共服务平台和配套服务机制，扩大和延伸招生、资助等信息服务，为社会公众提供及时丰富的公共教育信息。建立覆盖全体学生的电子档案系统，做好学生成长记录与综合素质评价，并根据需要为社会管理和公共服务提供支持。

第三，加快学校管理信息化进程。建立电子校务平台，加强教学质量监控，推动学校管理规范化与校务公开，支持学校服务与管理流程优化与再造，提升管理效率与决策水平，提高办学效益，支撑现代学校制度建设。利用信息化手段提升学校服务师生的能力和水平。

2015年5月，由联合国教科文组织和教育部合作举办的教育信息化大会在青岛召开，来自世界90多个国家的教育官员、学者、校长和教师以"信息技术与未来教育变革"为主题，共同探索教育与信息技术深度融合的有效途径，研讨信息技术在教育领域更加广泛地实施应用。国务院副总理刘延东在会上指出教育信息化是缩小教育差距、促进教育公平的有效途径，并提出了"三通两平台"的核心目标，即推动宽带网络校校通、

---

① 参见教育部《教育信息化十年发展规划（2011—2020）》的通知（http://www. moe. edu. cn/publicfiles/business/htmlfiles/moe/s3342/201203/xxgk_ 133322. html）。

优质资源班班通、网络学习空间人人通，搭建教育资源公共服务平台和教育管理公共服务平台。[①]

　　国家对教育管理信息化建设的重视要求高等教育领域全面加强管理信息化建设，同时也要求我们站在信息化的角度重新审视"教育公平"。结合这一教育变革背景，要求高校大学生资助管理全面提高信息化水平，充分利用国家创建的资助管理公共服务平台及时、准确地上报高校资助信息；在校内管理信息化环节，应积极建立校内资助网站，推动资助管理规范化与管理效率，同时完善校内资助信息数据系统，准确建立覆盖全体家庭经济困难学生的资助信息以备案，从而推进大学生资助工作科学化与信息化管理水平的提高。开展高校大学生资助绩效评估研究，势必针对当前各高校学生资助管理信息化水平进行全面评估，以审核目前我国高校资助管理信息化进展情况，从监督考核的视角推动教育管理信息化的全面落实并积极践行教育公平理念。

三　教育评估监测

　　中国特色现代大学制度作为现代大学的制度基础，是中国特色与现代大学制度的有机结合。《国家中长期教育改革和发展规划纲要（2010—2020年）》明确提出完善中国特色现代大学制度的目标，并从章程建设、社会合作及专业评价三方面提出了建设中国特色现代大学制度的基本路径。其中，在专业评价方面，纲要指出鼓励专门机构和社会中介机构对高等学校学科、专业、课程等水平和质量进行评估；建立科学、规范的评估制度。2013年，党的十八届三中全会指出要深化教育领域的综合改革，其中推进管、办、评分离是改革的一项重要内容，报告提出应强化教育督导，委托社会组织开展教育评估监测。

　　有专家指出，"管办评不分已经严重制约了办学主体学校的健康发展，制约了我国现代教育体系的建立，从而限制了教育治理水平的提升和教育质量的提升"。[②] 因此，深入推进科学、规范的教育评估，建立健全政府、学校、专业机构和社会组织等多元参与的教育评估体系是推进管办

---

① 参见刘延东《在国际教育信息化大会上的致辞》，《中国教育报》2015年6月9日。

② 李和平：《大力推进教育管办评分离》，《人民政协报》2015年3月18日。

评分离并促进政府职能转变的突破口。① 为此，教育部出台《关于深入推
进教育管办评分离，促进政府职能转变的若干意见》，提出通过以下路径
来构建既符合时代发展趋势又符合国情、学校内部评估的自我监控和政府
社会外部评估倒逼机制相结合的科学系统的教育评估体系。②

一是推动学校积极开展自我评估。引导和支持学校切实发挥教育质量
保障主体作用，不断完善内部质量保障体系和机制，认真开展自评并形
成、强化办学特色。

二是提高教育督导实效。强化国家教育督导，加强各级教育督导工作
力量，健全管理制度并提高督导工作专业化水平。加大机构和职能整合力
度，形成覆盖各级各类教育的教育督导队伍。依法对各级各类教育实施督
导和评估监测，实行教育督导部门归口管理。完善教育督导和评估监测报
告发布制度，建立健全公示、公告、约谈、奖惩、限期整改和复查制度，
健全问责机制，提高教育督导的权威性和实效性。

三是支持专业机构和社会组织规范开展教育评估。整合教育质量监测
评估机构，完善监测评估体系并定期发布监测评估报告。将市场机制引入
教育评估行列，将委托专业机构和社会组织开展教育评估纳入政府购买服
务范围，按照公开、公平、公正原则，建立健全招投标制度和绩效管理制
度，保证教育评估服务的质量和效益。重视扩大科技、文化等部门和新闻
媒体对教育评估的参与以及学生会等学生组织在教育评估中的作用。

四是切实保证教育评估质量。坚持以学校为主体、以学生发展为本
位，健全多元化评估标准，积极采用现代化评估方法和技术，保证教育评
估的科学性、规范性、独立性，切实发挥教育评估的诊断、导向和激励作
用。政府对所委托的教育评估，要加强监督和管理，加强质量监控。评估
机构要将评估的实施方案、指标体系、对象和样本选择、数据来源及计
算、结果分析等向评估委托方（包括政府、学校）和评估对象反馈，逐
步做到向全社会公开，接受广泛的监督和质询。

五是切实发挥教育评估结果的激励与约束作用。建立健全政府和学校

---

① 参见刘博智《管办评分离有矩可循》，《中国教育报》2015 年 5 月 9 日。
② 参见教育部《关于深入推进教育管办评分离，促进政府职能转变的若干意见》（ht-tp：//www.moe.edu.cn/publicfiles/business/htmlfiles/moe/s7049/201505/186927.html）。

对评估意见的反应机制，及时针对评估中暴露出的问题进行认真整改。探索实施学校绩效评估制度，结合对校长任期目标责任制、学校发展规划实施情况的督导评估，建立与学校办学定位、目标、责任相适应的评估体系，充分反映学校办学的努力程度和进步情况，促进学校特色发展、个性发展。探索建立评估结果综合运用机制，搭建互联互通的信息共享平台，推送评估结果信息，扩大评估结果运用范围，将其作为资源配置、干部考核和表彰奖励的重要依据。

基于此，开展高校大学生资助绩效评估研究是深入推进管办评分离并建立健全教育评估体系的要求之一，对于推动现代教育体系的建立、提高教育治理水平和教育质量具有不可或缺的重要意义。因此，本书的开展符合当前教育体制综合改革的要求，是构建教育评估体系的必然选择。

第四节　大学生资助绩效评估的基本原则

作为指导教育评估活动的基本思想，教育评估原则体现着评估者对评估期望的目标。综合看来，现代教育评估活动的基本原则集中体现为以人为本、注重发展和重视过程，其中，以人为本是评估的立足点和出发点；促进发展则是评估所要达到的最终目的；而为了实现促进发展的目标，应当重视教育活动所开展的过程，即应当注重对于教育活动过程的评估。

一　以人为本的理念贯穿始终

20 世纪 70 年代的人本主义哲学逐步确立主导地位，其反对将人类机械化、生物化等观点直接影响着教育评估的发展趋势，尤其体现在第四代教育评估之中并在世界范围内达成共识，成为指导教育评估活动的基本理念之一。

在教育评估活动之中，以人为本的评估理念体现为多个方面：突出人在评估活动中的主体地位和作用；强调对人的尊重、解放和发展；强调评价人的情感、态度等方面的内容。但以人为本评估理念最基本的含义应为突出评估活动中人的主体作用和地位，强调对人的尊重、解放和发展是评估的价值取向，对人的情感、态度的重视则是评估的内容要求，后两者均以基本含义为前提。

从评估者的角度出发，评估应当注重发挥评估者的主体作用。评估并不是评估者依据一定的评估内容按部就班地执行评估程序，评估过程中会存在很多主观选择与判断。要想获得高质量的评估结果，必须充分发挥评估者的主体作用，把握正确的评估方向从而达到评估目的。应当注意的是，计算机在评估中不能代替评估者成为评估的主体，它只能作为评估的一种工具，而无法替代评估中人的作用。因此，在高校大学生资助绩效评估研究开展过程中，应当注意充分发挥评估者的主体作用，在正确把握评估方向的前提下开展评估研究。另外，坚持人的主体作用并将计算机作为评估研究中的工具而利用。

从评估对象来看，评估对象可能是单个人或是集体人抑或是物，等等。如果评估对象为单个人或集体人，必定会通过评估人的知识、技能、绩效等物的形式以外在于人的方式进行评估，尽管如此，仍要避免出现舍本逐末、本末倒置，忽视人作为评估对象的主体地位；如果评估对象为物，同样也不能忽视人作为评估对象的主体地位。原因在于这些所谓"物"的评估对象均通过人在发生作用或者由人来创造组建的。评价这些物的目的在于与人发生联系，试图通过物的改变来换取人的发展。鉴于此，在高校大学生资助绩效评估研究之中，尽管评估对象为大学生资助管理工作，然而所有管理工作的开展均由资助管理工作人员及资助学生所组成，我们评估大学生资助管理工作的目的在于通过改进大学生资助管理水平从而实现促进受助学生良好长远发展的目的。

总之，在以人为本评估理念的指导之下，高校大学生资助绩效评估研究应当注意以下内容：第一，充分发挥评估对象的主观能动性。评估者应当相信评估对象是通过自己对评估结果的认识和理解来选择未来的发展方向。评估不是用得出的评估结果来限制评估对象的发展，而是要为其创造并提供一个开放的空间，使评估对象以此为平台，充分发挥个人的巨大潜能。因此，评估应当贯彻以人为本的理念，顺应人的本性要求，努力促成评估对象的"自我实现"。在本书中，高校大学生资助管理工作的开展并非用于限制各高校资助管理部门的发展，而是帮助其发现更广阔的发展空间，充分发挥其管理工作的进一步深入开展，从而实现资助育人及教育公平的目的。第二，创设民主、和谐的评估氛围。在评估过程中，评估者应当为评估对象创设和谐的评估环境，改变评估者高高在上、做评估对象最终命运裁决者的形象，平等地积极关注于每一个评估对象。积极地创造机会让每一位评估对象得以充分表达自己的思想和感受，用心去倾听、体验、了解评估对象的实际情况和具体需求，从而保证评估能够最大限度地成为评估双方发现问题、提出问题、分析问题和解决问题的过程。第三，重视情感态度方面的评估内容。评估不仅要关注表面化的技能，还应当关注个体的情感、体验。只有充分了解到个体的情感态度才能更好地促进个体获得发展。对于一些外显信息可采用量化的方法予以评估，而对于人的情感态度等内容，可更多地采用质性评估方法。

二　开展发展性资助绩效评估

教育评估注重发展的思想与教育评估学科发展的历史一脉相承。20世纪80年代末90年代初，以英国为首的一些发达国家不断反思传统教育评估之中存在的弊端，并正式提出了注重发展的发展性教育评估。其主要特征体现在四个方面：其一，在评估方向上，不仅应当注重评估对象的现实工作表现，还要更加关注其在未来的发展，因此是一种面向未来的评估；其二，发展性教育评估以未来发展为目的，评估结果不与奖惩直接挂钩，才能保证评估对象无顾忌无障碍地参与到评估之中；其三，将评估者对评估对象配对，制订双方认可的发展目标的评估计划，由评估双方共同承担实现发展目标的职责；其四，评估者与评估对象之间完全建立起互相信任的基础，促进和谐的气氛贯穿评估活动始终。总之，发展性教育评估的根本目的在于促进评估对象的发展。在评估中，关注与评估对象的实际需要，使其了解自身存在的长处与不足，帮助评估对象制定符合自身需要的发展规划，激发评估对象的内部发展动机。事实证明，评估对象的内部发展动机比外部的奖惩压力更具激励作用，内部动机能使评估对象在了解自身不足的情况下，辅之以必要的客观条件的满足而发挥出发展的巨大潜能，实现自身价值。在该原则的指导，开展高校大学生资助绩效评估研究应注意以下内容。

（一）注重发展性评估的全面性、协调性和可持续性

其一，应当关注发展的全面性。教育评估是在一定评估目的的指导下，全面地判断评估对象的教育活动情况。评估者既要看到评估对象在同类对象中的地位，又要了解对象在自身发展中的变化情况。评估的最终目

的是促进全体评估对象的发展，而不仅仅是给部分评估对象以机会。在评估过程中，评估者要全面了解情况，不能因为评估对象某个方面的不足就全盘否定其成绩，也不能因为他在相对性评估中位置落后而看不到其个体内差异评估的进步。只有全面了解了评估对象的情况，评估者才能以发展的眼光作出准确判断，从而给每一个评估对象以发展的信息和方向。其二，关注发展的协调性。教育评估设计范围广泛，本评估研究中评估对象涉及全国不同高校，面对如此多样化的评估对象，只用单一化的评估势必会造成对某些评估对象的不公平。特别是在发展较落后的地区和个体，如果不考虑实际情况或不注意评估的灵活性，便会为其带来挫败感，同时也难以达到预期目的。所以，在评估过程中，即使评估者或组织者有促进评估对象发展的初衷，也要考虑他们之间的具体差异，要以灵活多样的评估促进评估对象的协调发展。其三，关注发展的可持续性。所谓可持续性是指促进评估对象发展的动力应该来源于评估对象自身，而不仅仅是靠外界的压力。评估对象通过对评估活动的认可和接受，将评估的外部压力转化为内在发展的动力，从而形成一种持续发展的动机进而激励评估对象的改进。如若不然，便会随着评估活动的结束而消失。因此，只有激发评估对象内在的发展动机才能帮助评估者在评估活动结束之后，基于自身发展的需要不断想方设法地提高自己，评估促进发展的作用才能得到可持续的发挥。

（二）评估可适当运用奖惩手段

评估运用奖惩等方式作为手段和目的是不同的。将奖惩作为评估的目的时，这种评估便是奖惩性评估；将奖惩作为评估的手段时，评估便只是教育管理工作中的环节之一。考察以往教育评估的发展历史不难发现，由于人为原因，评估中不仅将奖惩看作教育管理的有效手段，而且在很多情况下将其作为目的使用，从而容易出现评估即奖惩的"条件反射"。应当注意的是，并非要否定奖惩作为手段的意义，而是不能把发展性评估看作管理性或奖惩性手段相对立的某一种具体的评估方式，而是应当将其视为一种指导未来教育评估的理念，即所谓发展性教育评估理念。运用此理念并不意味着运用奖惩手段的放弃，而是实现从"管理就是控制人"到"管理就是发展人"的转变。奖惩作为一种管理手段，必然有其存在的意义，没有充分的科学证据表明，如果校内外没有分等级和奖惩等机制，就不会出现不良教育现象等。因此，在将其作为一种管理手段应用时能够给评估对象形成一种外在的威胁，但同时也是促进评估对象发展的一种必要性压力。[①]

三 重视过程性资助绩效评估

随着人们对教育评估活动的性质与功能认识的不断深化，教育评估活动重视过程的原则逐步形成。重视过程是相对于重视结果而言的，教育活动本身便以过程的方式而存在，对于教育活动的评估则应当体现为对教育活动过程的评估，这是重视过程评估理念的基本含义。一方面，针对教育过程开展评估可以帮助教育管理者及时了解管理目标的进展情况从而方便调整步调进而保障目标的达成；另一方面，针对教育过程进行评估能够帮助教育者关注到教育目标以外的主、客体的发展状况，丰富人们对人的发展的多样性和教育活动创新性的认识。教育评估不能单单作为教育活动某一阶段的总结，而应当作为伴随和导向教育活动过程的经常性环节。尽管教育评估中重视过程是相较于重视结果而言，然而重视过程并非意味着放弃结果。以往的评估活动往往更加注重对管理结果的评估却忽视了管理过程的开展，因此我们应当更加重视教育过程与教育结果的统一评估，并且更关注过程性评估。

高校大学生资助绩效评估研究之所以应当重视对于管理过程的评估，原因有三：一是教育活动是一种过程性活动并具有较长的周期性，其管理结果的好坏只有等到学生毕业或更长一段时间之后才能得以体现出来。尽管如此，为了及时改进管理工作并促进预期目标的达成，我们无法等待较长的时间再去开展评估。因此，需要在资助管理工作的过程之中便给予必要的评估，并指导教育活动不断得以改进。二是重视过程的评估能够便于准确地进行归因分析进而揭示管理活动的规律。日本学者桥本重治曾以评估的视角将教育教学方法分为三个层次，分别包括放任自流的教学方法、不进行输入评估的教学方法以及输入与输出结合评估的教学方法，并指出最后一种教学方法最为合理。[②] 因为过程评估可用作归因分析从而为结果

---

① 参见涂艳国《教育评价》，高等教育出版社 2007 年版，第 73—77 页。

② 参见瞿保奎《教育学文集·教育评价》，人民教育出版社 1989 年版，第 143 页。

评估提供更多信息，也促使评估结论更具解释力度。三是重视过程评估有助于克服突击或应付等弊端。注重结果评估的管理者往往会为了追求好的评估结果而选择突击工作，从而容易忽视管理过程中的各类问题，这种追求短期效果的方式不利于评估对象全面、协调、可持续地发展。而通过对管理工作的过程进行评估，则能够利用评估结论对管理活动予以完整指导进而促进评估对象的发展与提升。

第五章　大学生资助的利益主体分析

为深刻剖析大学生资助的理论内容，本章试图通过运用利益相关者理论对各参与方理应享有和承担的权利与义务进行深层次的剖析。大学生资助体系是由政府、银行、大学及大学生等多方利益主体参与的重大事业，虽然各参与方追求的利益目标不尽相同，但均能在参与的过程中获得既有利益，因此各参与方都应为资助体系的有效运行承担一定的义务。所谓利益主体，就是利益的创造者、追求者、消费者和支配者，即在一定社会关系中通过自身各种行为活动来追求物质需要、精神需要满足的组织或人。① 因不同利益主体在利益观念与利益行为上存在差异性，各利益主体在谋求自身利益最大化过程中必然导致利益博弈的格局。正确认识与分析政府、银行、大学与大学生的利益追求并妥善处理协调其利益得失，是决定大学生资助事业能否取得显著成效的关键所在。

第一节　政府组织的利益分析

政府是管理和行使国家主权的专门机关，作为国家的代表或代理者，服务社会公共利益和有效管理社会公共事务是政府最为基本的职能，由于大学生资助事业的公益性质及其对国家具有的战略意义，决定了政府在大学生资助过程中必然处于主导地位并贯彻始末。

从教育的公益性特征分析，政府资助大学生完成高等教育是其不可推卸的责任和义务，公民接受教育可以产生巨大的正外部性，有效拉动政治、经济和文化的迅猛发展。教育的公益性特征蕴含着教育的公平性，而

---

① 参见赵平俊、贺新元《论利益主体》，《江西广播电视大学学报》2004 年第 3 期，第 6 页。

每个公民拥有同等的受教育权是体现教育公平性的重要方面。政府作为公共利益的代表和教育投资的主体，应随着经济的发展和社会大众的需求逐步加大教育经费投入和资助力度保障公民受教育权的实现，避免因教育的市场化运作或政府的消极作为而产生两极分化的态势。政府对学生进行资助在未来收益上双方是一种共赢，即教育受益的公共性。"一个国家受教育的人数越多，层次越高，精神文明的程度就越高，社会就越稳定和繁荣，这从西方学者关于'教育水平的提高与社会行为改善的相关性'研究中已经得到了证实。"[1]

从人力资本论的视域来看，进入 21 世纪以来，现代教育在知识经济中的作用越发突出，知识经济在一国能否快速发展关键取决于国民素质的高低。人力资源是国家政治强盛的基础，按照马克思的经济基础决定上层建筑的原理，一国政治的强大依赖于其经济实力的强弱，而人力资源储备与开发程度又决定着一国的经济实力，政府资助更多学生接受高等教育是国家人力资源积累和提升国民素质的重要途径。众所周知，教育具有育人的突出社会功能，让受教育者进一步接受教育既有利于维护和巩固国内政局的稳定，又可为政治的发展和变革注入强劲动力。从文化的观点来看，让更多的人接受高等教育可以提高社会精神文化生活的整体质量，有助于营造和谐、积极向上的社会文化氛围。

按照经济学的观点，利益主体在利益格局中以谋求利益最大化为出发点，必然导致利益矛盾的出现和无序的竞争状态。如何规避利益主体之间的矛盾使其相互之间达到制衡与合作交互运作状态，是建构大学生资助体系首要解决的问题。政府凭借庞大的政治权力资源处于博弈的强势主体地位，应直接参与资助制度的设计与实施并在其中发挥主导作用，从宏观上管理协调其他主体的利益行为，避免因资助制度的缺失或任何一方利益主体的不当行为阻滞资助系统顺畅运行。

第二节　银行组织的利益分析

按照货币银行学的思维逻辑，银行是以向借贷者发放贷款从中收取利

---

[1]　杨德广、张兴：《论教育的公益性和产业性》，《江苏高教》2000 年第 5 期，第 5 页。

息的方式来维持自身的生存和发展；银行作为投资机构以追求利益最大化为目的和出发点，在投资利益既定的情况下，最大限度地降低决策、投资风险是银行最为基本的决策方式。银行一般不会投资于盈利小且风险安全系数低的项目，如果政府采取行政命令的形式强制银行经营该项目，银行势必以消极的心态或采取其他方式抵制政府的行政指令，实施效果必将大大低于事前预想。助学贷款不同于市场上纯粹的金融产品，它是银行向高等教育融资产生的一种特殊金融产品，是为了响应政府关于"社会公平""机会均等"等政策目标而面向社会尤其是低收入家庭学生发放的贷款，这就使得银行不可能按照现有的市场利率要求借贷者支付利息，否则将有违于政府制定资助政策的初衷。那么如何在盈利空间极其有限的范围内充分调动银行的主动性和能动性，也就成为政府政策制定者不得不关注的关键问题。大学生资助体制的性质决定了银行不可能获得甚高期望的利益，安全回收贷款和由政府政策带来的利益必然成为银行关注的焦点，政府应通过政策导向鼓励银行参与大学生助学贷款市场，保证银行获得一定的利益补偿。

在现代市场经济中，银行之间的竞争愈演愈烈，从竞争对手中赢取大量的客户资源是银行生存与发展的根源，大学生作为一个特殊的文化群体拥有相对高的素质和修养，银行与之展开交易风险较小，因为大学生较强的竞争能力可以提升其维护个人信用的信心。银行与贷款学生的交往可以使其更深入地了解大学生的信誉和能力，从中筛选出贵信尚德的大学生，作为重点培养对象以扩展银行客户资源的储备。虽然从短期上看银行没有获得令人满意的投资收益，但它为银行提升竞争力提供了有力保障。

第三节　大学组织的利益分析

作为现代经济社会实体中的大学组织，在大学生资助制度实施过程中扮演着极其重要的多重角色，它是学生申请和获取贷款的驿站与媒介。大学扶助学生渡过困难的能力强弱成为学生（家长）选取大学的主要参数之一，在一定程度上决定着大学能否招揽到高质量的生源对象。大学具有教育公益性和教育准公益性的双重特性，与大学教育消费者构成特殊的交易或契约关系，大学向学生提供的教育服务能否得到学生（家长）的广泛认同与肯定，取决于大学经过数年精心培育、经营积累起来的品牌知名度和价值声誉的高低，以及在大学管理、教育教学过程中所倡导的人文关怀精神的凸显程度。大学提供给学生的教育服务具有多样性而非单一性，这种服务不仅蕴含着大学培养目标、专业课程、学术氛围、校园环境、校风校纪、文明秩序、制度文化等项目，还应包括大学能否为学生提供适量的满足自我生活需要的奖学金、助学贷款以及参与研究课题的机会、助学岗位等项目，而后者越发成为影响学生抉择某个大学组织的关键因子。

　　同时，我们还应看到大学作为独立的实体性组织蕴含、承担着多维度的责任与义务。从哲学层面上看，大学作为探究高深学问的场所和人类的精神堡垒，首先，凸显的是大学具有强大的教化和育人功能。按照信息经济学原理，信贷市场存在明显的信息不对称现象，大学生作为借贷者在信息享有上处于强势位置，大学生在贷款交易中极易产生"搭便车"和机会主义现象，从主观上刻意追求自身利益最大化而置贷款方利益于不顾。大学不可忽视或将育人功能置于形式化的边缘，作为育人基地的大学应采取得力措施引导大学生朝着向上追优的目标发展，修正大学生的败德行为。一所大学育人功能发挥的好坏直接决定着该校学生贷款违约率的走势。社会信用的缺失是人们精神失范的外在表现，大学有义务也有责任为未来社会培养富有诚信的高层次人才，并运用大学的批判精神和前瞻功能，在社会信用重构中发挥极为突出的作用。其次，大学是直接与学生打交道的专门机构，由大学统一受理学生贷款申请既可提高工作效率，又有利于减少贷款失误和避免盲目化现象，况且，由学校出面直接面对金融机构可以提升学生的谈判能力进而提高获取贷款的成功概率。在贷款行为发生前，大学应向学生发布充分完备的贷款信息，告知其在贷款交易中享有的权利、承担的义务及违背贷款许诺的后果。再次，大学具有协助银行监督学生在校期间的行为表现，并将学生的最新信息及时通报给银行的义务。无论是在贷款前或是贷款协议达成之后，银行自身属性决定了其不具备长时间与学生接触的条件，对于学生后期行为动向的掌控处于被动、滞后状态，信息的不完全性使得银行决策者错过在最佳时间内谋划应对策略的时机，势必加剧银行贷款的风险指数。由大学协助银行督促契约条款的严格履行、监督学生的行为指向俨然成为银行部门当前的有力帮助。在学生毕业之时，大学应及时收集、统计学生的工作去向，并将此信息提供给贷款银行，因为大学在这方面具有得天独厚的优势。大学供给的信息是否全面真实、准确无误，对于银行贷款的回收异常关键。

第四节　大学生的利益分析

众多的经济学家都把人力资本作为经济增长的内生性因素加以强调，认为对人力资本进行投资可获得比货币资本或物质资本更高的收益。作为知识生产基地和高端人才汇聚地的大学，可为大学教育消费者提供高质量的服务，使其人力资本得到巨大扩张。这也是学生（家长）热衷于投资教育尤其是高等教育的根本所在，希冀通过接受高等教育强化自身的生产价值的能力。众多学生（家长）为了未来的利益而放弃或牺牲眼前的利益和效用，不惜贷款投资于高等教育看重的正是该投资可获得超越现有投资数倍的更高收益。

大学生接受高等教育的过程也是人力资本再生产的过程，在原有基础上进一步丰富、拓展自我的知识结构和能力结构，训练、强化自我的思维方式和处理分析问题的能力，培养、提升自我的创新和创造能力，这是大学教育消费者弥补与创造高于教育投资成本的强大智力资源和直接手段。大学生贷款投资高等教育产生的功能是综合性的，它可以拓宽投资者的就业范围，提升其竞争力，为个人带来更多显性层面的物质价值继而改善其社会地位和生活水平，亦可以使投资者在精神上获得极大愉悦和满足，得到其他社会群体的认同和敬重。

大学生资助体制受制于市场经济体制，市场经济在本质上是一种以信用为基石的经济体制，诚实信用是其内在的必然要求，道德意义和体制意义上的诚信是维系其得以正常与高效运转的双轨，脱离了诚信的轨道或者诚信轨道本身不健全，必将给现代市场经济带来全局性的严重损害。大学生作为直接受益方必须积极履行贷款合同规定的各项义务，充分认识背信弃义对社会或个人导致的危害。大学生在申请贷款初始，须向银行提供完整的个人信息尤其是与贷款密切相关的信息，这是大学生取得贷款所必须履行的最基本义务。但为获取贷款借贷者有可能会千方百计地隐匿或虚报部分信息，借贷者这种心理活动是银行无法感知和克服的，即借贷者在信息资源上占据优势且这种优势带有必然性和先天性。换句话说，银行在贷款交易过程中风险也随之产生，银行要消除这种因信息不对称带来的风险，必须借助相关的法律法规规制、限定和约束借贷者作出损害银行利益的不当行为。在贷款协议达成之后，相继而来的是借贷者在契约缔结合同规定的期限内必须履行还款付息的义务，作为资助制度运转链中的最后环节，直接关系到大学生资助制度的可持续发展问题，然而在相关法律制度缺失的状态下，部分借贷者怀有侥幸心理刻意逃避、拖欠贷款，银行利益遭到侵害带来的将是惜贷行为的发生，将造成大学生资助制度运行跌入失灵或无效状态。大学生在毕业后应将去向主动告知贷款银行，便于银行与其联系。信义的贬值造成大学生助学贷款市场中信用环境的恶化，借贷者以种种不正当的手段获取"非法收益"，利益主体之间难以形成以契约为基础的法律框架，同时使得社会风气败坏和道德水平急剧滑坡，直接制约着经济迅速发展和社会全面进步。市场经济要重塑信用的前提，就不能仅仅完全依赖政府实施道德教育和精神文明建设，也需要从市场经济本身来寻求信用危机的解决之道，必须从把握市场经济特点以及由此衍生的现代社会和现代人的特点着手，要发挥市场的基础作用，体现"信用有价""人各有价"的作用。"从法律的角度来分析，只有以法律强制来增加破坏社会信用者的成本，大大超出其预期的收益，才能使其自觉地守信行事。法治的实现靠的就是法律强制力在人们内心的植根，法律必须以自己的信用赢得一种神圣感，得到社会成员的内心确认。"[1] 因此，从道德信用和制度信用两方面共同规制借贷者依照契约履行法定义务，对于大学生资助制度的良性运转至关重要。

　　总之，在大学生资助制度运作中，政府处于主导地位从宏观和外部环境上对参与主体的利益行为加以调控，银行有义务响应、执行政府制定的大学生资助政策，大学组织作为贷款的接收站有义务协助银行处理学生事务，大学生作为贷款对象是资助制度的直接受益者，必须依照契约关系切实履行各项义务，各利益主体之间的利益是互为联系、互为因

----

[1]　孙卫星、赵惠：《多视角理解信用涵义强化大学生诚信教育》，《山东省青年管理干部学院学报》2005年第2期，第48页。

果、共损共荣的依存关系，政府、银行、大学与大学生只有各司其职、各尽其责，方能形成一种和谐的力量，成为大学生资助制度稳步向前的牵引力。①

---

① 参见曲绍卫、潘建军《大学生资助体系的利益主体分析》，《江苏高教》2006 年第 6 期，第 105—107 页。

第 二 篇

大学生资助管理过程评估

基于第一篇基本理论问题的探讨，本篇将从大学生资助的政策演变、管理体制、经费投入及资助对象四个维度对大学生资助政策的基本情况进行系统分析，并进入评估指标体系的构建与实施环节。在坚持评估指标体系构建原则的基础上，本篇结合项目评估模型、理论框架支撑及不同利益主体的视角分析出主要的评估指标备选要素，通过专家评议法对指标备选要素进行筛选，在此基础上尝试建立起大学生资助管理评估指标体系的概念模型，采用层次分析法为各项指标赋评估权重并开展具体实证评估工作。

第一章 大学生资助政策的演变及管理现状

我国大学生资助政策体系在经历过 70 年的演变过程后，政策内容的多元化使得高校大学生资助政策的管理工作形成了相应的管理体系。在此，本章对高校大学生资助政策的历史沿革、资助管理体制机制、经费投入与分配及其受助学生规模等情况进行系统分析，从而为下文资助管理评估指标体系的构建做铺垫。需要特别说明的是，本篇围绕高校大学生资助管理评估进行研究，主要涉及普通本科高校和普通高等职业学校的全日制本、专科在校生，故并未将研究生资助管理工作包含在内，因此下文的政策内容与基本情况分析并不包括研究生资助的内容。

第一节 大学生资助政策的历史沿革

自新中国成立以来，我国大学生资助政策已先后经历了人民助学金阶段、奖学金与人民助学金并存阶段、奖学金与贷款制度相结合阶段、"奖、贷、助、补、减"的混合资助阶段、以"奖贷助为主、勤补免为辅"的资助政策体系五个阶段，从制度设计上确保每名大学生不因家庭经济困难而失学。各阶段的资助政策与当时的时代背景紧密相连，尽管资助政策项目各不相同，但其制度设计的出发点均在于保障家庭经济困难学生享受高等教育的基本权利。

一 免费上学阶段（1949—1982 年）：实行人民助学金制度

1949 年中华人民共和国成立，源于历史的变迁过程和社会的政治经济条件，中国实行了向当时的苏联"一边倒"的政策。当时苏联高等教育"免学费加助学金"模式自然也被我国大学生资助政策所效仿。十月革命后的苏联是"人类历史上第一个在整个国家的范围内向全体大学生普遍提供资助"的国家。①

（一）人民助学金的产生（1949—1952 年）

1949—1952 年是我国高校助学金制度的产生阶段。中国大学生资助政策一方面受到老根据地和老解放区、新解放区和大城市以及一些私立大学制度的影响，另一方面开始建立新的政策体系。

1. 临时性的人民奖学金制度（1949 年至 1952 年 6 月）

1949 年 5 月，北平和平解放之初发布的《学生人民助学金暂行条例》第一次提出"人民助学金"的概念。随着人民经济状况的改善，学生生活的逐渐稳定，公费制及供给制已无法适应社会的发展。为减轻人民负担并促进公费发放的合理性与公平性，文化管理委员会于 1949 年 5 月将公费改称为"人民助学金"，并发布了《学生人民助学金暂行条例》，也是在新中国成立之前颁布的第一部学生助学金条例，条例包含了基本思想、申请方法及选定助学对象的方法。随后，全国各地相继开始实施人民助学金制度。由于各地区条件各不相同，人民助学金制度的实施时间与实施方法均存在差异，当时的人民助学金制度在较大程度上属于地域性措施，临时性较强，因此并未在全国范围内形成共识。所以，在新中国成立后的三年内，我国各高校均具备自身特色的学生资助规定或准则，尚未形成全国统一的人民助学金制度，这种情况一直持续到 1952 年。

2. 人民奖学金制度的出台（1952 年 7 月）

1952 年 7 月 8 日，政务院出台了《关于调整全国高等学校及中等学校学生人民助学金的通知》，其主要内容体现为以下五点②。

　　　第一，在废除学费的前提下，将全国高等学校及中等学校学生的公费制一律改为人民助学金。从 1952 年 9 月起，全国所有高等学校

---

① 参见张民选《理想与抉择——大学生资助政策的国际比较》，人民教育出版社 1998 年版，第 35 页。

② 参见中华人民共和国政务院《政务院关于调整全国高等学校及中等学校学生人民助学金的通知》，《新华月报》1952 年 7 月 11 日。

的人民助学金一律依照新规定的标准执行。

　　第二，人民助学金应以适当解决学生的伙食和其他实际的物质困难为目的。伙食费须等同和普遍地发给每一位学生……生活津贴应按照需要者的各人具体经济情况，分为若干等级发给。

　　第三，应尽量照顾革命烈属、革命军人、工农干部、产业工人、少数民族及归国华侨子女的实际困难。

　　第四，在同一地区内同级同类学校同样学生的人民助学金的标准必须一致，生活待遇，也应划一，不许有所特殊。

　　第五，人民助学金款项应列入学校经常费内，定期统一编造预决算，实行专款专用，不得任意挪用。

依据此精神，教育部于同年 7 月 23 日发布了《关于调整全国各级各类学校教职工工资及人民助学金标准的通知》，涉及助学金的调整原则、调整标准和助学金使用原则。具体内容如下：

　　第一，将各级各类学校的人民助学金款项列入学校经常费内，定期统一编造预决算，实行专款专用，高等学校（不包括高等师范院校）学生全部享受每人每月 12 元的助学金。

　　第二，高等师范学校学生全部享受人民助学金，其中，本科生享受每人每月 14 元的助学金，专科学生享受每人每月 16 元的助学金。

　　第三，干部升入高等学校者，全部享受每人每月 32 元的助学金。

两项通知的出台统一了我国高校学生助学金的享受范围及标准，从而标志着我国人民助学金制度的正式确立，同时也意味着高校助学金制度的正式诞生。

　　3. 人民助学金制度的基本特征

人民助学金制度的特征集中体现为以下三方面：一是建立在国家承担全部成本的基础上，即在免收学费的基础上发放补助；二是发放的助学金满足了全部学生在校学习期间的生活费用；三是学生所获得的资助均无须偿还。人民奖学金制度在计划经济体制下对于发展高等教育、促进教育机会均等并实现教育民主化无疑具有存在的合理性。

4. 人民助学金制度产生的历史渊源

首先，人民助学金制度的产生是计划经济体制下的必然产物，要求高度集中的资源配置制度。一方面，计划经济管理体制的直接后果是国家和政府包办高等教育，人民助学金制度则应运而生；另一方面，建立与计划经济管理体制相一致、相配套的教育管理制度，既是巩固国家新政权的需要，同时也是为了促进社会发展水平。

其次，人民助学金制度的产生与我国当时的教育方针政策密切相关。1949 年 12 月召开的第一次全国教育工作会议根据《共同纲领》提出，以老解放区新教育经验为基础，吸收旧教育的有用经验，借鉴苏联经验，建设新民主主义教育。这一方针的目的在于增加工农大众接受高等教育的机会，对于高校学生资助制度的确立产生了直接影响。高等教育面向工农大众意味着将有大批工农群众及其子女进入高等学校，而经济贫困则是其接受高等教育的主要障碍之一。因此，高等教育要想面向工农群众，必须尽量解决其经济贫困的问题。可见，人民助学金制度的建立也是帮助工农大众及其子女接受高等教育的措施之一。

再次，人民助学金制度的产生与当时社会经济和人民生活水平较低有关。一方面，新中国成立初期，国家尚处于经济恢复时期，通常来说劳动者无力负担高等教育费用，唯有在国家的帮助下才能接受高等教育；另一方面，国家为改善经济状况唯有通过高等教育提供大量智力支撑来发展社会生产力，因此人民助学金制度的产生也是我国促进经济社会发展的需要。

最后，人民助学金制度的产生也是制度沿袭的结果。从 1952 年以前实施的公费制和供给制中均能看到人民助学金制度的影子。

（二）人民助学金制度的调整（1953—1965 年）

人民助学金制度在 1952 年确立以后，随着制度的贯彻执行和形势的发展变化，在享受范围、比例和标准等方面进行了几次调整，其中影响较大的是以下三次调整。

1. 1955 年第一次调整

由于 1952 年颁发的两项通知并未对人民助学金制度实施的具体步骤和方法作出明确规定，因此在 1955 年 2 月，高等教育部与教育部联合发出《关于制发高等学校一般人民助学金分地区标准的通知》，将全国划分为 10 类地区发放人民助学金，并对农村、老少边穷地区、城镇困难家庭等作出了资助标准与具体实施方法的规定。同年 8 月，高等教育部颁发《全国高等学校（不包括高等师范学校）一般学生助学金实施办法》，规定调整除师范院校学生外的人民助学金资助范围，发放比例定为 70%。人民助学金由全部发放从此转为部分发放。由此可见，1955 年的制度调整主要围绕发放地区与资助范围而展开。

2. 1960 年第二次调整

1958 年教育事业权利下放后，许多省、自治区、直辖市根据当时的形势和实际情况自行制定了制度实施办法和开支标准，各地标准不一且差距较大。为此，1960 年 1 月，教育部出台了《关于工人、农民、干部学生人民助学金标准的暂行规定》，提出各省、自治区、直辖市可在原则规定范围内依据各地区实际情况作出具体规定。本次调整体现出地方政府已拥有一定设置助学金名额和发放标准的权利。

3. 1964 年第三次调整

1964 年的人民助学金制度调整主要以提高助学金标准和扩大受助学生比例为主要内容。1964 年 4 月起，凡全部享受人民助学金的和半自费的高校学生伙食补助费每人每月增加 3 元；1964 年 5 月起，助学金享受比例由以往的 70% 提高至 75%，另外，加上师范生和民族院校的学生，普通高校学生的受助比例已达到 80% 以上。

总之，人民助学金制度在经历上述三次重大调整之后，已基本形成较为完善、系统的整体框架，在资助比例、标准、对象和方法上均有较为明确的规定，从而为今后高校学生资助政策体系的构建提供了理论和实践上的借鉴与指导。

（三）人民助学金制度的停滞（1966—1982 年）

此时间段是我国人民助学金制度发展过程中的特殊时期，尽管受到"文化大革命"影响而导致制度实施停滞，但随着高考的恢复，人民助学金制度重新实施。

1. 人民助学金的挫折（1966—1976 年）

"文化大革命"的爆发导致我国高等教育事业的正常发展被一度中断。1966—1969 年，高校停止招生并对原有在校生执行原定人民助学金制度；1970—1976 年，部分高校从具有三年以上实践经验的工人、贫下中农、解放军和青年干部中选拔学生，除十年工龄以上的国家职工外，为学员发放伙食费和津贴费。这期间的人民助学金制度以另一种津贴或生活补贴的形式出现。

2. 人民助学金的恢复（1977—1982 年）

1977 年，高校恢复高考和大学招生工作。教育部、财政部在 1977 年12 月发布《关于普通高等学校、中等专业学校和技工学校实行人民助学金制度的办法》，规定研究生、高等师范、体育和民族学院学生，以及中等师范、护士、助产、艺术、体育和采煤等专业学生一律享受人民助学金，享受比例按 100% 计算；其他高等院校、中等专业学校和技工学校的学生，其助学金的享受比例按 75% 计算。该办法以学历层次、学科性质及地域为依据，不同程度、不同比例地实行了人民助学金制度，形成了人民助学金框架体系并一直贯彻实施至 1982 年。

二　奖助并存阶段（1982—1986 年）：奖学金与人民助学金并存

美国学者约翰斯通将英国"免费加助学金"的资助模式评价为"慷慨的资助"，就在该种资助模式盛行时，1986 年，库姆斯发出"教育危机"警告并预言，"任何国家，只要不准备给整个社会和经济造成沉重的压力，就不可能再继续迅速增加教育经费在公共开支中的份额"。在这种警告下，"慷慨资助政策"逐步丧失了正统性地位。

十一届三中全会召开以后，我国步入改革开放的新时期，社会各层面开始发生翻天覆地的变化，经济、政治、教育与文化领域均实现自身的改革与突破。高等教育随之取得了新的突破，高校大学生数量逐渐增加，政府财政已无力支持以往普遍性的资助政策，原有学生资助模式面临改革。1983 年 7 月，教育部和财政部出台《普通高等学校本、专科学生人民助学金暂行办法》和《普通高等学校本、专科学生人民奖学金试行办法》。

人民助学金办法规定，将人民助学金分为职工学生助学金和一般学生人民助学金；连续工龄满五年以上的国家职工，被录取入普通高等学校本、专科后，在校学习期间，全部享受职工学生人民助学金；连续工龄不满五年的国家职工和应届高中毕业生及其他社会青年被录取入普通高等学校本、专科后，生活确有困难而又符合规定条件的，可以申请享受一般学生人民助学金。总之，改革的主要变化体现在打破了国家"一刀切"的高校学生资助惯例，并缩小了其他院校发放人民助学金的比例范围，由原来的 75% 降为 60%。

人民奖学金办法规定了在校本、专科生获得人民奖学金的条件，并规定享受人民奖学金学生的人数近一两年暂按本、专科学生总数的 10%—15% 掌握，可分等级且每个等级的金额应有高低之别，最高金额每年以不超过 150 元为宜。尽管人民奖学金获得人数较少，却改变了以往学生资助制度的单一化模式。

在人民助学金制度的基础上增加人民奖学金制度，同时缩小人民助学金范围，从而在我国高校学生资助制度改革的道路上迈出了重要的一步，也体现着国家资助理念的深刻变化。可见，在社会主义市场经济体制逐步建立的过程中，激励竞争机制被逐渐引入高等教育学生资助领域，效率优先的原则逐步得到认可，普适性的资助既无法真正体现教育公平，又不利于优秀人才脱颖而出。

三　奖贷共行阶段（1986—1993 年）：奖学金和贷款制度相配合

党的十二届三中全会通过《中共中央关于经济体制改革的决定》，提出"有计划的商品经济"，标志着中国经济体制改革进入新的阶段。为了适应经济发展的要求，1985 年 5 月，《关于教育体制改革的决定》出台并明确提出高校可以在计划外招收少量自费生，由学生缴纳一定数量的培养费。

（一）人民助学金制度的弊端

1986 年 6 月，国务院批转国家教育委员会、财政部《关于改革现行普通高等学校人民助学金制度的报告》，指出自党的十一届三中全会以来，我国科学与教育事业发生巨大变革，与现行的人民助学金制度不相适应，认为其弊端主要表现为以下四点。[①]

一是国家对高等学校学生包得过多。国家每年除了支付大量的高等学校教职工的工资、教学业务经费和校舍建设投资之外，还要负担大部分学生的生活费用。这不仅加重了国家的财政负担，而且助长了考入高等学校

---

① 参见教育部、财政部《关于改革现行普通高等学校人民助学金制度报告的通知》，《中华人民共和国国务院公报》1986 年第 4 期，第 584—585 页。

的学生一切都要依赖国家包下来的思想。"入了大学门，就是国家人"即是这种思想的反映。

二是不利于鼓励先进和调动广大学生奋发向上、刻苦学习的积极性。人民助学金是依据学生提供的家庭经济情况进行评定的。多年来，在评定人民助学金时，存在着平均主义思想，人民助学金的使用与学生的表现相脱节。有不少学生认为国家颁发人民助学金理所应当，在领取了人民助学金后不求上进，甚至出现学习态度不端正、学习成绩差的学生照样享受人民助学金的现象。

三是不利于促进学生思想、品德健康成长。评定人民助学金主要是依据学生的家庭经济困难状况，对学生的思想政治、道德品质表现考虑甚少。因此，政治上不求进步，思想品德表现一般的学生也能享受人民助学金。而且，对学生的家庭经济情况，学校难以调查清楚。

四是不少地方和学校评定人民助学金办法不够合理，管理上存在混乱现象。

（二）试点奖学金制度和贷款制度

鉴于人民助学金制度的实施存在以上弊端，报告提出改革国家对高校学生"包得过多"的状况，拟将人民助学金改为奖学金制度和学生贷款制度，确立了两项制度的框架内容并制定了试点院校方案。

（三）全面实行奖学金制度和贷款制度

1987年6月，为顺应新的发展形势，国家教育委员会、财政部公布了《普通高等学校本、专科学生实行奖学金制度的办法》和《普通高等学校本、专科学生实行贷款制度的办法》的通知，决定在1987年入学的本科高校新生中全面实行奖学金制度和贷款制度，并对1986年报告中的制度规定进行了详细描述和补充，标志着我国人民助学金制度的正式取消。

1. 奖学金制度

奖学金的设立分为优秀学生奖学金、专业奖学金和定向奖学金。

首先，优秀学生奖学金。规定了优秀学生奖学金的条件、标准、等级、评定比例和评定方法。第一，优秀奖学金用于奖励德、智、体全面发展的优秀学生，并分为三个等级。第二，一等奖学金奖励范围为5%，每人每年350元；二等奖学金比例为10%，每人每年250元；三等奖学金比例为 10%，每人每年 150 元。学校可在上述标准和比例计算的经费总额内，适当降低一、二等奖学金的比例和标准，增加三等奖学金比例和增设单项奖。但获得一、二、三等奖学金和单项奖的人数比例应控制在学生人数的 35% 以内。其中，获得单项奖的学生人数应控制在 5% 以内。第三，学校可制定综合测评办法经批准后进行全面考核评定；优秀奖学金在新生入学第二学期（年）开学时评定并补发上一学期（年）的奖学金；有贷款的学生在获得奖学金后，原则上应抵还贷款；奖学金每学期（年）评定一次，每学年按十个月发给（每学期按五个月发给），单项奖一次发给。

其次，专业奖学金。通知对专业奖学金的使用范围、标准、等级、比例和评定方法作出了详细规定。其一，考入师范、农林、体育、民族、航海等专业的学生可享受专业奖学金，全面发展的优秀同学可获得较高等级的专业奖学金。其二，5% 的学生可评一等奖学金，每人每年 400 元，10% 的学生可评二等奖学金，每人每年 350 元，其余学生仍享受三等专业奖学金并按原助学金标准发放。学校可在专业奖学金的总额内适当降低一、二等专业奖学金的比例和标准增设单项奖，但获得一、二等奖学金和单项奖的学生人数比例应严格控制在 20% 以内。其中，获单项奖的学生人数应控制在 5% 以内。其三，入学第一年享受三等奖学金，第二年开始，每学年（期）由系（科）按照专业奖学金的条件，评定一等和二等专业奖学金并报学校批准，专业奖学金按十个月发放。

最后，定向奖学金。奖励给立志毕业后到边疆、贫困或艰苦行业工作的学生。定向奖学金分为三等：一等每人每年 500 元，二等每人每年 450 元，三等每人每年 400 元。由有关部门和地区每年或一次性拨付给学校。凡领取定向奖学金的学生，一律不再享受优秀学生奖学金或专业奖学金。

2. 学生贷款制度

通知规定了申请贷款的条件、限额、比例、申请程序和办法、偿还方法等事项。其一，规定申请最高限额每人每年不超过 300 元，少数学生在获得奖学金后，如生活仍有困难可申请贷款，但申请的贷款和获得的奖学金两项之和全年应控制在 350 元以内。其二，贷款比例严格控制在本、专科学生总人数的 30% 以内。其三，申请程序包括三个步骤：学生提出申请贷款报告，经系（科）审核同意后填写"学生贷款申请表"；将申请表寄给家长签署确认贷款意见并担任还款保证人；家长所在单位或区、乡人民政府签署意见盖章后寄回学校审批核准。其四，在偿还方法上，学生毕业前一次或分次还清；学生毕业后由所在工作单位将贷款一次垫还给发放贷款的部门；毕业生见习期满后，在两年到五年内由所在单位从其工资中逐月扣还；毕业生工作单位可视其工作表现决定减免垫还的贷款；若因触犯国家法律、校纪而被开除学籍勒令退学和自动退学的贷款学生，应由家长负责归还全部贷款。

学生贷款制度的设立体现着国家资助理念的质的变化，标志着资助方式从无偿到有偿的转变。学生贷款制度的各项规定成为后来国家助学贷款制度的雏形，对于推动贷款制度的发展至关重要。人民助学金制度作为计划经济体制下的产物与当时实行的市场经济体制并不相符，同时，由于我国高等教育规模的不断扩大造成高等教育办学成本提高，学校教育经费也逐渐紧张，政策财政拨款已满足不了高等教育发展的需要。因而，对人民助学金制度进行改革具有历史必然性，体现着我国经济体制改革的不断深入。1989 年，国家宣布对除师范生以外的学生收取学杂费和住宿费标志着我国已取消免费上大学的政策，在高等教育收费改革的道路上迈出了关键性的一步。[①]

四 多元混合阶段（1993 年至今）：多种资助方式有机结合

随着我国市场经济体制的建立，高校收费制度改革的力度不断加大，以往的奖学金与贷学金制度难以适应新的形势，高校大学生资助制度开始改革。在完善原有奖学金制度和贷款制度的基础上，大学生资助的方法与方式日趋多样化。在多元混合资助阶段，我国高校大学生资助政策的演变主要经历了三个时期，分别包括 1993—1999 年混合资助模式的基本建立、1999—2007 年混合资助模式的初步发展以及 2007 年至今混合资助模式的建立健全。

---

① 参见陈绵水等《国家奖助学金资助制度绩效评价》，经济科学出版社 2013 年版，第51—53 页。

（一）1993—1999 年混合资助模式的基本建立

在完善原有的奖学金制度和贷款制度的基础上，国家教委又推出了多种资助方式，推动大学生资助方法和方式更趋于多样化。

1993 年，国家教委与财政部发布《高等学校生活特别困难学生进行资助的通知》，要求各高校为在校学生月收入低于学校所在地居民平均最低生活水平线的特困生设立"特困补助"，定期或不定期地发放补助资金。

1994 年 5 月，国家教委发布《关于普通高等学校设立勤工俭学助学基金的通知》，建立起勤工助学制度。

1995 年，《关于对普通高等学校经济困难学生减免学杂费有关事项的通知》提出减免学杂费的资助政策，以保证困难学生不因经济困难而失学。

1996 年 9 月，由于我国部分地区遭受洪涝灾害，国家教委办公厅发布《关于切实做好高校经济困难学生入学工作的通知》，指出家庭经济困难学生入学问题是一项政策性较强且事关高校稳定的重要工作，并针对当年洪涝灾害实际情况指出对灾区符合条件的学生进行学费减免，并对其加大资助力度，同时要求各地方、各校根据实际需要不断建立健全经济困难学生的资助政策体系。

1998 年 8 月，由于长江、嫩江、松花江等流域广大地区发生新中国成立以来罕见的特大洪涝灾害，为确保洪涝灾区困难学生顺利返回或进入高校学习，教育部办公厅发布《关于切实做好洪涝灾区困难学生入学工作的紧急通知》，要求各高校对符合条件的灾区群众减免学费和住宿费，通过加大资助力度确保困难学生安心生活、学习。

1999 年 5 月，中国人民银行、教育部和财政部联合发布《关于国家助学贷款的管理规定（试行）》，开始试行国家助学贷款政策，并对助学贷款制度的管理体制、贷款的申请和发放、贷款期限、利率和贴息以及贷款回收作出了详细规定。

第一，在管理体制上，由教育部、财政部、中国人民银行和中国工商银行组成全国助学贷款部际协调小组，教育部设立全国学生贷款管理中心作为部际协调组的日常办事机构，各省、自治区、直辖市设立相应的协调组织和管理中心。

第二，在贷款的申请和发放上，指出国家助学贷款属于商业性贷款；实行学生每年申请、经办银行每年审批的管理方式；经办银行负责确定国家助学贷款的具体发放金额；无法提供担保的特困学生可申请特困生贷款。

第三，在贷款期限、利率和贴息方面，经办银行依据学生申请确定每笔贷款的期限；为减轻学生还贷负担，财政部门给予学生利息补贴，即所借贷款利息的50%由财政贴息，其余由个人负担；同时国家鼓励社会各界以各种形式为困难学生提供助学贷款担保和贴息。

第四，在贷款回收方面，规定所借贷款必须在毕业后四年内还清，特困生贷款到期无法收回部分由学校和学生贷款管理中心共同负责偿还，前者偿还60%、后者偿还40%等政策措施。

至此，我国已基本建立起"奖、补、勤、减、贷"的高校大学生多元混合资助政策体系。

（二）1999—2007年混合资助模式的初步发展

1. 国家助学贷款的补充

2000年8月，中国人民银行、教育部和财政部发出《关于助学贷款管理的补充意见》和《中国人民银行助学贷款管理办法》，指出开展助学贷款工作是实施科教兴国战略，加速人才培养，特别是经济较困难优秀青年得以深造的重大决策。简化了申请助学贷款的条件并把中央财政贴息的国家助学贷款，由8个试点城市扩大到全国范围，其经办银行由中国工商银行扩大到中国农业银行、中国银行和中国建设银行。助学贷款管理办法中规定共计十二条，提出了助学贷款可采取无担保（信用）助学贷款和担保助学贷款方式等内容。

2. 绿色通道制度

2000年，教育部、财政部、国家发改委还规定各高校必须建立"绿色通道"制度，对被录取的经济困难的新生，一律先办理入学手续，然后再根据核实后的情况，分别采取不同的资助措施。

3. 国家助学贷款的推进

2001年和2002年，中央人民银行、教育部和财政部先后发布《关于进一步推进国家助学贷款业务发展的通知》《关于切实推进国家助学贷款工作有关问题的通知》，以进一步推进国家助学贷款制度的实施。

4. 国家奖学金制度的产生

2002 年 4 月，财政部、教育部为激励家庭经济困难学生勤奋学习并顺利完成学业，发布《关于印发国家奖学金管理办法的通知》，国家奖学金制度由此开始设立。管理办法共七章详细规定了国家奖学金的实施程序与管理办法。指出国家奖学金分为两个等级，全国每年定额发放给 45000 名学生，其中 10000 名特别优秀的学生享受一等奖学金，每人每年 6000 元，35000 名学生享受二等奖学金，每人每年 4000 元。国家奖学金制度的设立进一步丰富发展了高校大学生资助政策体系，促进了混合资助模式内容的完整性。

5. 整体资助政策体系工作总结及要求

2003 年，教育部为保证家庭经济困难学生顺利入学，发布《关于切实做好资助高校经济困难学生工作的紧急通知》，通知主要内容如下：其一，我国已经建立起以奖学金（含国家奖学金）、银行贷款（主要是国家助学贷款）、勤工助学、特殊困难补助和学费减免为主体的、多元化的资助高校经济困难学生的政策体系，为解决少数地方和高校领导对资助工作重视力度不强的问题，要求各省级教育行政部门立即对本地区普通高等学校经济困难学生资助政策体系的建设情况以及各项政策的实际执行情况组织一次全面、认真的总结和检查。其二，每所高校应建立资助经济困难学生工作机制并落实专门机构、明确领导分工，并配合银行部门做好国家助学贷款工作等。其三，加强宣传措施对各项资助政策进行充分宣传。其四，在新学期开学时，各高校一律设立"绿色通道"制度，以确保新录取的困难学生顺利入学。其五，深化勤工助学工作，做好奖学金、特殊困难补助和学费减免等各项工作。通知既肯定了近年来我国学生资助政策体系构建取得的成绩，同时也对国家助学贷款、绿色通道制度、勤工助学等资助政策的落实提出进一步要求。

6. 国家助学贷款制度的进一步贯彻

为推进国家助学贷款制度的进一步贯彻制定，教育部办公厅分别于 2002 年、2004 年和 2006 年专门发布《关于高等学校配合经办银行做好国家助学贷款工作的通知》《关于进一步完善国家助学贷款工作若干意见的通知》和《关于印发国家助学贷款风险补偿专项资金管理办法等有关文件的通知》《关于印发普通高校毕业生国家助学贷款代偿资助暂行办法的通知》。

7. 国家助学奖学金制度的产生

2005 年 7 月，财政部、教育部发布《关于印发国家助学奖学金管理办法的通知》，提出设立国家助学奖学金，并制定了共计十五条的管理办法。办法指出，国家助学奖学金分为国家奖学金和国家助学金两种形式，其中，国家奖学金的资助对象为家庭经济困难、品学兼优的全日制本、专科学生，奖学金额度为每人每年 4000 元，每年资助 5 万名学生；国家助学金的资助对象为家庭经济特别困难的全日制本、专科学生，并以资助特困学生生活为目的，标准为每人每月 150 元，每年按 10 个月发放，每年资助约 53.3 万名学生。

如前所述，1999—2007 年的学生资助政策体系在前一阶段基本建立的基础上逐步发展，通过各项制度的出台与完善来推进执行与宣传工作。至此，我国高校学生资助形成"奖、补、勤、减、贷、助"配合"绿色通道"的制度体系，高校学生混合资助模式进一步多元化。

（三）2007 年至今混合资助模式的建立健全

2007 年 5 月，国务院发布《关于建立健全普通本科高校、高等职业学校和中等职业学校家庭经济困难学生资助政策体系的意见》，在认识到建立健全我国家庭经济困难学生资助政策体系意义的同时，指出应坚持"加大财政投入、经费合理分担、政策导向明确、多元混合资助、各方责任清晰"的基本原则。在此基础上提出了建立健全资助政策体系的主要内容，标志着我国高校学生资助政策体系的逐步完善。

1. 完善国家奖学金制度

一方面，中央继续设立国家奖学金用于资助普通本科高校和高等职业学校全日制本、专科在校生中特别优秀的学生，每年 5 万名，奖励标准为每人每年 8000 元，由中央负担所需资金；另一方面，中央与地方共同设立国家励志奖学金，用于奖励品学兼优的家庭经济困难学生，资助面平均约占全国高校在校生的 3%，资助标准为每人每年 5000 元。中央部门所属高校由中央负担所需资金，地方所属高校则根据各地财力及生源状况由中央与地方按比例分担。

2. 完善国家助学金制度

中央与地方共同设立国家助学金，资助面平均约占全国普通本科高校和高等职业学校在校生总数的 20%。平均资助标准为每人每年 2000 元，具体标准由各地根据实际情况在 1000—3000 元范围内确定，可以分为 2—3 档。

3. 进一步完善和落实国家助学贷款政策

大力开展生源地信用助学贷款，对毕业后自愿到艰苦地区基层单位从事第一线工作且服务达到一定年限的，实行国家助学贷款代偿政策。

4. 实施免费师范生政策

自 2007 年起，对教育部直属师范大学新招收的师范生实行免费教育。

5. 事业收入经费提取

学校应当按规定从事业收入经费中提取一定比例的经费用于学费减免、国家助学贷款风险补偿、勤工助学、校内无息借款、校内奖助学金和特殊困难补助等。

在该政策的指导下，财政部和教育部于 2007 年 6 月接连下发了五个学生资助方面的政策文件，先后为《关于印发普通本科高校、高等职业学校国家奖学金管理暂行办法》《关于认真做好高等学校家庭经济困难学生认定工作的指导意见》《关于印发高等学校勤工助学管理办法的通知》《关于印发普通本科高校、高等职业学校国家励志奖学金管理暂行办法》《普通本科高校、高等职业学校国家助学金管理暂行办法》，分别对国家奖学金、国家励志奖学金、国家助学金、勤工助学及贫困学生认定工作作出了详细的规定。由于后文将对各项资助政策进行介绍，在此不再过多赘述。2007 年 8 月，教育部、财政部发文要求县级教育行政部门成立学生资助管理中心，避免影响新资助政策措施的贯彻落实。随后与国家开发银行在江苏、湖北、陕西、甘肃四个省开展生源地信用助学贷款试点，以进一步完善国家助学贷款的运行机制。

2008 年 7 月，由于汶川地震造成广大学生、家庭受灾，教育部发出《关于认真做好 2008 年高等学校新生资助有关工作的通知》，要求加强资助政策宣传和监督检查工作、开通"绿色通道"并贯彻各项政策，同时特别指出重点做好汶川地震受灾学生资助工作。9 月，财政部、教育部、银监会联合发布《关于大力开展生源地信用助学贷款的通知》，总结了 2007 年生源地信用助学贷款试点工作的良好效果，并决定从 2008 年起进一步扩大生源地信用助学贷款的覆盖范围；指出每个借款人每年申请的贷款原则上限最高不超过 6000 元，主要用于解决学生在校期间的学费和住宿费问题；学生在校期间的利息由财政全额贴息，毕业后的利息由学生和家长（或其他法定监护人）共同负担；建立生源地信用助学贷款风险补偿专项资金，风险补偿金比例按当年贷款发生额的 15% 确定。

2009 年 3 月，为引导、鼓励高校毕业生面向中西部和艰苦边远地区基层单位就业，财政部、教育部发布《关于印发高等学校毕业生学费和国家助学贷款代偿暂行办法的通知》，规定高校毕业生到中西部地区和艰苦边远地区基层单位就业、服务期在 3 年以上（含 3 年）的，其学费由国家实行代偿。另外，通知对中西部地区和艰苦边远地区的基层单位进行了界定。2009 年 4 月，为鼓励高校毕业生积极应征入伍服役，推进国防和军队现代化建设，财政部、教育部发布《应征入伍服义务兵役高等学校毕业生学费补偿国家助学贷款代偿暂行办法》，从 2009 年起，国家对应征入伍服义务兵役的高等学校毕业生在校期间缴纳的学费实行补偿。

2011 年 10 月，财政部、教育部出台《应征入伍服义务兵役高等学校在校生学费补偿国家助学贷款代偿及退役复学后学费资助暂行办法》，以鼓励高校在校生应征入伍服兵役。规定从 2011 年秋季学期起，国家对应征入伍服义务兵役的在校生在校期间缴纳的学费实行补偿，退役后复学的原高校在校生实行学费资助。随后，为提高退役士兵的就业能力，财政部、教育部发布《关于实施退役士兵教育资助政策的意见》，规定自当年秋季学期始，对退役一年以上，考入全日制普通高等学校的自主就业退役士兵，在全日制普通高等学历教育一个学制期内，由政府给予教育资助。资助内容包括学费资助、家庭经济困难退役士兵学生生活费资助及其他奖助学金资助。

2012 年 5 月，中国教育发展基金会利用中央专项彩票公益金润雨计划部分专项资金，设立普通高校家庭经济困难新生入学资助项目，用于资助普通高校家庭经济困难新生到校报到，并制定了《普通高校家庭经济困难新生入学资助项目暂行管理办法》。规定入学资助项目的资助范围与对象为中西部地区每年高考考入全日制普通高等院校的家庭经济困难新生；资助标准为省（自治区、直辖市）内院校录取的新生每人 500 元，省（自治区、直辖市）外院校录取的新生每人 1000 元，用于一次性补助家庭经济困难新生从家庭所在地到被录取院校之间的交通费及入学后短期的生活费用。

2013 年 7 月，为做好应征入伍普通高校录取新生保留入学资格及退役后入学工作，教育部、总参谋部出台《关于印发应征入伍普通高等学校录取新生保留入学资格及退役后入学办法（试行）的通知》。次月，财政部、教育部、总参谋部制定并印发了《高等学校学生应征入伍服义务兵役国家资助办法》，并规定入伍时国家对高校学生在校期间缴纳的学费实行一次性补偿或获得的国家助学贷款实行代偿；入伍前正在就读的学生在服役期间按规定保留学籍或入学资格、退役后自愿复学或入学的，国家实行学费减免。

2014 年 7 月，财政部、教育部、中国人民银行和银监会发布《关于调整完善国家助学贷款相关政策措施的通知》，决定调整国家助学贷款的资助标准和资助比例。在资助标准上，规定全日制普通本、专科学生每人每年申请贷款额度不超过 8000 元；年度学费和住宿费标准总和低于 8000 元的，贷款额度可按照学费和住宿费标准总和确定。在资助比例上，要求全国平均资助比例应与当年国家助学金资助比例相当，各地区、各高校资助比例应与本地区、本高校当年国家助学金资助比例相当。

2015 年 8 月，教育部、财政部印发《关于进一步加强学生资助政策宣传工作的通知》，指出当前我国学生资助政策体系内容丰富，亟须做好资助政策宣传工作，促进社会各界更好地了解资助政策，提高政策的透明度并广泛接受社会监督。通知提出应从以下五方面促进资助政策宣传：一是完善学生资助信息发布制度；二是突出学生资助宣传工作的重点；三是改进学生资助工作宣传方式；四是健全学生资助宣传工作机制；五是加强学生资助宣传队伍建设。

综上所述，目前我国已建立起国家奖学金、国家励志奖学金、国家助学金、国家助学贷款、应征入伍服兵役、基层就业学费补偿贷款代偿、师范生免费教育、退役士兵学费资助、新生入学资助项目、勤工助学、学费减免、特殊困难补助等多种形式有机结合的高校大学生资助政策体系。按照其内容，可将其分为"奖、贷、助、勤、补、免"六类政策。其中，"奖"分为国家奖学金和国家励志奖学金；"贷"分为生源地助学贷款和校园地助学贷款两项内容；"助"主要是指国家助学金以及各高校内部设立的各种奖学金和助学金；"勤"是指学生在学校的组织下利用课余时间通过劳动取得合法报酬以用于改善学习和生活条件的社会实践活动，本、专科主要从事勤工助学；"补"包括特殊困难补助、伙食补贴、服义务兵役或基层就业学费补偿代偿以及退役士兵学费资助等政策；"免"则包括新生入学"绿色通道"、学费减免和师范生免费教育等政策。需注意的是，在此并未将研究生资助政策包含在内，仅针对普通本科高校、高等专业学校的全日制本、专科学生资助政策进行梳理。

第二节　大学生资助的管理体制解析

　　自 2007 年国家建立新的学生资助政策体系以来，我国大学生资助管理的体制逐步得以建立健全，无论从组织体制还是从运行机制等方面均形成了较为完备的管理结构与运转模式。本节将在对体制与机制进行概念阐释的基础上，系统介绍高校大学生资助管理的组织体制与运转机制。

一　大学生资助管理体制与机制的内涵辨析

　　资助管理体制与机制的内涵解析须从"体制"与"机制"两个基本概念入手。据《辞海》记录，体制是指"国家机关、企事业单位在机构设置、领导隶属关系和管理权限划分等方面的体系、制度、办法、形式等方面的总称"[①]；机制"原指机器的构造和动作原理，生物学和医学在研究一种生物的功能时常借指其内在工作方式，包括有关生物结构组成部分的相互关系，及其间发生的各种变化过程的物理、化学性质和相互联系。现已广泛应用于自然现象和社会现象，指其内部组织和运行变化的规律"[②]。《现代汉语词典》则将"体制"定义为"国家、国家机关、企业、事业单位等的组织制度"[③]，机制用于"泛指一个工作系统的组织或部分之间相互作用的过程和方式"[④]。

　　据此，本书将高校大学生资助管理体制定义为高校实施家庭经济困难

---

　　① 夏征农、陈至立：《辞海》（1999 年缩印版），上海辞书出版社 2000 年版，第 644 页。

　　② 同上书，第 3548 页。

　　③ 中国社会科学院语言研究所词典编辑室：《现代汉语词典》，商务印书馆 2012 年版，第 1281 页。

　　④ 同上书，第 597 页。

学生资助政策的管理结构与组成方式，主要体现为高校采取何种组织形式实施大学生资助政策，其核心在于管理机构的设置、领导隶属关系、职能配置；高校大学生资助管理机制则指高校大学生资助管理机构内部相互作用的过程与方式，其本质在于管理系统的内在联系与运行原理，可从运行机制、动力机制与约束机制三个维度进行系统解析。

二　大学生资助管理体制

全国大学生资助管理的组织结构由中央、地方和高校三方主体共同构成，国家负责统筹安排大学生资助管理工作的机构为教育部直属单位——全国学生资助管理中心；地方负责单位由省级、地级、县级三级机构组成上下级隶属关系；高校负责贯彻落实资助管理政策的部门为校级学生资助（管理）中心。

（一）中央机构——全国学生资助管理中心

全国学生资助管理中心是教育部直属单位之一。1999 年 9 月，中央机构编制委员会办公室批准在教育部成立"全国学生贷款管理中心"，负责落实国家助学贷款政策，同时作为国家助学贷款部际协调小组的日常办事机构。2006 年 2 月，为进一步做好各级各类教育家庭经济困难学生资助工作，中央机构编制委员会办公室批准将"全国学生贷款管理中心"更名为"全国学生资助管理中心"。目前，全国学生资助管理中心与教育部外资贷款事务中心实行"一个机构，两块牌子"的运行机制。

全国资助管理中心的主要职责有以下四点：第一，参与研究制定国家学生资助政策措施；第二，负责推动落实高等教育、中等职业教育、普通高中教育、义务教育和学前教育学生资助政策；第三，指导、监督、检查地方和学校学生资助工作；第四，协助教育部相关部门开展国家资助政策宣传工作。

全国资助管理中心下设 8 个处（室），分别包括高校学生资助工作处、中等职业学校学生资助工作处、中小学学生资助工作处、信息与法律处、外资贷款处、政府采购处、财务处、办公室。其中，高校学生资助工作处承担高校大学生资助政策实施工作，主要职责包括：第一，参与制定高校学生资助政策措施；第二，推动落实国家助学贷款政策及高校其他学生资助政策措施；第三，组织实施中央部门所属普通高校学生资助有关工作；第四，指导、监督、检查地方和高校学生资助工作；第五，开展高校资助政策宣传、咨询、培训与信访工作；第六，协助相关部门及金融机构组织管理国家助学贷款的回收等工作；第七，负责落实高校国家助学贷款部际协调小组交办的事项。

另外，信息与法律处负责参与制定高校学生资助相关政策措施；建立健全学生资助数据统计制度与信息管理系统，开展资助数据统计分析工作；高校学费补偿与助学贷款代偿资助政策的落实；组织开展学生资助政策宣传、发布学生资助工作动态信息与简报；组织开展高校和地方学生资助管理干部的业务培训；负责有关学生资助工作中法律事务的咨询与指导，协调解决有关法律事务；组织学生资助工作绩效评价。外资贷款处负责外资贷款与赠款教育项目的执行与管理，组织开展外资贷款教育项目绩效评价工作。财务处负责国家助学贷款财政贴息、风险补偿金等学生资助资金的财务管理与会计核算工作，等等。

（二）地方机构——地方学生资助管理中心

地方学生资助管理机构由省级、地级及县级学生资助管理机构组成。

1. 省级学生资助管理机构

2007 年 5 月 9 日，为确保新资助政策体系的顺利实施，国务院出台《关于建立健全普通本科高校、高等职业学校和中等职业学校家庭经济困难学生资助政策体系的意见》，要求各级地方政府部门建立相应工作机制，完善各级学生资助管理机构的人员、职能、经费等，依据国家政策制定具体的政策实施与管理办法，以期推动资助政策落到实处。16 日，在全国家庭经济困难学生资助工作会议中，国务院有关领导就地方政府建立学生资助管理工作机制的问题提出了明确要求。

在国家号召下，各省级单位纷纷成立省级学生资助管理中心，如河南省经省编办批准，将 2002 年成立的"河南省教育贷款管理中心"更名为"河南省学生资助管理中心"；山东省将 2002 年成立的"山东省国家助学贷款管理中心"更名为"山东省学生资助管理中心"，以全面负责山东省各级各类学校的资助工作。以山东省学生资助管理中心为例，其主要职责在于：与有关银行协商签订国家助学贷款业务合作协议，制定贷款操作管理的具体办法；根据年度计划审核高校贷款申请报告；管理省级财政拨付贴息及风险补偿金、协助经办银行做好国家助学贷款工作；承担全省高校奖学金、助学金、勤工助学、学费减免及全省各类学校资助信息的统计工作。

2. 地级学生资助管理机构

在各省纷纷成立省级学生资助管理中心后，各地级城市先后建立地级学生资助管理中心。以山东省地级城市淄博市为例，2008 年 12 月，经淄博市机构编制委员会批准，淄博市正式成立"淄博市学生资助管理中心"，中心隶属淄博市教育局，且为全额预算管理事业单位。主要负责全市各级各类学校学生资助管理工作，包括全市中小学、高中学校家庭经济困难学生的资助业务管理，市属高校奖、助学金及生源地信用助学贷款等工作的业务管理，同时对各区（县）学生资助管理中心的业务进行指导和监督，并负责其他有关资助工作等。

3. 县级学生资助管理机构

2007 年 8 月，教育部、财政部发布了《关于要求县级教育行政部门成立学生资助管理中心的紧急通知》（教财〔2007〕14 号），要求在全国各县（区、市）教育行政部门成立学生资助管理中心，调剂落实相应的人员编制，提供相应的办公场所与办公设备，以确保家庭经济困难学生资助工作得以顺利开展，特别是保障生源地信用助学贷款政策的贯彻落实。

县（区、市）教育行政部门学生资助管理中心的主要职责：第一，生源地信用助学贷款管理工作。收集、整理、汇总入学前户籍为本县（区、市）的高校新生和在校生（以下简称学生）的家庭经济状况、生源地助学贷款需求等信息；配合经办银行对贷款学生的家庭经济困难情况进行调查、认定，办理生源地信用助学贷款的申请、初审等管理工作。第二，生源地信用助学贷款等相关贷后管理工作。接受高等学校、生源地信用助学贷款和国家助学贷款经办银行的委托，建立与贷款学生家庭的联系制度，负责跟踪了解贷款学生的家庭经济状况变化情况；协助经办银行催还贷款；负责向省级学生资助管理中心、高等学校和经办银行及时报送贷款学生的有关信息等。第三，中等职业学校的国家助学金管理等资助工作。按照《财政部、教育部关于印发〈中等职业学校国家助学金管理暂行办法〉的通知》的有关规定，负责本县（区、市）中等职业学校国家助学金的管理工作。第四，资助政策宣传工作。会同当地有关部门组织新闻媒体在本县（区、市）范围内，利用广大人民群众和学生喜闻乐见的形式，开展家庭经济困难学生资助政策宣传和咨询等工作。第五，其他工作。根据党中央、国务院的要求，按照各省级人民政府的部署，负责完成其他有关资助工作。

（三）校级机构——高校学生资助管理中心

校级学生资助管理中心的成立时间与独立情况因校而异，部分学校资助中心部门成立较早，并在大学生资助政策落实方面起着良好的带头作用，而有些学校尤其是地方院校则成立时间相对较晚，且往往属于校内其他管理部门，不具备相对独立性。

以北京大学为例，2006年初便正式挂牌成立了北京大学学生资助中心，按照"四专标准"，即专门机构、专职人员、专业背景、专项经费，搭建服务平台直接面向贫困家庭学生提供服务，为贫困家庭学生提供各项经济资助，做贫困家庭学生的贴心人。北京大学学生资助中心下设四个办公室，分别包括综合办公室、助学贷款管理办公室、助学金管理办公室和勤工助学工作办公室。中心配备有专职工作人员、专项工作经费及办公场所，全面支持校内学生资助工作的开展，主要工作职责为：负责贫困家庭学生资助，完善助学体系；建立和维护贫困家庭学生档案；负责国家助学贷款的资格审核及协助发放、贷后管理和诚信教育等；联络、评审和发放各类助学金；负责临时困难补助、学生借款和减免学费等工作；负责全校勤工助学活动的管理，开辟和管理勤工助学岗位；负责学生服务总队的活动指导工作；其他与贫困家庭学生资助相关的工作。

综上所述，全国大学生资助管理组织由中央、地方和高校三方主体共同组成，三方主体间领导隶属关系有待进一步阐释（见图2-1）。首先，在中央和地方资助管理机构隶属关系方面，地方学生资助管理中心受全国学生资助管理中心领导，接收全国资助管理中心所发布的信息与政策部署。其次，在中央、地方与高校资助管理机构的关系方面，因高校类型不同而存在差异。高校分为中央直属高校与地方高校两类，中央直属高校的学生资助管理部门接受全国学生资助管理中心的直接管辖；而地方高校则由地方学生资助管理中心统管，其中，省属高校接受省级学生资助管理中心统一管理，市属高校则受地级学生资助管理中心管辖，县级学生资助管理中心主要负责生源地助学贷款项目。

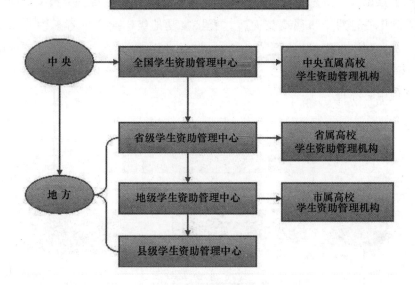

图 2 - 1 我国高校大学生资助管理体制

三 大学生资助管理机制

运行、动力与约束三重机制共同构成高校大学生资助管理机制系统，其中，"运行机制指代一个机构或组织的运转原理和系统功能，动力机制是其管理动力产生和运转的机理，约束机制则是对管理系统行为进行限定与修正的功能与机理"。[①]

（一）运行机制

高校大学生资助工作的运行机制即大学生资助政策的执行机制。从资助政策的贯彻落实程序来看，全国高校要按照国家统一颁布的政策内容制定校级制度管理办法，在此基础上开展资助管理工作。如图 2 - 2 所示，在执行过程之中，中央直属高校直接接受全国学生资助管理中心的指令与要求，并将资助信息直接上报至全国学生资助管理中心，需要格外指出的是，在生源地助学贷款方面，需要经过县级学生资助管理中心的审核。对

---

① 刘朝刚、罗丽萍、卢卫仪、李志：《广东省创新方法工作机制研究》，《科技管理研究》2011 年第 17 期，第 1—2 页。

于省属高校而言，则直接接受省级学生资助管理中心的统管，资助信息由学校上报至省级资助管理中心，再由省级资助管理中心统一上报至全国资助管理中心；对于市属高校而言，直接接受地级学生资助管理中心的指令，资助信息上报至地级管理中心，随后层层上报至全国学生资助管理中心。同时，省属高校与市属高校的生源地助学贷款项目均需在县级学生资助管理中心办理。

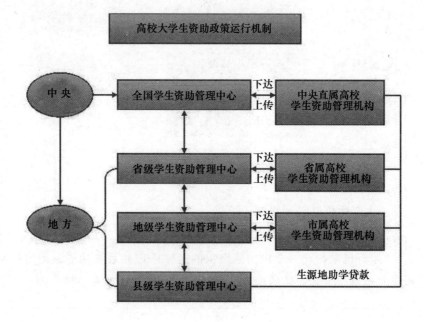

图 2-2　高校大学生资助政策运行机制

（二）动力机制

一个组织运转的动力机制在于利益驱动、政令推动与社会心理推动三类因素。其一，利益驱动由经济规律所决定，是社会组织动力机制中最基本的力量，以多得多劳为例；其二，政令推动是由社会规律决定的，例如管理者通过下达命令等方式，要求下级完成工作；其三，社会心理推动是由社会与心理规律决定的。例如，管理者通过对下级进行人生观、价值观等教育，调动工作者的工作积极性。基于此，我国高校大学生资助管理运转的动力机制由政令推动与社会心理推动结合而成，一方面，大学生资助政策的执行由国家政策文件统一规定，需要地方与高校配合中央要求完成资助管理工作；另一方面，社会心理推动由大学生资助的本质与价值而决定，大学生资助本身所具备的功能与意义推动着各级资助管理机构中的工作人员积极贯彻执行各项资助政策。

（三）约束机制

高校大学生资助管理运转的约束机制可分为以下几类：其一，利用权力约束资助管理工作的系统运行机制，与此同时应，当对权力的运用加以适当约束；其二，以物质利益对管理系统施以影响，同时控制利益因素的影响；其三，以明确的责任约束机制对资助管理系统的运转予以调整和修正；其四，恰当运用社会心理约束机制，通过社会舆论、教育等方式约束管理人员的行为与态度。

第三节　大学生资助的经费投入剖析

鉴于近年来高校学生资助经费与规模不断扩大，为进一步优化资助经费的投入结构并提高资源的利用效益，围绕经济新常态开展大学生资助经费研究刻不容缓。为贯彻落实教育公平理念并保障家庭经济困难学生接受教育的合法权利，自 2007 年以来国家高度重视家庭经济困难学生资助工作并颁布了一系列政策措施以建立健全国家学生资助政策体系，与此同时，全国学生资助规模与资助金额也在不断增加。为适应新常态下高效率、低成本、可持续的中高速经济发展特点并优化教育资源配置的要求，分析全国及高校学生资助经费的投入结构及演变趋势对于提高学生资助经费管理的科学性具有不可忽视的重要意义。

一　全国学生资助经费投入总量及结构演变趋势

在分析我国高校学生资助经费投入情况前首先对近年来全国高校学生资助经费的演变情况进行整体分析。

（一）全国学生资助经费投入总量变化趋势分析

全国学生资助政策体系自 2007 年建立以来，学生资助总额持续不断增加，由 2006 年的 195.47 亿元已持续增加至 2014 年的 1421.28 亿元，2007 年国家出台资助体系政策文件后，资助经费在当年增加为 416.08 亿元，2008 年增长至 618.83 亿元，2009 年资助经费投入 693.9 亿元，2010 年经费为 852.54 亿元，2011 年投入 979.39 亿元，2012 年我国学生资助经费首次突破千亿元大关，经费攀升至 1126.08 亿元，2013 年资助经费投入 1185.15 亿元，2014 年快速增长至 1421.28 亿元。由此可见国家对资助经费的投入力度以及对家庭经济困难学生受教育权利的重视程度。

从资助金额增长幅度变化曲线（见图 2 - 3）来看，2007—2014 年资金增长速度的演变与同期内 GDP 的增速变化曲线保持基本一致，均在 2007 年出现大幅下降并在 2010 年出现短暂回升后保持增速减缓的趋势，略微不同在于 2014 年我国学生资助经费增速有所回升，但始终未超过 2007 年的增长速度。可见在我国学生资助经费投入领域同样存在中高速增长的新常态。

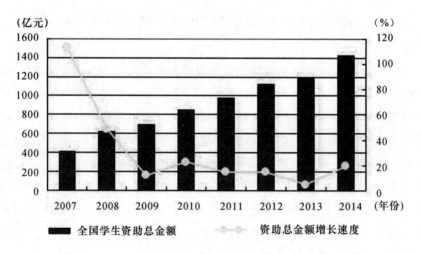

图 2 - 3　2007—2014 年全国学生资助总金额及增长速度演变

数据来源：2007—2014 年全国学生资助发展报告。

（二）全国学生资助经费来源结构分析

具体到全国学生资助经费来源结构，学生资助经费主要由财政资金和其他资金两大主体部分组成，其中，财政资金包括中央财政和地方财政投入，其他资金则是指学校从事业收入中提取支出、金融机构国家助学贷款及社会团体、企事业单位和个人捐助等各类资助资金。

首先，从结构内各部分资金在九年内的增长幅度来看，我国财政资金在学生资助领域的投入从 2006 年的 195.47 亿元迅速上升至 2014 年的 1421.28 亿元，在九年之内增加 7 倍之多，尤其在中央财政投入环节，由 2006 年的 57.27 亿元攀升至 2014 年的 989.43 亿元，增长倍数高达 17.27 倍；地方财政投入则由 2006 年的 35.91 亿元上升为 2014 年的 471.08 亿元，累计增长 11.61 倍之多。与国家财政投入相较而言，其他资金部分由 2006 年的 138.19 亿元增长为 2014 年的 431.85 亿元，其增长幅度则明显较为落后，仅增长 3.1 倍（见表 2－1）。

表 2－1　　　2006—2014 年全国学生总资助金额及各部分金额情况

（单位：亿元）

年份	总资助金额	1. 财政资金	（1）中央财政	（2）地方财政	2. 其他资金
2006	195.47	57.27	21.36	35.91	138.19
2007	416.08	228.02	117.13	110.9	188.05
2008	618.83	436.6	230.62	205.98	182.23
2009	693.9	484.71	266.12	218.59	209.19
2010	852.54	632.58	329.5	303.08	219.96
2011	979.39	698.42	396.04	302.38	280.97
2012	1126.08	824.74	432.73	392.01	301.33
2013	1185.15	805.42	427.75	377.67	379.73
2014	1421.28	989.43	518.35	471.08	431.85

数据来源：2007 年至 2014 年全国学生资助发展报告。

其次，从结构内各部分资金额度所占比重来看，随着国家学生资助政策体系的逐渐建立健全，财政资金已成为我国学生资助经费的主体部分。从演变情况来看，其他财政资金整体比重呈减小趋势，财政资金所占比重则大幅增长。尽管财政投入比重自 2008 年以来出现小幅度上下浮动，但占比基本维持在 70% 左右。其中，中央财政投入近年来大约为 40%，地方财政资金占比约为 30%，其他资金占比约为 30%。

总之，全国学生资助经费演变情况主要表现为以下三大特点：第一，国家对于学生资助问题的重视程度不断提高，投入经费总额逐年增加但经费增速总体呈放缓趋势；第二，国家学生资助政策体系建立之初，学生资助经费以其他资金为主，财政投入比重较低；而自全国学生资助政策体系建立健全以来，财政资金投入增长迅速，特别是中央财政资金增长了 24 倍，其他资金则明显增速缓慢；第三，在全国学生资助经费来源结构中，财政资金占比高达 70% 并成为国家学生资助经费的主体部分。

二　高校学生资助经费投入总量演变趋势

高校学生资助体系作为全国学生资助政策体系中最早建立起来的资助体系之一，是高等教育"民生工程"的重要内容。据全国学生资助发展报告统计，我国高校学生资助总金额由 2006 年的 162.98 亿元急速增长至 2014 年的 716.86 亿元，累计增长 4.4 倍。2007 年高校资助经费投入 271.12 亿元，2008 年投入 303.08 亿元，2009 年资助金总额为 358.38 亿元，2010 年资金额度为 437.3 亿元，2011 年资助经费增加至 514.67 亿元，2012 年增长至 547.84 亿元，2013 年经费总额为 574.11 亿元，2014 年迅速攀升至 716.86 亿元。

从增长幅度来看，我国高校学生资助金额 2007 年增速 62.07%，2008 年增长率下降至 11.79%，2009 年和 2010 年分别回升至 18% 和 22.02%，2011 年起呈减速趋势，增长幅度为 17.69%，2012 年则下降至 6.44%，2013 年增长率继续下跌为 4.8%，但在 2014 年回升至 24.86%。总体来看，我国高校学生资助金额持续不断增加但同样显示出增速减缓的基本趋势。另外，2014 年高校学生资助金额之所以增速明显，分析其或由于研究生学业奖学金增加所致，2014 年是研究生学业奖学金制度实施的第一年。

三　高校学生资助经费来源结构解析

（一）2007—2014 年我国高校学生资助经费来源结构

高校学生资助经费同样由财政资金和其他资金两部分构成，从表 2－2 中的统计数据可见，高校学生资助的财政资金由 2007 年的 75.28 亿元增长至 2014 年的 366.65 亿元，其他资金则由 2007 年的 195.84 亿元增加至 2014 年的 350.21 亿元。从经费来源所占比重来看，高校学生资助政策体系建立之初，财政资金所占比重为 27.77% 而其他资金比重高达 72.23%；随着资助政策的贯彻落实与推行，财政资金投入增长迅速且在资助总金额中所占比重 2014 年已与其他资金保持相当，两者比重均维持在 50% 左右。

表 2 - 2　　　　　2007—2014 年高校学生资助经费来源结构

年份	财政资金（亿元）	财政资金所占比重（%）	其他资金（亿元）	其他资金所占比重（%）
2007	75.28	27.77	195.84	72.23
2008	154.07	50.66	150.06	49.34
2009	175.33	47.43	194.32	52.57
2010	218.84	50.04	218.46	49.96
2011	/	/	/	/
2012	272.32	49.71	275.52	50.29
2013	288.29	50.22	285.82	49.78
2014	366.65	51.15	350.21	48.85

注：2011 年高校学生资助金额构成比重不详。

数据来源：2007—2014 年全国学生资助发展报告。

从财政资金内部结构来看，中央财政资金约占 30%，地方财政资金则维持在 20% 左右；具体到其他资金的内部构成，高校事业收入中提取资金用于资助大学生的经费约占总资助金额的 20%，金融机构国家助学贷款的比重则基本保持在 27% 左右，而来自社会团体、企事业单位及个人或社会捐赠的资助资金则每年大约占到总资助金额的 3%。因此，财政资金与其他资金投入在全国普通高校学生资助的经费来源结构中平分秋色。

（二）2013 年高校学生资助经费来源结构

2013 年，我国普通高校学生资助经费为 574.11 亿元，其中财政投入288.29 亿元，其他资金投入 285.82 亿元。其中，中央财政投入 170.9 亿元，地方财政投入 117.39 亿元；高校提取事业收入 117.74 亿元，金融机构国家助学贷款 149.84 亿元，社会团体、企事业单位及个人捐助 18.24亿元。各部分来源资金占比结构说明，中央财政投入与金融机构提供国家助学贷款资金数额相当，地方财政则与高校提取事业收入资金大体一致，唯有社会团体、企事业单位及个人或社会所捐助的资金比重较低。

（三）2014 年高校学生资助经费来源结构

2014 年，我国普通高校学生资助经费较去年增长幅度有所回升，资金额度增长至 716.86 亿元。财政资金为 366.65 亿元，其中中央财政资金为 223.76 亿元，地方财政资金为 142.89 亿元；其他资金为 350.20 亿元，其中高校提取事业收入并用于资助的资金为 166.99 亿元，金融机构国家助学贷款提供资金为 170.88 亿元，社会团体、企事业单位及个人捐助资金为 12.33 亿元。从占比情况来看，中央财政资金占比最高，高校提取事业收入支出和金融机构国家助学贷款占比相当，位居其次，再次为地方财政，占比最低的依旧是社会团体、企事业单位及个人捐助资金。

通过与 2013 年来源占比情况进行对比发现，中央财政投入所占比重有所提升，高校提取事业收入用于资助支出的比重有所增加，而地方财政、金融机构国家助学贷款及社会团体、企事业单位及个人捐助资金比重均有所下降。但并不存在显著性差异，由此可见，我国高校学生资助经费的来源比重大体保持稳定。

因此，基于全国高校学生资助经费的来源结构分析得出：其一，自高校学生资助政策体系建立以来，财政资金投入较其他资金投入增长迅速；其二，财政经费与其他经费投入在全国普通高校学生资助的经费来源结构中平分秋色，政府财政投入在高校学生资助领域并未表现出显著优势；其三，社会团体、企事业单位及个人捐助资金在历年高校学生资助经费中所占比重最低。

四 高校学生资助经费分配结构剖析

随着我国高校学生资助政策体系的逐步建立健全，当前我国高校学生资助已经形成了"以奖贷助为主、勤补免为辅，外加绿色通道"的政策内容体系，具体资助项目主要包括国家奖助学金、国家助学贷款、勤工助学、赴基层就业享受学费补偿代偿、应征入伍服义务兵役享受国家资助、退役士兵考入普通高校享受学费资助、师范生免费教育资助、学费减免、大学新生入学资助、特殊困难补助、伙食补贴、校内无息借款及校内奖助学金等项目。从表2-3中的统计数据来看，2013年高校学生资助经费主要用于国家奖、助学金及助学贷款（助学贷款发放和贴息）三大项目，所用经费比例分别为24.45%、29.29%及30.66%，累计为高校资助总经费的84.4%。

表2-3　　　　　　2013年全国高校学生资助经费分配结构

资助项目内容	资助金额（亿元）	所占比重（%）
国家奖学金	140.37	24.45
国家助学金	168.16	29.29
国家助学贷款发放	149.84	26.1
国家助学贷款贴息	26.17	4.56
勤工助学	23.44	4.08
赴基层就业享受学费补偿代偿	7.1	1.24
应征入伍服兵役享受资助	6.5	1.13
退役士兵考入高校学费资助	0.192	0.03
师范生免费教育	6.61	1.15
学费减免	10.2	1.78
特殊困难补助	6.66	1.16
伙食补贴	16.79	2.92
校内无息借款	2.49	0.43
校内奖助学金等项目	8.37	1.46

数据来源：2013年全国学生资助发展报告。

从2014年高校学生资助经费分配情况来看（见表2-4），资金分配额度与比重排在前三位的依然是国家奖学金、国家助学金及助学贷款（助学贷款发放和贴息）三大项目，比重分别为23.76%、32.71%和27.29%，累计83.76%，可见与2013年分配格局大体相当。

总之，从近年高校学生资助经费分配情况来看，高校学生资助经费主要分配在国家奖学金、助学金及助学贷款三大项目，所用经费比例大约各为25%、30%及30%，该三类资助项目所用资金达到高校资助总经费的85%。

表 2 - 4　　　　　2014 年全国高校学生资助经费分配结构

资助项目内容	资助金额（亿元）	所占比重（%）
国家奖学金	170.33	23.76
国家助学金	234.51	32.71
国家助学贷款发放	166.99	23.29
国家助学贷款贴息	28.76	4.01
勤工助学	24.57	3.43
研究生"三助"岗位津贴	28.84	4.02
赴基层就业享受学费补偿代偿	6.4	0.89
应征入伍服兵役享受资助	9.47	1.32
退役士兵考入高校学费资助	0.332	0.05
师范生免费教育	5.99	0.84
学费减免	6.52	0.91
新生入学资助	1.03	0.14
特殊困难补助	6.08	0.85
伙食补贴	14.08	1.96
校内无息借款	2.5	0.35
校内奖助学金等项目	10.46	1.46

数据来源：2014 年全国学生资助发展报告。

综上所述，我国学生资助总经费虽保持逐年增长但已呈现出增速减缓的趋势，与新常态中高速增长的经济特征大体一致，且财政资金作为经费投入的主体优势显著。相较而言，高校学生资助经费的投入与使用则主要表现为以下三大特征：首先，高校学生资助经费总量不断增加，同时也表现出增速下降的走向，并于 2014 年首次出现较明显的回升；其次，财政资金和其他资金是高校学生资助经费的两大来源主体且二者势均力敌，其中除社会团体、企事业单位及个人或社会所捐助的资金比例较低外，其余资金来源占比大体相当；最后，国家奖学金、助学金及助学贷款三大项目在我国高校学生资助经费的分配结构中占据主要地位且使用高达 85% 的资助经费，可见三者是我国高校学生资助政策体系中的主力军。①

第四节　大学生资助的对象规模分析

大学生资助政策体系的不断建立健全必然促使高校学生受助规模随之发生相应变化。为分析近年来我国高校学生资助管理的现状，有必要在对资助经费进行来源和分配结构解析的基础上梳理高校受助学生规模与结构的基本概况。在此之前，需要首先对全国学生资助规模演变情况进行分析。

一　全国学生资助规模演变情况

2007 年以来，我国已逐步建立起覆盖学前教育、义务教育、中等职业教育、普通高中教育及高等教育的学生资助政策体系。随着资助政策体系的愈渐完善，全国学生资助政策项目内容越来越丰富，受助学生的规模也日渐壮大。从 2006—2014 年全国受资助学生规模的演变情况可以看出，全国受助学生由 2006 年的 2663.99 万人次迅速攀升至 2014 年的 8543.78 万人次。从整体趋势来看，规模不断增加；但从变化曲线来看，受助学生在 2007 年上升至 5155.57 万人次后，在 2008 年迅速上升至 7277.71 万人次，但在 2009 年又下降至 6519.06 万人次，并在随后的三年内逐年上升，2013 年人数出现略微下降，2014 年资助规模再度扩大。2008 年受助人数迅速增加并在 2009 年有所下降，原因或是由于 2008 年汶川大地震灾害所致。为保证受灾地区各级各类教育阶段的学生顺利入学和返校学习，我国特地出台相关通知并要求各地区加大对受灾学生的资助力度。

二　高校学生资助总规模演变情况

据可获得的数据资料统计，2008 年我国高校学生资助政策共资助学生 4156.24 万人次，2009 年资助学生 3106.04 万人次，2010 年受助学生人数为 3885 万人次，2012 年资助规模为 3842.7 万人次，2013 年受助学

---

① 参见范晓婷、曲绍卫《经济新常态下全国高校学生资助经费管理研究》，《教育发展研究》2015 年第 19 期，第 47—49 页。

生规模降为 3724.07 万人次，2014 年则出现明显回升，受助人数达到 4064.25 万人次。2008 年我国高校资助学生人数达到近年来规模的最高峰，其次为 2014 年资助规模，受助人数最少的是 2009 年。

　　2008 年受助规模之所以最庞大，与其社会背景密切相关，受 2008 年汶川地震灾害影响，我国高校加大对受灾地区学生的资助力度与资助范围，以保证灾区学生顺利入学或顺利返校。其中，减免 18.81 万名生源地为汶川地震重灾区 51 个县的家庭经济困难学生 3.95 亿元的 2008 年秋季学期学费；向其中 13.17 万名学生发放 1.32 亿元的 2008 年秋季学期国家助学金。2014 年学生资助人数之所以比 2010—2013 年人数规模较多，究其原因在于 2014 年我国开始执行研究生学业奖学金，从而适当提高了高校受助学生人数。

　　尽管本书的评估研究并未涉及高校研究生资助政策与管理工作，但由于我国历年来的资助报告并未将研究生与本、专科生区别开来进行统计，因此并未对其进行区分，而是从高校所有受助规模来分析我国高校学生资助管理工作的近况。

三　高校学生资助人数构成演变情况

　　依据历年我国高校学生资助政策体系的构成，通过对 2007—2014 年我国学生资助发展报告中的相关数据进行整理归纳，得出 2007—2014 年我国高校学生各项资助政策的资助人数统计表（见表 2 - 5）。由于 2007—2011 年我国高校学生资助发展报告数据较为零散，本书通过梳理 2007—2011 年学生资助发展报告汇编得出 2007—2011 年五年之内各项资助政策资助人数的总量统计。从表 2 - 5 中的资助项目一列可知，1—16 为我国高校学生资助政策项目要览，其中第 8 项退役士兵学费资助及第 11 项大学新生入学资助两项，由于在 2012 年开始实施因而未做相关数据统计，第 16 项研究生"三助"岗位津贴在 2014 年才单独摘出作为一个专项单独进行统计，因而 2014 年以前无相关数据。从所获得数据情况不难发现，随着我国高校学生资助政策体系的不断建立健全，高校学生资助信息的统计逐渐统一起来，从起初的不固定统计转变为近年来较统一的统计方式，从中也可发现我国高校学生资助管理工作的科学化水平逐渐提高。

表 2 - 5   2007—2014 年高校学生各项政策资助人数统计

（单位：万人次）

资助项目	2007—2011 年	2012 年	2013 年	2014 年
1. 国家奖学金	3244	765.92	772.1	842.66
2. 国家助学金	3171.06	693.12	708.48	953.95
3. 国家助学贷款	889.67	263.45	264.85	277.81
4. 享受国家助学贷款贴息	/	320	331.37	356.24
5. 勤工助学	1335.25	/	315.21	323.56
6. 毕业生赴基层就业	8.28	5.91	5.04	5.91
7. 应征入伍服义务兵役	12.17	6.12	5.3	7.59
8. 退役士兵学费资助	—	0.2354	0.393	0.6282
9. 师范生免费教育	19.63	5.35	8.02	5.2
10. 学费减免	154.63	/	23.81	20.14
11. 大学新生入学资助	—	21.11	18.56	15.51
12. 特殊困难补助	1079.89	/	195.71	154.66
13. 伙食补贴	7323.71	/	935.24	798.84
14. 校内无息借款	35.63	/	5.14	4.93
15. 其他项目资助	583.17	/	134.84	178.5
16. 研究生"三助"岗位津贴	/	/	/	118.14
受助总人数	17857.09	3842.7	3724.07	4064.25
绿色通道入学人数	583.17	/	74.25	94.46

注：表中"/"代表该年度的资助报告中并未对该项目进行专门数据统计；"—"则代表该年度并未出台该项政策，因而未包含该项数据统计。

数据来源：2007—2011 年学生资助发展报告汇编，2012—2014 年中国学生资助发展报告。

从各项资助项目的受助人数来看，国家奖助学金、助学贷款发放及贴息、勤工助学、退役士兵学费资助、其他项目资助五项资助政策所资助的高校学生人数近三年来逐年稳步增加；毕业生赴基层就业、应征入伍服兵役两项在 2013 年有所下降后在 2014 年出现一定回升；而师范生免费教育、学费减免、大学新生入学资助、特殊困难补助、校内无息借款五项资助政策所资助的人数在 2014 年均呈现下滑趋势，尤其在伙食补贴和特殊困难补助两项上，受助人数显著减少。

从 2007—2011 年高校学生受助人数情况来看，伙食补贴、国家奖学金、助学金三项资助政策所资助的人数均在 3000 万人次以上，累计共资助 13738.77 万人次，占五年资助总人数的 76.9%。由于 2012 年学生资助发展报告中并未统计伙食补贴受助人数，从现有数据来看，2012 年资助人数排名靠前的项目为国家奖学金、助学金和助学贷款，共资助 2042.49 万人次，占资助总人数的 53.2%。在 2013 年资助人数构成中，伙食补贴、国家奖学金、助学金及助学贷款资助人数均在 500 万人次以上，累计资助 3012.04 万人次，占当年资助总人数的 80.9%。其中，尽管伙食费补贴经费在当年资助总经费中所占比重仅为 2.92%，但由于其资助面较广且人均资助数额较低从而扩大了受助规模。2014 年国家助学金、奖学金、伙食补贴及助学贷款四项资助政策所资助的高校学生人数在 16 项资助项目中名列前茅，各项资助人数均在 600 万人次以上，四项政策共惠及 3229.5 万名学生，占当年高校受助学生人数的 79.5%。2014 年伙食补贴经费在当年资助总经费中所占比重为 1.96%，其经费比重较去年有所下降，资助规模也开始小于国家奖助学金的资助规模，但并未影响 2014 年高校学生资助总规模的扩大。另外，据统计，2007—2011 年通过绿色通道入学的家庭经济困难学生共计 583.17 万人，2012 年该数据由于报告中未进行专项统计而无从获得，2013 年绿色通道入学人数为 74.25 万人次，2014 年继续上升至 94.46 万人次，从而表明我国高校"绿色通道"制度执行情况良好，通过提供便捷方式保证了家庭经济困难学生顺利入学。

总之，我国高校学生资助规模总体呈扩大趋势，随着资助政策体系的不断建立健全以及资助经费投入的不断增加，高校学生资助政策惠及学生的范围也在不断扩大。资助经费与资助规模的发展演变情况意味着我国高校学生资助政策得到了基本的贯彻落实。在此需注意，由于我国学生资助发展报告中的数据并未对研究生与本、专科生资助经费与人数进行区分统计，因此本节中所涉及全国高校数据均包含研究生资助资金及资助人数在内，并不影响从宏观角度分析近年来我国高校学生资助管理现状。

鉴于学生资助工作关系到党和国家惠民政策的落实及学生的切实利益，同时考虑到高等教育资助政策的不断完善和管理工作量的持续加大，为积极引导、贯彻落实大学生资助政策并掌握政策的落实情况，开展大学生资助管理评估研究并为各高校学生资助管理机构提供结果反馈势在必行，同时也是促进全国高校学生资助政策进一步贯彻落实的关键举措。

第二章 管理过程评估的指标体系构建

第一节 指标体系构建的基本原则

评估指标体系的设计是开展大学生资助管理评估研究的关键所在，指标体系的设计科学合理与否直接关系到评估结果的客观性与公正性，同时也是获得有效评估结果的重要先决条件。为此，在指标体系构建过程中应始终坚持现代教育评估的四大基本原则：可行性原则、系统性原则、导向性原则和前瞻性原则。

一 可行性原则

在指标体系的设计过程中，注意以下几点：首先，各指标要素的含义必须明确清晰，避免出现定义模糊或存在歧义等情况；其次，各评估指标应当尽量便于收集数据，即要求具有较强的可操作性，避免由于无法获得数据而影响评估进展；再次，评估指标要素的设计与选择应考虑是否具备可靠的数据来源，以确保数据的质量、处理的方法对于专家或非专业人员来说均具有较强的说服力，对于无稳定数据来源或无法计算的指标可暂不列入指标体系；最后，指标要素选择的可行性还需要考虑能否对其进行定量处理，以便于进行数学计算和分析从而得出最终的评估结果。

二 系统性原则

自 2007 年以来，我国高校大学生资助政策体系不断建立健全，资助内容与资助项目不断得到丰富、拓展，高校资助管理工作量也与日俱增。第一，由于高校大学生资助管理工作具有复杂性，评估指标体系在筛选指标要素时应当能够反映大学生资助管理工作的主要状态与特征。在资助政策项目上，选择能够体现资助政策的主要要素特征；在资助管理流程上，筛选管理过程中的关键环节，保证指标要素能够尽量全面地体现出资助管理工作的主要流程；在考虑相关利益主体时，以首要利益相关者为主体，其他利益相关者为辅，主次相结合构成评估指标体系。第二，评估指标体系应当能够完整反映评估目标的要求，通过筛选重要指标要素来组合成能够系统反映资助管理现状的指标体系，既要避免遗漏重要指标，又不能随意添加要素。另外，指标之间应当相互独立，避免因果关系或重叠关系的出现而增加评估工作量及评估信效度。

三　导向性原则

导向性原则是指指标体系的设计应具备某种倾向性，以国家资助政策的相关文件为指导，以提高资助政策实施成效并促进教育公平为目的，通过评估来引导高校学生资助管理工作的开展。为此，设计指标体系时应依据资助管理工作的改进目标与价值导向，有意识地添加某些指标要素作为评估导向性的重要体现。例如，为响应教育部号召加强资助政策的宣传力度，将资助宣传途径、内容与方式作为评估要素之一，在以评促改、以评促建、以评促发展理念的指导下推动高校资助政策与资助成效的大力宣传。

四　前瞻性原则

前瞻性原则是指高校大学生资助管理评估指标体系的设计应建立在对资助政策发展与资助管理工作深入研究和深层理解的基础之上，从而形成对我国未来资助管理发展的前瞻性预见。例如，随着我国教育信息化管理水平的不断提高与教育公平性的持续推进，信息化的管理方式越来越多地运用到高等教育管理领域。对于工作量与信息量持续增加的资助管理来说，充分运用信息化方式开展管理工作是未来发展的必然趋势。类似的前瞻性认识应当充分反映在评估指标体系之中，促进指标体系在评估与反馈过程中充分发挥对资助管理工作的推动作用。

在以上指标体系构建原则的引导下，本书以科学的理论模型为支撑，结合政策框架体系、管理工作流程和相关利益主体的需求来构建系统完整的评估指标要素群以供后续筛选。

第二节 指标体系构建的相关要素分析

一 模型支撑——投入—活动—产出—成果

为科学设计管理评估指标体系，结合 1996 年美国联合募捐会向其成员机构推广的项目成果测评模型（Program Output Model）对高校大学生资助管理工作进行项目分析，以为指标体系的研制奠定模型基础（见图2-4）。

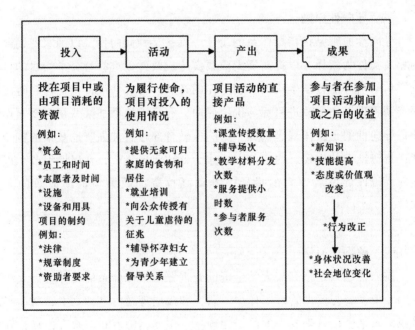

图 2-4 项目成果测评模型

资料来源：参见［美］金斯伯格《社会工作评估：原理与方法》，黄晨熹译，华东理工大学出版社 2005 年版，第 223—225 页。

如图 2-4 所示，项目成果的测评模型是一个"投入—活动—产出—成果"的连续体，其一，项目的投入是为项目活动的开展而提供或消耗的人力、物力或财力资源。其二，活动指机构的所作所为，也是学者们所称的形成性评估或过程性评估的主体，即为完成目标而对投入的使用与落实环节，包括构成项目服务方法的策略、技巧和处理类型等。机构的所作所为和它为服务对象所做的贡献之间没有必然的联系。所以，虽然了解这些活动的内容是必要的，但它们不是机构达到设定目标的充分条件。其三，产出即为活动的产品，是项目使用投入进行活动后的所得，但要注意产出未必能达到效果。其四，成果是希望获得的理想结果，是机构之投入、活动和产出的最终理想结果。美国联合国募捐会的倡导者认为，效果测评的宗旨在于帮助判断"项目是否真的让人们的生活耳目一新"①。

　　基于美国联合募捐会的项目成果测评模型，作为一项教育发展项目和社会发展项目，高校大学生资助项目的管理成果可依照此脉络设计评估指标体系模型。遵循系统性、可行性、导向性和前瞻性的设计原则，为保证高校大学生资助管理评估的条理化与科学化，将测评模型中的产出与成果环节相融合，将大学生资助管理的产出与成效合并为产出环节来设计指标体系。应当注意的是，这种"投入—活动—产出"的评估模型不同于以往传统的项目测评模型。传统的服务项目模型将项目投入（资源）、活动（服务）和产出（产品）作为评估的三项维度。然而，本书在借鉴美国联合募捐会测评模型的基础上，将成果的评估概念纳入产出的评估概念之中，因而不同于传统的"产出"。传统的服务模型缺少了一个重要的评估着眼点，即参与该项目所获得的效益，投入、活动和产出的数量分析并不能够回答项目所得的效益以及此项目参与者的变化，等等。因此，将成果与产出的概念融合起来便能够解决传统评估模型中存在的问题。

　　按照"投入—活动—产出"的项目进展过程，高校大学生资助管理的绩效评估框架模型由此产生。为从宏观角度涵盖资助管理工作的重要内容，结合测评模型中对各项进展的概念解析，评估需要从投入、活动和产出三个维度厘清了资助管理工作成效的表现方式。

　　首先，从投入环节来看，高校大学生资助管理工作的开展需要投入一定的人力、物力和财力以完成基础保障建设，基于工作人员、工作机构、工作经费、工作办法及工作媒介等维度为资助工作活动的开展奠定基础；其次，从活动进程来看，资助管理活动集中表现为工作的实施与运转，其

---

　　① ［美］金斯伯格：《社会工作评估：原理与方法》，黄晨熹译，华东理工大学出版社2005年版，第223—225页。

中在以资助政策的贯彻落实为主要内容的前提下，还包括其他一些相关的工作内容，例如管理方式与管理途径等共同构成资助管理的活动过程；最后，在项目产出阶段，由于输出方向的不同，资助管理工作主要体现为组织、个人等多重视角的产品与成效。[1]

　　基于以上模型借鉴，本书构建出高校大学生资助管理的评估模型如图2－5所示，从基础建设、工作实施与工作成效三个维度挑选高校大学生资助管理评估指标体系的各项要素。

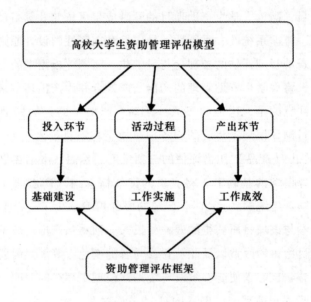

图2－5　高校大学生资助管理评估模型

二　理论思考——政策框架、管理流程及利益主体

　　依据上文构建的资助管理评估模型，研究从基础建设、工作实施和工作成效三个维度出发，基于理论思考的视角挑选相应的评估指标备选要素。

----

　　① 参见曲绍卫、范晓婷、曲垠姣《高校大学生资助管理绩效评估研究》，《教育研究》2015年第8期，第44页。

（一）大学生资助政策体系的概念框架

基于前文对新中国成立以来我国大学生资助政策演变历程的梳理以及全国学生资助管理中心对国家资助政策体系的介绍，我国高等教育学生资助工作已经构建起包括国家奖学金、国家助学金、国家助学贷款、基层就业学费补偿贷款代偿、应征入伍服兵役学费补偿贷款代偿及学费减免、师范生免费教育、退役士兵教育资助、新生入学资助项目、勤工助学、校内资助及绿色通道等多种方式的混合资助体系。因此，评估指标体系的构建将资助政策体系的具体政策项目作为重要依据。

（二）大学生资助管理工作的基本流程

第一，机构建设：我国高校开展大学生资助管理工作的主体为校内资助管理部门或机构，其中包含资助管理工作开展所必须具备的机构设置、机构职能、工作经费及办公条件。第二，队伍建设：资助管理部门应由相应的工作人员所组成。第三，制度建设：管理工作的实施对象为资助政策，但在实施资助政策之前要求各高校应当依据国家颁发的资助政策文件制定本校具体的各项资助制度。第四，政策落实：管理机构的工作人员依据制定的校级资助制度或管理办法执行各项资助政策。第五，资金管理：指资助资金的管理与发放。第六，宣传工作：在贯彻落实资助政策的同时，高校学生资助机构还承担宣传资助政策的重任。第七，信息管理：在管理工作开展的过程当中，为适应教育信息化的时代背景并响应国家信息化管理的号召，采用信息化管理方式是资助管理工作的一项重要环节。随着资助工作量与信息量的不断增加，信息的存储、审核与维护管理是资助管理工作中不可或缺的环节。建设校内资助信息数据库及信息平台均是信息管理的内容之一。第八，资助成效：资助管理工作在经过政策落实、宣传教育及信息管理工作流程等环节后进入管理工作的产出环节，即资助成效阶段。第九，监督检查：资助管理工作的保障与反馈环节。

以上九项工作内容构成我国高校资助管理工作的基本流程，据此结合相关文献及上文的政策内容框架对大学生资助管理评估要素进行整理、归类，通过理论分析和逻辑论证提取出 40 个评估指标要素（见表 2 - 6）。

表 2 - 6 基于政策体系和管理流程的资助管理评估指标要素

机构建设	机构设置　机构职能　工作经费　办公条件
队伍建设	校级机构人员配备　院（系）人员配备
制度建设	奖学金制度建设　助学金制度建设　助学贷款制度建设　基层就业资助制度建设　入伍服兵役资助制度建设　师范生免费教育制度建设　退役士兵资助制度建设　入学资助项目制度建设　勤工助学制度建设　校内资助制度建设　绿色通道制度建设　贫困生认定制度建设
政策落实	奖学金政策落实　助学金政策落实　助学贷款政策落实　基层就业资助政策落实　入伍服兵役资助政策落实　师范生免费教育政策落实　退役士兵资助政策落实　入学资助项目政策落实　勤工助学政策落实　校内资助政策落实　绿色通道政策落实
资金管理	资金发放　资金管理
宣传工作	政策宣传　成效宣传
信息管理	信息存储　信息审核　信息维护与管理　信息平台建设
资助成效	资助比例　人均资助力度
监督检查	监督检查

机构设置、机构职能、工作经费、办公条件四项指标反映着高校资助管理机构的性质、职责与条件；校级机构人员配备、院（系）人员配备则是资助管理机构的人员队伍组成；制度建设包含奖学金、助学金、助学贷款共十二项校级制度建设。对于家庭经济困难学生认定的制度建设和困难学生认定制度建设是开展资助政策贯彻落实的基本前提条件；政策落实则由十一项制度执行组成；资金管理包括资金发放与资金管理两项指标；宣传工作则由政策宣传与成效宣传组成；信息管理主要由信息存储、信息审核、信息维护与管理、信息平台建设共四项指标组成；在资助成效环节，评估资助学生的比例与人均资助力度；最后一项指标要素为监督检查。

（三）利益主体选择视角下的评估框架

科学合理的评估指标体系应当尽可能地考虑相关利益主体的利益，将不同主体的利益需求综合起来考量有利于从更多视角、更全面系统地开展资助管理评估活动，对于全方位提高资助管理水平大有益处。

陈绵水等学者曾对国家奖助学金资助制度绩效评价进行研究，在选定评估主体时针对奖助学金制度的利益相关者紧密程度进行了专家调查，结果显示，专家普遍认为对于奖助学金制度影响较大的利益相关主体是高校、政府、学生、银行与社会，其中，从事国家奖助学金资助的专业机构为全国学生资助管理中心，而全国学生资助管理中心恰恰隶属教育部，是政府部门的一部分。[①] 在此基础之上，结合资助政策内容与社会影响力将利益相关者增加为五大主体，分别包括高校、政府、学生、银行与社会，如图 2 - 6 所示。

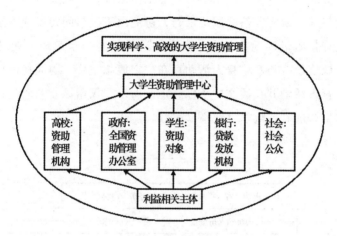

图 2 - 6　大学生资助管理利益相关主体

　　第一，对于高校来讲，校内资助管理机构是负责贯彻执行大学生资助政策的首要主体，因此高校是大学生资助管理水平的第一个利益相关者。由于大学生资助管理评估已将资助管理流程考虑在内，在此不再赘述。

　　第二，作为第二大利益相关主体，政府对于资助政策实施的最终诉求在于实现教育公平并提高教育效率，从微观层面审视政府对资助管理的主要诉求在于各高校应当结合国家文件及时制定校级具体的资助政策及管理办法，同时需要及时获得下级资助管理部门的资助信息数据的报送与统计。为此，有必要在评估指标要素中增添反映政府诉求的指标项：信息采集报送和信息报送。由于备选要素中的信息存储与信息采集报送概念存在

---

　　① 参见陈绵水等《国家奖助学金资助制度绩效评价》，经济科学出版社 2013 年版，第227—228 页。

重叠，因此将信息存储的概念并入信息采集报送。

第三，学生作为资助政策的直接受助主体，是资助管理中重要的利益相关者。对于资助管理工作的评估不可避免应当将受助学生的个人效益或社会效益融入指标体系的概念之中，将受助学生的获益情况作为评估资助管理水平的重要依据之一。因此，本书决定在指标备选要素中增加育人活动、育人成效与服务特殊领域三项指标。

第四，银行作为我国国家助学贷款的资金提供者，其利益需要在评估中具有宝贵的参考价值。对于银行利益主体来说，其利益需要主要体现为还贷质量与学生诚实守信的道德素养，避免由于诚信问题出现不按时还贷从而影响贷款质量的现象。为此，增加诚信教育与贷款质量两项评估指标，由于诚信教育与新增育人活动存在一定概念重合，因而将诚信教育的概念融入育人活动并在后文中予以界定。所以，仅增添贷款质量指标要素体现金融机构的利益诉求（见图2-7）。

图2-7　理论思考下的大学生资助管理评估指标要素

第五，社会大众作为我国大学生资助政策的监督者，以第三者的视角对资助管理工作的成效或力度进行监督。而社会大众对于资助管理工作的需求便在于及时、方便地了解到相关资助政策、信息、成效或是获得一定的社会导向从而形成良好的社会舆论。社会公众的诉求在政策宣传与成效宣传指标中得到部分体现，而社会导向的诉求在学生主体的服务特殊领域中也有所体现，两项指标存在重合，因而不再额外增加指标要素。

结合五大利益主体对于资助管理工作的需求，将资助管理评估指标体系的要素增加至43个，在利益相关者理论的引领下，帮助研究以更加多元化的视角评估我国高校大学生的资助管理工作。

第三节　基于德尔菲法的专家评议指标筛选

上文基于模型支撑和理论思考设计出43项高校大学生资助管理评估指标备选要素。由于这些指标要素结构相对松散，仍需后续的进一步加工与筛选。因此，本书采用德尔菲法来征求专家意见对这43项指标要素进行筛选。所谓德尔菲法是指通过背对背的通信方式征求专家小组的意见，采取匿名填答问卷的方式获得专家看法。本书采用李克特五级量表的形式，将43项指标要素设计成问卷并邀请16位专家进行填答（详见附录A），同时设置开放式问题请专家填答对各级指标设置的建议。所邀请的16位专家包括全国学生资助管理中心的4位研究员、来自省级学生资助中心的4位研究员、高校学生资助管理部门的4位工作人员及资助领域的4位教授。最后通过汇总获得16位专家对43项指标要素的评估意见，并整理出专家要素打分结果如表2－7所示。

表2－7　　　　　　　　大学生资助管理指标要素打分

序号	指标要素	非常重要	重要	一般	不重要	非常不重要	积分
1	机构设置	7	7	2	0	0	2
2	机构职能	7	8	1	0	0	1
3	工作经费	8	8	0	0	0	0
4	办公条件	8	6	0	0	2	2
5	校级机构人员配备	6	7	3	0	0	3

序号	指标要素	非常重要	重要	一般	不重要	非常不重要	积分
6	院（系）人员配备	4	9	3	0	0	3
7	奖学金制度建设	10	4	0	0	0	0
8	助学金制度建设	9	7	0	0	0	0
9	助学贷款制度建设	12	4	0	0	0	0
10	基层就业资助制度建设	6	8	2	0	0	2
11	入伍服兵役资助制度建设	4	9	3	0	0	3
12	师范生免费教育制度建设	4	4	4	2	2	12
13	退役士兵资助制度建设	6	8	1	1	0	3
14	入学资助项目制度建设	2	6	4	3	1	13
15	勤工助学制度建设	8	8	0	0	0	0
16	校内资助制度建设	6	6	3	1	0	5
17	绿色通道制度建设	2	5	5	2	2	15
18	贫困生认定制度建设	10	6	0	0	0	0
19	奖学金政策落实	12	4	0	0	0	0
20	助学金政策落实	10	6	0	0	0	0
21	助学贷款政策落实	9	7	0	0	0	0
22	基层就业资助政策落实	6	8	2	0	0	2
23	入伍服兵役资助政策落实	4	9	3	0	0	3
24	师范生免费教育政策落实	4	4	4	2	2	14
25	退役士兵资助政策落实	6	8	1	1	0	3
26	入学资助项目政策落实	3	6	4	2	1	11
27	勤工助学政策落实	9	7	0	0	0	0
28	校内资助政策落实	6	6	3	1	0	5
29	绿色通道政策落实	6	7	2	1	0	4
30	资金发放	6	7	1	1	1	6
31	资金管理	5	8	1	1	1	6
32	宣传工作	9	6	1	0	0	1
33	育人活动	10	4	2	0	0	2
34	信息报送	4	10	2	0	0	2
35	信息采集报送	7	8	1	0	0	1
36	信息审核	8	6	2	0	0	2
37	信息维护与管理	6	8	2	0	0	2

续表

序号	指标要素	非常重要	重要	一般	不重要	非常不重要	积分
38	信息平台建设	5	8	3	0	0	3
39	资助水平	12	4	0	0	0	0
40	育人成效	8	8	0	0	0	0
41	贷款质量	12	4	0	0	0	0
42	服务特殊领域	5	9	1	0	1	4
43	监督检查	9	1	2	2	2	12

按照记负分的积分原则，选择一般记1分，不重要记2分，非常不重要记3分，然后相加得其积分。依据16位专家的打分结果，统计得出积分总分为147分，平均积分为3.4分。得分低于平均值的要素直接保存至备选指标池；得分高于平均值但在10分以下的要素需经下一步评议再考虑是否保留；而得分在10分以上的要素将被删除。基于此，师范生免费教育制度建设、入学资助项目制度建设、绿色通道制度建设、师范生免费教育政策落实、入学资助项目政策落实和监督检查6项指标要素被删除。

依据开放式问题的填答，有9位专家学者在开放式问题中提出应补充高校提取事业支出用于资助经费、校内资助网站建设以及受助学生获得全国资助活动奖励情况。第一，针对专家建议增加的指标进行分析发现高校提取事业支出用于资助经费属于被提出要素中校内资助政策落实的子要素。校内资助政策是指学校从事业收入中提取的资助资金以及社会团体、企事业单位和个人捐助资金等，设立校内奖学金、助学金等。因此，在此用事业收入资助经费支出项代替校内资助政策落实项。第二，针对专家建议补充的校内资助网站建议，经分析发现与原有指标要素中的信息平台建设存在概念重合，在此将二者概念合并为校内资助网站建设。第三，针对专家建议增加的受助学生获得全国资助活动奖励情况，由于与育人活动存在重叠，将获得奖励融入育人活动概念之下。依据专家打分结果，校内资助制度建设、校内资助政策落实、绿色通道政策落实、资金发放、资金管理、服务特殊领域共6项要素有条件保留。首先，鉴于校内资助政策落实已用事业收入资助经费支出代替，因而校内资助制度建设、校内资助政策落实两项要素可删除；其次，通过与 4 位资助管理专家、2 位资助领域教授、3 位管理学博士和 4 位教育学博士研究讨论后，决定保留绿色通道实施和服务特殊领域两项指标要素，并将资金发放与资金管理融入各项资助政策贯彻落实的具体过程之中进行考核。至此，得出"我国高校大学生资助管理评估备选要素池"，见表 2 - 8。

表 2 - 8　　　　基于模型支撑和理论思考的我国高校大学生资助

管理评估备选要素池

机构建设	机构设置　机构职能　工作经费　办公条件
队伍建设	校级机构人员配备　院（系）人员配备
制度建设	奖学金制度建设　助学金制度建设　助学贷款制度建设　基层就业资助制度建设　入伍服兵役资助制度建设　退役士兵资助制度建设　勤工助学制度建设　贫困生认定制度建设
政策落实	事业收入资助经费支出　奖学金政策落实　助学金政策落实　助学贷款政策落实　基层就业资助政策落实　入伍服兵役资助政策落实　退役士兵资助政策落实　勤工助学政策落实　绿色通道
宣传教育	宣传工作　育人活动　信息报送
信息管理	信息采集报送　信息审核　信息维护与管理　信息平台建设
资助成效	资助水平　育人成效　贷款质量　服务特殊领域

第四节　三级指标的设计及其定义

依据前文的项目测评模型和资助管理工作的框架对备选要素进行归纳，在理论和逻辑上提取其共同因素。通过与 3 位教授、3 位管理学博士及 2 位教育学博士的研讨，将奖学金与助学金制度建设和政策落实合并为奖助学金制度建设和奖助学金政策落实；鉴于服务特殊领域对于学生和社会大众意义重大，将其单独作为一个要素评估并列入工作成效维度；考虑到基础建设、工作实施与工作成效三项维度，将信息平台建设纳入基础建设维度之下，从而形成"我国高校大学生资助管理评估指标体系概念模型"，由三项一级指标，九项二级指标和 32 个三级指标所组成（见表 2 - 9）。

表 2 - 9　　　　我国高校大学生资助管理评估指标体系概念模型

基础建设	机构建设	机构设置
		机构职能
		工作经费
		办公条件
	队伍建设	校级机构人员配备
		院（系）人员配备
	制度建设	国家奖助学金制度
		国家助学贷款制度
		勤工助学制度
		服义务兵役学费补偿贷款代偿及学费资助制度
		基层就业学费补偿贷款代偿制度
		退役士兵教育资助制度
		贫困学生认定制度
	信息平台建设	资助网站建设
工作实施	政策落实	事业收入资助经费支出
		国家奖助学金政策落实
		国家助学贷款政策落实
		勤工助学政策落实
		服义务兵役学费补偿贷款代偿及学费资助政策落实
		基层就业学费补偿贷款代偿政策落实
		退役士兵教育资助政策落实
		绿色通道政策落实
	信息管理	信息采集报送
		信息审核
		信息维护与管理
	宣传教育	宣传工作
		育人活动
		信息报送
	资助成效	资助水平
工作成效		育人成效
		贷款质量
	导向成效	服务特殊领域

如概念模型所示，投入环节的基础建设，从机构建设、队伍建设、制度建设和信息平台建设的层面进行评估；活动过程的工作实施则将政策落实、信息管理和宣传教育综合起来开展过程性评估；在项目产出阶段，工作成效通过资助成效和导向成效两项指标进行评估。下文将对概念模型中的各项指标逐一进行解释说明，以确保评估指标体系的可操作性和系统性。

一 投入要素——基础建设指标分析

基础建设维度下包含机构建设、队伍建设、制度建设和信息平台建设四项子维度。

（一）机构建设

高校大学生资助管理机构的建设情况通过四项指标来评估，其中，机构设置是指高校成立资助管理机构的基本情况，意即是否成立专门的工作机构及其独立状况；机构职能则应覆盖国家奖学金、励志奖学金、各类助学金、困难补助、勤工助学、国家助学贷款、基层就业和服义务兵役补偿代偿、退役士兵教育资助等基本工作职能；工作经费用于评估该部门的经费保障水平，主要通过计算本、专科生平均资助工作经费（本、专科生资助工作经费总数/本、专科学生人数）进行评估；办公条件则指代管理部门办公场所和办公设备能否满足工作需要及其是否为学生提供了学生资助服务大厅。

（二）队伍建设

充足的工作队伍是资助管理工作顺利开展的人力保障。校级机构人员配备和院（系）人员配备共同构成队伍建设子维度的要素，前者可称为校内专职人员配备情况，后者则为院系正式职工的专人配备情况。

（三）制度建设

制度建设子维度下分为七项基本要素，一是国家奖助学金制度建设，审核高校是否成立国家奖助学金评审委员会以及是否制定了国家奖助学金管理办法；二是国家助学贷款制度建设，高校应当依据国家管理办法制定校级贷款管理办法和贷后管理办法；三是勤工助学制度建设，要求高校制定校级勤工助学详细的管理办法；四是服义务兵役学费补偿贷款代偿及学费资助，审核高校制定服义务兵役国家管理办法的情况；五是基层就业学费补偿贷款代偿制度建设，评估高校是否制定基层就业学费补偿贷款代偿管理办法；六是退役士兵教育资助制度建设，审核高校是否制定退役士兵教育资助管理办法；七是贫困学生认定制度建设，制定贫困学生认定管理办法是开展各项资助政策管理工作的基本前提，也是资助工作公平开展的保障。

（四）信息平台建设

高校大学生资助信息平台的建设作为资助管理工作的基础建设之一，主要体现为校内资助网站的建设情况，主要通过网站建设、政策发布和工作部署三方面来评估基本情况，即审核各高校校级学生资助网站建设情况，是否具备发布资助政策或信息、开展工作部署并进行学生服务的功能。

高校大学生资助管理部门只有在以上四个子维度上具备良好条件才能为管理工作顺利开展提供稳定的基础条件与有力的人力保障。

二　执行要素——工作实施指标分析

作为研究的过程性评估，工作实施评估是高校大学生资助管理评估工作的关键环节，主要通过政策落实、信息管理和宣传教育三个子维度进行评估研究。

（一）政策落实

政策落实与基础建设中的制度建设交相呼应，主要由八项要素组成。

一是高校提取事业收入用于资助经费支出，在此通过衡量本、专科生生均资助经费（高校事业收入支出资助经费与本、专科生数之比）进行评估。

二是国家奖助学金项目的政策落实，从程序规范、材料质量与报送实效与资金发放三项子要素评估国家奖学金政策落实的基本情况。

三是国家助学贷款政策落实，由贷款保障、组织部署和生源地贷款配合三项子要素组合而成，其中，贷款保障项主要审核助学贷款业务运转是否正常以及风险补偿金是否得到及时足额支付，组织部署则审核助学贷款项目在申请、审批和发放环节的基本情况，生源地贷款配合则审核生源地贷款回执等配合是否积极。

四是勤工助学政策落实，主要对勤工助学的岗位占比和岗位管理情况进行评估，其中，岗位占比考核本、专科生勤工助学岗位（校内校外固定岗位）占本、专科在校生的比例，岗位管理则考评勤工助学工作是否程序规范、是否接受岗位培训、有无签订协议、是否进行过程考核。

五、六分别是服义务兵役学费补偿贷款代偿及学费资助和基层就业学费补偿贷款代偿，均从组织部署、材料质量与报送实效及其资金发放三项子要素出发进行考核。

七是退役士兵教育资助，从材料质量与报送时效及其资金发放两方面审核。

八是绿色通道工作开展，从组织部署与工作质量两方面评估落实情况，组织部署审核高校是否按照要求开设绿色通道以保障家庭经济困难学生顺利入学，工作质量则审核困难学生是否入学顺畅。

（二）信息管理

信息采集报送、信息审核及信息维护与管理三项要素构成信息管理子维度的评估内容。

首先，信息采集报送下设四项子要素，分别为家庭经济困难学生信息采集、学生资助信息采集、国家助学贷款信息报送和高校学生资助信息报送。其一，家庭经济困难学生信息采集项评估高校是否建立历年家庭经济困难学生数据库；其二，学生资助信息采集项评估高校是否建立历年国家奖学金、国家励志奖学金、国家助学金、国家助学贷款、基层就业学费补偿贷款代偿、退役士兵教育资助的学生资助信息数据库；其三，国家助学贷款信息报送审核高校助学贷款信息的年度报送及时情况；其四，高校学生资助信息报送审核高校资助信息的年度报送及时情况。

其次，信息审核包含国家助学贷款学生信息审核、学生申请材料信息审核及报表信息审核。其一，国家助学贷款学生信息审核依据高校国家助学贷款和生源地信用助学贷款的信息审核情况进行评估；其二，学生申请材料信息审核则考评高校国家奖学金、补偿代偿及退役士兵教育资助等学生申请材料的审核质量；其三，报表信息审核主要考评高校国家助学贷款报表、年度学生资助信息报表的审核质量。

最后，信息维护管理下设家庭经济困难学生数据库、国家助学贷款学生数据库及其他资助数据库维护共三项子要素，考评其是否对各类数据库进行定期维护。

（三）宣传教育

宣传教育子维度下包含宣传工作、育人活动、信息报送三个要素，为方便资助数据信息的采集，提高评估指标体系的可行性，将宣传教育的三项要素通过考评次数的形式予以量化。首先，宣传工作包括政策宣传和成效宣传，政策宣传考评高校在全校进行政策宣传的次数，成效宣传则宣传中央媒体报道学校资助成效的次数，通过指标量化的形式评估高校资助宣传工作。其次，育人活动下设主题教育、形式创新和育人活动学生获奖，其中，主题教育通过开展全校诚信、感恩、励志等主题教育活动次数来评估；形式创新则通过计算高校育人模式载体的创新形式个数来考评；育人活动学生获奖则通过计算校内学生获得全国资助育人活动奖励情况进行评估。最后，信息报送要素项则审核高校上报信息数及其被采用情况。

三 产出要素——工作成效指标分析

高校大学生资助管理工作在投入人力、财力、物力等资源的条件下开展资助管理工作，从而获得资助产出和成效。工作成效维度包含资助成效和导向成效两项子维度，从不同侧面反映出高校大学生资助管理工作的产出与成果。

（一）资助成效

资助成效子维度下包含资助水平、育人成效和贷款质量三项要素，分别从高校、学生、社会及金融机构的利益主体诉求出发，反映着高校大学生资助管理的产出和成果。首先，资助水平下设家庭经济困难学生资助面和人均资助力度。其中，家庭经济困难学生资助面即获得资助的本、专科困难学生的比例，人均资助力度则通过本、专科困难学生的人均受助金额来考评，同时参照高校上学成本（学费、生活费、住宿费）。其次，育人成效主要从学生和社会的利益主体视角出发，评估本、专科家庭经济困难学生就业率及困难学生育人典型的宣传次数。最后，贷款质量则从学生和银行的利益需求出发，评估贷款满足率和还款质量，其中贷款满足率即学生申请贷款的审批率，还款质量则通过贷款学生的还款率来审核。

（二）导向成效

导向成效指标的设置出于坚持评估的导向性原则，从学生和社会视角评估高校赴基层或艰苦行业就业的情况以及学生应征入伍服兵役的情况。

第五节　指标体系的建立及权重赋值

在评估指标体系内容确立之后，合理确定各级各项指标的权重对于科学合理地展开评估研究至关重要。指标权重的赋值能够帮助体现评估各指标的轻重与主次，促进评估工作的引导性与前瞻性作用得以体现。研究采用 AHP 层次分析法对各级各项高校大学生资助管理评估指标进行赋值。

一　层次分析法的基本原理

层次分析法（Analytic Hierarchy Process，AHP）作为一种多准则决策办法，是定性分析与定量分析的综合运用，能够将系统、复杂的思维数学化并有效量化决策者的判断，因指标分析的客观性较强而在权重确定中被广泛应用。在运用过程中需要将有关元素分解成多种层次并据此构建出层次结构模型，并进行层次分析以获得低层因素对于总目标层的重要性权重值。

（一）建立层次分析结构

建立层析分析结构的第一步骤是将问题层次化、条理化，依据问题本身的性质和内在联系将问题分解为若干层次，并在此基础上建构出层次分析的结构模型。在层次分析结构模型中，问题往往需要被拆分为各个元素并按其属性组合为阶梯状结构，即上下层尽管不存在相交关系，但相邻层次间的元素之间呈递阶层次关系，这种层次结构关系是 AHP 中最简单但最实用的形式。需要分析的问题越复杂，则递阶层次结构的层数越多。尽管通常来讲结构层数并不受到限制，但是每一层中各元素所支配的元素尽量在 9 个之内，否则会因支配元素数量过多而影响元素之间的互相比对。

（二）建立两两比较的判断矩阵

建立判断矩阵的目的在于对各层次中因素的相对重要程度作出判断，在层次分析结构建立之后，每层元素之间的隶属支配关系得以明晰，在此基础上便要确定各元素的权重。对于每一层级的 n 个指标，需要建立一个 $n \times n$ 的判断矩阵，将第 i 行的指标相对于第 j 行的指标进行比较从而得到 C_{ij}。判断矩阵中的 C_{ij} 是专家根据直觉、经验、专业知识、资料数据经过反复研究加以确定的。[1]

通常来说，学界内研究倾向于采用对元素进行两两比较并建立成对的比较判断矩阵。一般来说，元素间的两两比较采用 1—9 及其倒数的标度方法，具体比较及标度的方法为：若因素 I 与因素 J 同样重要便赋值 1；若因素 I 比因素 J 稍微重要则赋值 3；若因素 I 较因素 J 明显更为重要，则赋值 5；若因素 I 较因素 J 强烈重要，则赋值 7；若因素 I 比因素 J 极端重要，则赋值 9；上述两相邻判断的中值则分别取值 2、4、6、8。在重要性程度的比较过程中，专家应当注意思维的一致性。

假定上一层的元素 B_k 作为准则，对于下一层元素 C_1，C_2，…，C_n 有支配关系，则要在准则 B_k 下按它们的相对重要性赋予 C_1，C_2，…，C_n 相应的权重。一般来说，构造的判断矩阵取如下所式：$C = (c_{ij})_{n \times n}$

B_k	C_1 $C_2 \cdots C_n$
C_1	C_{11} $C_{12} \cdots$ C_{1n}
C_2	C_{21} $C_{22} \cdots$ C_{2n}
$\vdots$	$\vdots$ $\vdots$ $\vdots$
C_n	C_{n1} $C_{n2} \cdots C_{nn}$

（三）判断矩阵的求解及一致性检验

求比较判断矩阵的最大特征根及其对应的特征向量，将特征向量归一化后即为某一层有关元素对上一层相关元素的权重值。研究采用 Matlab 软件对综合判断矩阵的最大特征根 λ_{max} 及其对应的特征向量进行了求解，特征向量 W 的值即为该指标的权重。

---

[1]　参见张茂聪、杜文静《基于层次分析的县域基础教育政策评估指标体系构建》，《湖南师范大学教育科学学报》2012 年第 4 期，第 71 页。

　　由于决策者只能对比较判断矩阵中元素比较的值进行估计，因此有可能会在估计的过程中出现偏差过大或严重判断不一的情况。假若如此，便需要对比较判断矩阵进行修正。这种建构成对比较判断矩阵的方法有助于减少其他因素干扰，因此能够较为客观地反映两项因子之间影响力的大小。但在最后综合全部比对结果时，难免会出现一定程度的非一致性。为此，有必要对决策者所作出的比较判断矩阵进行检验。因为只有通过一致性检验的比较判断矩阵才具有说服力、有效性和科学性，若未通过一致性检验则需继续进行修正。检验步骤如下：

　　如果正反矩阵 C 满足，若对任意 i、j、k 均有

$$c_{ij} \times c_{jk} = c_{ik}, i, j, k = 1, 2, \cdots, n \qquad (2-1)$$

　　则称矩阵 C 为一致性矩阵，简称一致阵。在实际研究中，由于上述构造的判断矩阵并不一定具有一致性，常常需要进行一致性检验，判断该矩阵的一致性程度。

　　当矩阵具有完全一致性时，$\lambda_1 = \lambda_{max} = n$，其余特征值均为零；当矩阵 λ 不具备完全一致性时，则有 $\lambda_1 - \lambda_{max} > n$，其余特征根 $\lambda_2, \lambda_3, \lambda_n$ 有如下关系：$\sum_{i=2}^{n} \lambda_i = n - \lambda_{max}$。因此，在层次分析法中引入判断矩阵最大特征根以外的其余特征根的负平均值，作为度量判断矩阵偏离一致性的指标，即用 $CI = \dfrac{\lambda_{max} - n}{n-1}$。

　　一致性指标 CI 的值越大表明判断矩阵的一致性水平越低，值越接近于 0 越表明矩阵的完全一致性水平越高。一般而言，判断矩阵的阶数 n 越大，人为造成的偏离完全一致性越高，反之则表明越趋于完全一致。不同层次判断矩阵的一致性误差各不相同，其中 CI 值的要求也不同。对于多阶判断矩阵，引入平均随机一致性指标 RI（Random Index）值，RI 的值见表 2-10。

表 2-10　　　　　　　　　　　平均随机一致性指标

N	1	2	3	4	5	6	7	8	9	10	11
RI	0.00	0.00	0.58	0.90	1.12	1.24	1.32	1.41	1.45	1.49	1.51

就前两阶判断矩阵而言，由于具有毋庸置疑的完全一致性，因而 RI 在某种程度上仅仅是一种形式；对于其他阶层的判断矩阵而言，则需要采用 CR（Consistency Ratio）来判断其矩阵的一致性，CR 即为随机一致性比率，即同阶层 CI 与 RI 之比。当 $CR < 0.10$ 时，即认为判断矩阵具备可接受的一致性；当 $CR \geqslant 0.10$ 时，表明需要对判断矩阵进行调整和修正，使其满足 $CR < 0.10$ 以保证获得较满意的一致性。

二　层次分析法的计算操作

依据上文层次分析法的基本原理，本书按照建立层次结构模型、构建成对比较的判断矩阵和计算单排序权向量并做一致性检验的步骤计算高校大学生资助管理评估各级各项指标的权重值。

（一）建立层次结构模型

基于前文构建的大学生资助管理评估概念模型，构建大学生资助管理评估的层次结构模型见表 2 – 11。

表 2 – 11　　　　　　　　大学生资助管理评估层次结构模型

一级指标	二级指标	三级指标
基础建设	机构建设	机构设置
		机构职能
		工作经费
		办公条件
	队伍建设	校级机构人员配备
		院（系）人员配备
	制度建设	国家奖助学金制度
		国家助学贷款制度
		勤工助学制度
		服义务兵役学费补偿贷款代偿及学费资助制度
		基层就业学费补偿贷款代偿制度
		退役士兵教育资助制度
		贫困学生认定制度
	信息平台建设	资助网站建设

续表

一级指标	二级指标	三级指标
工作实施	政策落实	事业收入资助经费支出
		国家助学贷款政策落实
		国家奖助学金政策落实
		勤工助学政策落实
		服义务兵役学费补偿贷款代偿及学费资助政策落实
		基层就业学费补偿贷款代偿政策落实
		退役士兵教育资助政策落实
		绿色通道政策落实
	信息管理	信息采集报送
		信息审核
		信息维护管理
	宣传教育	宣传工作
		育人活动
		信息报送
工作成效	资助成效	资助水平
		育人成效
		贷款质量
	导向成效	服务特殊领域

（二）建立两两比较的判断矩阵

本书组建了20人专家团队填答判断矩阵问卷（详见附录B），分别为大学生资助领域教授8名，研究学者7名，高校资助管理工作者5名。计算过程中需要对专家个体判断矩阵中的部分极端信息予以去除，为此，首要需要计算所有专家个体判断矩阵中每一信息元素的算术平均数和标准差，其次剔除超过算术平均数2个标准差以外的个体判断信息，再次计算算术平均数，以此作为本书专家群体对这一元素的综合判断信息，最后综合成专家群体判断矩阵。在此以一级指标的两两判断矩阵为例（见表2-12）。

表 2 – 12   一级指标判断矩阵

i \ j	基础建设	工作实施	工作成效
基础建设	1	3/5	3/2
工作实施	5/3	1	5/2
工作成效	2/3	2/5	1

（三）判断矩阵的求解及一致性检验

基于此，研究认为 20 位专家的综合判断矩阵具有可接受的一致性，且特征向量是被认可的，从而得出我国高校大学生资助管理评估三项一级指标的权重，见表 2 – 13。从计算出的权重分值来看，工作实施权重相对较大占到 50%，基础建设占 30%，工作成效为 20%。

表 2 – 13   一级评估指标权重

一级指标	基础建设	工作实施	工作成效
权重	0.30	0.50	0.20

表 2 – 14、表 2 – 15、表 2 – 16 为三项一级指标下的二级指标两两比较判断矩阵表，三级指标的判断矩阵在此省略（详见附录 C）。

表 2 – 14   基础建设二级指标判断矩阵

i \ j	机构建设	队伍建设	制度建设	信息平台建设
机构建设	1	5/3	1	5/2
队伍建设	3/5	1	3/5	3/2
制度建设	1	5/3	1	5/2
信息平台建设	2/5	2/3	2/5	1

表 2 – 15 工作实施二级指标判断矩阵

i j	政策落实	信息管理	宣传教育
政策落实	1	2	5/3
信息管理	2/5	1	2/3
宣传教育	3/5	2	1

表 2 – 16 工作成效二级指标判断矩阵

i j	资助成效	导向成效
资助成效	1	6
导向成效	1/6	1

在对上述二级指标判断矩阵填答数据进行分析的基础上，运用 Matlab 软件 eig 函数计算。在此，以基础建设下的二级指标为例（见表 2 -9），运用 Matlab 计算判断矩阵的最大特征值 $\lambda_{max} = 4$，得出基础建设下的四个二级指标相应的标准化特征向量 W = $[0.33，0.20，0.33，0.13]^{T}$

一致性检验：一致性指标 $CI = \dfrac{\lambda_{max} - n}{n - 1} = \dfrac{4 - 4}{4 - 1} = 0$

一致性比率：$CR = \dfrac{CI}{RI} = \dfrac{0}{0.58} = 0 < 0.10$

据此，笔者认为专家综合判断矩阵具有较满意的一致性，所以得出的特征向量是被认可的，由此得出基础建设对应的各项二级指标的权重值，见表 2 – 17。

表 2 – 17 基础建设二级指标权重

二级指标	机构建设	队伍建设	制度建设	信息平台建设
权重	0.33	0.21	0.33	0.13

与上述计算过程同理，得出工作实施和工作成效的二级指标权重见表 2 – 18 与表 2 – 19。

表 2 - 18　　　　　　　　　工作实施二级指标权重

二级指标	政策落实	信息管理	宣传教育
权重	0.50	0.20	0.30

表 2 - 19　　　　　　　　　工作成效二级指标权重

二级指标	资助成效	导向成效
权重	0.86	0.14

同理，计算出所有三级指标的权重值（详见附录 D），最终得出我国高校大学生资助管理所有评估指标体系的权重值。综合各层级指标权重的计算，结合大学生资助管理评估的概念模型，最终构建起大学生资助管理评估指标体系的内容及权重，见表 2 - 20。

表 2 - 20　　　　　　　　　大学生资助管理评估指标体系

一级指标 （权重）	二级指标 （权重）	三级指标 （权重）
A. 基础建设 （0.30）	A1. 机构建设（0.33）	A11. 机构设置（0.20）
		A12. 机构职能（0.40）
		A13. 工作经费（0.20）
		A14. 办公条件（0.20）
	A2. 队伍建设（0.20）	A21. 校级机构人员配备（0.67）
		A22. 院（系）人员配备（0.33）
	A3. 制度建设（0.33）	A31. 国家奖助学金制度（0.20）
		A32. 国家助学贷款制度（0.20）
		A33. 勤工助学制度（0.10）
		A34. 服义务兵役学费补偿贷款代偿及学费资助 制度（0.10）
		A35. 基层就业学费补偿贷款代偿制度（0.10）
		A36. 退役士兵教育资助制度（0.10）
	A4. 信息平台建设 （0.13）	A37. 贫困学生认定制度（0.20）
		A41. 资助网站建设（1.00）

续表

一级指标 （权重）	二级指标 （权重）	三级指标 （权重）
B. 工作实施 （0.50）	B1. 政策落实 （0.50）	B11. 事业收入资助经费支出（0.20）
		B12. 国家助学贷款政策落实（0.16）
		B13. 国家奖助学金政策落实（0.12）
		B14. 勤工助学政策落实（0.12）
		B15. 服义务兵役学费补偿贷款代偿及学费资助政策落实（0.12）
		B16. 基层就业学费补偿贷款代偿政策落实（0.12）
		B17. 退役士兵教育资助政策落实（0.08）
		B18. 绿色通道政策落实（0.08）
	B2. 信息管理（0.20）	B21. 信息采集报送（0.40）
		B22. 信息审核（0.30）
		B23. 信息维护管理（0.30）
	B3. 宣传教育（0.30）	B31. 宣传工作（0.42）
		B32. 育人活动（0.33）
		B33. 信息报送（0.25）
C. 工作成效 （0.20）	C1. 资助成效（0.86）	C11. 资助水平（0.40）
		C12. 育人成效（0.25）
		C13. 贷款质量（0.35）
	C2. 导向成效（0.14）	C21. 服务特殊领域（1.00）

第三章 实证评估过程及评估结果分析

我国大学生资助政策体系建立以来，教育部未曾开展过专项资助管理评估活动，本书所构建的大学生资助管理评估指标体系得到了全国学生资助管理中心的认可，并作为委托课题"2013 年全国学生资助绩效考评"中的一项主要研究展开，对 2013 年中央直属 120 所高校的大学生资助管理工作进行实证评估分析。中华人民共和国中央部门（单位）直属高等学校，简称"中央直属高校"，是指中华人民共和国国务院组成部门及其直属机构在全国范围内直属管理一批高等院校，目的在探索改革上领先一步，并在提高教学、科学研究和社会服务方面发挥示范和引导作用，被称为"中国大学的先行军和领导者"。

第一节 评估表的研制与发放

根据高校大学生资助管理评估指标体系，本书结合指标所需数据及资料来源特点设计信息采集方案，并将需获取的评估数据和材料按照指标体系的内容分类、归纳，由教育部全国学生资助管理中心具体部署，各中央直属高校按照绩效评估办法实施，认真组织评估材料与信息报送工作。评估对象需要上交的评估材料包括电子版评估表、相关文件、证明材料及相应的纸质版。

在评估主体方面，本书采用高校自评、全国学生资助管理中心评估及第三方评估三大评估主体相结合的评估方式，既保证了教育评估活动的多元化，也为评估对象提供了参与到评估活动中来的机会。其一，以子维度机构建设的数据收集为例，机构职能、办公场所和办公设备是否满足工作需要采用高校自评方式；信息管理子维度下的国家助学贷款学生信息审核以及信息维护管理采取高校自评方式进行。其二，涉及高校资助信息的报送时效与报送质量等内容由全国学生资助管理中心评估。其三，高校生源地贷款配合的积极性则由金融机构作为评估主体进行审核。其四，其他数据则由第三方评估机构结合高校、资助管理中心和金融机构所提交的数据、材料进行全面审核与评估。

在评估数据方面，评估表需要收集的数据来源于高校、金融机构、全国学生资助管理中心、金融机构等多方利益主体。结合评估表设计情况，具体看来，其一，由全国学生资助管理中心提供数据的指标项包括国家奖助学金政策落实中的程序规范和材料报送要素；服义务兵役学费资助中的材料报送要素、基层就业学费资助中的材料报送要素、退役士兵教育资助中的材料报送要素、事业收入资助经费支出项；信息采集报送下的国家助学贷款信息报送和学生资助信息报送、信息审核中的学生申请材料信息审核和报表信息审核；育人活动下的育人活动学生获奖要素及信息报送项；资助水平下的家庭经济困难学生人均资助力度；导向成效中的赴基层就业情况和学生应征入伍服义务兵役情况也需要全国学生资助管理中心提供相应数据以供评估。其二，国家助学贷款政策落实下的生源地贷款配合情况需要国家开发银行提供相关数据；贷款质量下的还款质量需要经办银行提供相关数据。其余数据需要高校依据考评表进行填写并提交相关证明材料以供后续评估审核。

在评估材料方面，需要高校在填答评估表的同时，提交相关证明材料。在制度建设环节，如若高校已制定某项制度则需提供文件首页和盖章页复印件；在政策落实环节，高校在自评的同时应当提供国家学生资助政策执行报告，报告中应当包括各项评估指标、要素及其考评点，并明确描述各项工作实施及进展情况，并注明相关资金发放的时间或时间范围；在信息管理环节，尤其是在信息采集要素方面，若高校已建立困难学生或学生资助信息数据库，则需要提供近三年困难学生数据库的截图照片和当年数据库的截图，且截图应当将数据库的首页、标题、资助业务名称、年份和具体学生名单等内容包含在内。全国学生资助管理中心负责具体部署评估表的发放、填报与回收工作。在收到中央直属高校评估表及相关证明材料后，研究对评估资料进行整理归类，依据设计的评估标准开展评估打分工作，对评估表及证明材料进行审核、打分，最终加权计算出中央直属高校的评估分数。

第二节　评估标准的制定及打分

依据前文我国高校大学生资助管理评估指标体系的内容及权重，计算出各项指标所占分值从而使得各层级所有指标满分均为百分制，见表2-21。

表2-21　　　　　大学生资助管理评估指标体系各项分值

一级指标 （分值）	二级指标 （分值）	三级指标 （分值）
A. 基础建设 （30）	A1. 机构建设（10）	A11. 机构设置（2）
		A12. 机构职能（4）
		A13. 工作经费（2）
		A14. 办公条件（2）
	A2. 队伍建设（6）	A21. 校级机构人员配备（4）
		A22. 院（系）人员配备（2）
	A3. 制度建设（10）	A31. 国家奖助学金制度（2）
		A32. 国家助学贷款制度（2）
		A33. 勤工助学制度（1）
		A34. 服义务兵役学费补偿贷款代偿及 学费资助制度（1）
		A35. 基层就业学费补偿贷款代偿制度（1）
		A36. 退役士兵教育资助制度（1）
		A37. 贫困学生认定制度（2）
	A4. 信息平台建设（4）	A41. 资助网站建设（4）

续表

一级指标 （分值）	二级指标 （分值）	三级指标 （分值）
B. 工作实施 （50）	B1. 政策落实（25）	B11. 事业收入资助经费支出政策落实（5）
		B12. 国家助学贷款政策落实（4）
		B13. 国家奖助学金政策落实（3）
		B14. 勤工助学政策落实（3）
		B15. 服义务兵役学费补偿贷款代偿及学费资助政策 落实（3）
		B16. 基层就业学费补偿贷款代偿政策落实（3）
		B17. 退役士兵教育资助政策落实（2）
		B18. 绿色通道政策落实（2）
	B2. 信息管理（10）	B21. 信息采集报送（4）
		B22. 信息审核（3）
		B23. 信息维护管理（3）
	B3. 宣传教育（15）	B31. 宣传工作（6）
		B32. 育人活动（4）
		B33. 信息报送（5）
C. 工作成效 （20）	C1. 资助成效（17）	C11. 资助水平（7）
		C12. 育人成效（4）
		C13. 贷款质量（6）
	C2. 导向成效（3）	C21. 服务特殊领域（3）

在此基础上，依据所收集评估材料的基本情况并结合专家、教授及全国资助管理中心的建议，制定出中央直属高校学生资助管理评估的具体评分标准。下文以基础建设维度的评分标准为例进行简要介绍。

一　机构建设

（一）机构设置

机构设置主要评估高校是否在校内建立资助管理机构及其相对独立与否。经计算，机构设置指标项分值为 2 分，因此，一所高校若在校内成立资助管理部门则得 1 分，若该部门在性质上相对独立而非依附于校内其他管理部门则得1分。

（二）机构职能

该项指标评估高校资助管理机构是否具备国家奖学金、励志奖学金、各类助学金、困难补助、勤工助学、管理贷款、基层就业、服义务兵役补偿代偿、退役士兵教育资助等管理职能。经计算，该指标项满分为4分，其中，若具备管理国家奖学金和励志奖学金的功能则得1分，若缺少其中一项功能则不得分；若具备管理各类助学金、困难补助、勤工助学等职能得1分，缺少一项不得分；具备管理贷款职能得1分；具备管理基层就业、服义务兵役补偿代偿、退役士兵教育资助职能得1分，少一项不得分。

（三）工作经费

该指标项评估高校资助管理机构是否具有专项工作经费及经费保障水平，满分为2分。其评估标准为具备资助工作专项经费且提供工作经费专用账号证明的高校得1分。其经费保障水平则需要计算该所高校的人均资助工作经费并与所有中央直属高校的生均资助工作经费进行比较打分。

（四）办公条件

办公条件从办公场所和办公设备两方面评估，经计算，该项指标满分为2分。评分标准为办工场所满足工作需要得0.5分，建立学生资助服务大厅得0.5分，办公设备满足工作需要得1分。

二　队伍建设

（一）校级机构人员配备

经计算，该项指标满分为4分。其中，资助机构专职人员达到6人以上的高校得4分；未达到6人的，按配备人员与在校生数之比达到1∶2500的高校也得4分；若少于6人且未达到1∶2500则每减少1人降1分。

（二）院（系）人员配备

该项指标满分为2分，评分标准为各院系均有正式职工专人负责的高校得2分；未在各院系配全正式职工专人负责的高校，未配专人的院系每个扣 0.2 分。

三　制度建设

制度建设下共设 7 项三级指标，其中国家奖助学金、国家助学贷款和家庭经济困难学生认定三项指标经计算满分各为 2 分，其余四项三级指标满分各为 1 分。在国家奖助学金制度建设的评估标准上，若高校制定校级国家奖助学金管理办法则得 1 分，若成立有国家奖助学金评审委员会则得 1 分，否则不得分；在国家助学贷款指标上，高校若制定贷款管理办法得 1 分，制定贷后管理办法得 1 分（若贷款管理办法中含有贷后管理办法也可得 1 分）；贫困学生认定指标的评分标准为制定贫困学生认定办法的高校在该项指标上得 2 分；其余四项满分为 1 分的三级指标的评估标准均为制定有校级管理办法得 1 分。

四　信息平台建设

信息平台建设的三级指标为资助网站建设，经计算，满分为 4 分。该项指标从网站建设、政策发布和工作部署三项要素进行评估，其评估标准分别为：其一，建立校级学生资助网站得 1 分，资助网站功能较完善的高校得 1 分，若功能较少则得 0.5 分；其二，在校级资助网站或在学校网站上发布资助政策的高校得 1 分；其三，在校级资助网站或在学校网站上发布资助工作部署、资助服务信息的高校得 1 分。

120 所中央直属高校所提交的考评表和证明材料依据制定的评估标准来逐项审核并打分。在对各项指标进行打分的基础上，研究获得 2013 年120 所中央直属高校大学生资助管理评估结果，并针对评价结果展开复合与抽查工作，尤其是针对排名较领先和较落后的高校进行严格核实，从而保证评估的科学性与公正性。本次评估的特点在于获取样本量大、个案资料齐全完整、提供数据信息全面可靠。

第三节　评估结果的统计分析

为了深入了解中央直属高校学生资助工作在 2013 年内取得的成效与

问题，本书在得出 120 所高校的评估分数后，对所有数据进行详细处理分析。选择计算平均值和分值等级分布两条思路进行数据处理与加工，以此分析 2013 年中央直属高校在大学生资助管理工作整体水平及各项指标的具体情况。其中，在平均分值处理环节，计算各项指标中所有高校的平均得分，并将其所得分值按各自权重统一转换为百分制并统一保留到小数点后两位，以便进行指标间的横向比较与分析；分值等级阶段划分采用"优秀、良好、中等、及格、不及格"五级分制进行整体和各项指标分值的划分，即 90—100 分的高校评估等级为优秀，80—89.99 分的高校评估等级为良好，70—79.99 分的高校评估等级为中等，60—69.99 分的高校评估等级为及格，60 分以下的高校评估结果为不及格。

本书首先对总评估数据进行处理，计算每所高校的学生资助管理总分值与 120 所高校的平均分值，并按照五级分制进行划分，得出处于不同等级的高校数量；在此基础上先后对一级、二级和三级指标的均值及分值等级分布情况进行分析。

一 总分及一级指标得分分析

经过数据的二次处理与加工，研究结果显示 2013 年中央直属 120 所高校大学生资助管理工作的总体水平为良好。在 120 所高校中，仅有 2.5% 的高校绩效考核不及格，9.17% 的高校绩效考核处于及格水平，25% 的高校绩效考核结果为中等，50% 的高校绩效水平为良好，另有 13.33% 的高校绩效成绩为优秀。除此之外，120 所中央直属高校的绩效平均成绩为 80.84 分，按照五级分制划分方法，绩效水平总体处于良好。因此，研究认为，2013 年我国中央直属高校大学生资助管理工作整体水平呈良好状态。为深入探究高校大学生资助管理工作水平及其存在的问题，研究对一级指标得分进行具体分析。

中央直属高校学生资助管理评估由基础建设、工作实施和工作成效三项一级指标所构成。评估统计结果见表 2-22，基础建设指标项平均得分为 87.73 分，在三项一级指标中居于首位；工作成效指标项平均得分为 81.7 分，仅次于基础建设；工作实施在三者中处于最低水平，得分为 76.3 分。通过与 120 所高校整体成绩的平均得分对比可见，工作实施的管理水平低于整体水平并落后于基础建设和工作成效，从而降低了学生资助工作的整体管理水平。

表2-22　　　　　　　　　　　总分与一级指标均值

指标	基础建设	工作实施	工作成效	整体水平
均值（分）	87.73	76.3	81.7	80.84

　　整体管理水平与三项一级指标分值分布情况显示，中央直属高校学生资助工作在基础建设环节的工作考核结果集中在良好与优秀的水平，呈现出优秀管理水平的高校占54.17%，23.33%的高校基础建设管理考核为良好；工作实施环节的工作水平主要分布在良好、中等和及格三个阶段，其中，考核结果为良好的高校占比为35.83%，处于中等水平的高校达33.33%，19.17%的高校工作实施成绩为及格；在学生资助工作的成效方面，120所中央直属高校的考核结果多为优秀、良好和及格，优秀水平的高校占比为33.33%，良好水平的高校占比为30%，及格等级的比重为20%。总之，通过数据的归类与整合，研究认为基础建设管理水平突出，工作成效管理情况基本良好；工作实施管理水平则有待进一步提高。

二　二级指标得分分析

　　从二级指标构成来看，基础建设包括机构建设、队伍建设、制度建设和信息平台建设四项；工作实施则由政策落实、信息管理和宣传教育三项二级指标组成；资助成效和导向成效两项二级指标构成工作成效指标项。为深入剖析中央直属高校学生资助工作绩效情况，在此对九项二级指标分值进行处理，得出各项指标的平均分值以及等级分布情况（见表2-23）。

表2-23　　　　　　　　　　　二级指标均值

二级指标	机构建设	队伍建设	制度建设	信息平台建设	政策落实	信息管理	宣传教育	资助成效	导向成效
均值（分）	89.8	90.67	84.8	87.75	91.2	92.9	41	79.94	92.67

从九项二级指标的平均分值对比来看，导向成效、信息管理、政策落实和队伍建设四项二级指标平均得分均高于 90 分，位于优秀等级阶段；机构建设、制度建设、信息平台建设三项二级指标得分在 80—90 分，位于良好等级阶段；资助成效均值为 79.94 分，属于中等水平；宣传教育平均得分仅为 41 分，远远落后于其他八项二级指标的平均分数。综合九项二级指标的平均成绩来看，宣传教育得分过低，严重降低了资助管理的整体水平。因此，高校学生资助的宣传教育工作亟待加强和改善，资助成效也有待进一步提升。

从九项二级指标分值的等级分布情况来看，绩效水平为优秀的高校占比超过 60% 的指标项有机构建设、队伍建设、制度建设、政策落实、信息管理和导向成效。其中，中央直属高校学生资助工作在信息管理和导向成效环节表现最为突出，二者均有 85% 的高校评估水平为优秀；队伍建设水平为优秀的高校比重为 73.33%；政策落实环节，有 69.17% 的高校评估结果为优秀；机构建设和制度建设为优秀的高校均在 63% 左右。除此之外，信息平台建设的分值主要集中在优秀、良好和不及格阶段，有 51.67% 的高校处于优秀水平，31.67% 的高校处于良好水平，还有 15% 的高校不及格；资助成效的分值较分散，有 31.67% 的高校评估结果为优秀，27.5% 的高校为良好，18.33% 的高校为及格；宣传教育评估结果问题突出，存在 74.17% 的高校评估结果不及格，15% 的高校处于及格水平。总而言之，除宣传教育、资助成效和信息平台建设绩效表现相对较弱以外，包括机构建设、队伍建设等在内的六项指标均表现较突出。

三　三级指标得分分析

从二级指标的得分情况来看，宣传教育、资助成效和信息平台建设问题较为突出，其余 6 项指标评估结果较为良好。只有进一步深入了解三级指标才能够真正挖掘高校大学生资助管理的成效与问题所在。下文将 32 个三级指标分为基础建设、工作实施与工作成效三个部分分别进行剖析。

（一）基础建设维度下的三级指标得分分析

基础建设维度由机构建设、队伍建设、制度建设和信息平台建设四项二级指标组成，下面分别对其三级指标的得分情况进行具体分析。

第一，机构建设。机构建设指标项的评估从机构设置、机构职能、工作经费和办公条件四个层面展开，见表2－24。经百分制转换与平均分计算后得出，机构建设的四项三级指标均值分别为73.75分、99.38分、87.33分和91.36分。因此，机构职能和办公条件在机构建设中评估成绩优异，其次为工作经费，机构设置得分最低，仅为中等水平。由此可见，我国高校大学生资助管理机构在设置环节存在一定问题，机构职能与办公条件层面成绩优异。

表2－24 机构建设下三级指标均值

机构建设三级指标	机构设置	机构职能	工作经费	办公条件
均值（分）	73.75	99.38	87.33	91.46

从四项三级指标的分值等级分布情况来看，机构职能成绩为优秀的高校比重高达97.5%且无高校评估结果不及格，充分体现出高校大学生资助管理机构职能的建立健全；办公条件的优秀比重为81.67%；工作经费成绩优异的高校达82.5%；唯有机构设置成绩优秀的高校占比较低，仅为58.33%，同时不及格的比重高达41.67%。总之，从机构建设环节三级指标的评估结果来看，机构职能和办公条件评估成绩最为突出，其次为工作经费项，评估结果最弱的指标为机构设置。

第二，队伍建设。队伍建设指标的评估从专职人员配备和专人配备两项三级指标来评估，我国中央直属高校在校级机构人员配备层面得分为88.33分，在院（系）人员层面得分为95.58分。从校级机构人员配备和院（系）机构人员配备两项三级指标的分值等级分布情况来看，92.5%的高校均在各院（系）配有正式职工专人负责资助管理工作，75.83%的高校资助机构专职人员达到6人以上。从综合均值与等级分布情况来看，中央直属高校在院（系）人员配备层面成绩优异，在校级机构人员配备层面成绩良好。

第三，制度建设。制度建设指标下包含7项三级指标，如表2－25所示，国家奖助学金、国家助学贷款、勤工助学及贫困学生认定四项指标平均成绩均在 90 分左右，而基层就业学费补偿贷款代偿管理办法、服义务兵役国家资助管理办法以及退役士兵教育资助管理办法建设成绩较为落后，从而降低了制度建设的整体水平。

表 2 - 25　　　　　　　　制度建设下三级指标均值

三级指标	国家奖助学金	国家助学贷款	勤工助学	服义务兵役资助	基层就业学费补偿	退役士兵资助	贫困学生认定
均值（分）	90	89.58	92.5	66.67	74.17	60	91.25

结合分值等级分布情况来看，制度建设三级指标得分集中分布在优秀与不及格两个等级，120 所中央直属高校的国家奖助学金、国家助学贷款、勤工助学和贫困学生认定四项的评估成绩为优秀的高校均在 85% 以上，同时不及格的比重在 15% 以下；而基层就业学费补偿贷款代偿管理办法、服义务兵役国家资助管理办法以及退役士兵教育资助管理办法环节不及格的高校比重为 25%—40%，优秀等级的高校比重为 60%—75%，明显落后于其余四项指标。因此，研究认为 2013 年我国中央直属高校在国家奖助学金、国家助学贷款、勤工助学和贫困学生认定等管理办法的制定方面成效良好，但在退役士兵资助、基层就业学费补偿代偿及服义务兵役资助管理办法方面的制度建设有待进一步加强。

第四，信息平台建设。120 所中央直属高校资助网站建设平均成绩为 87.75 分；在等级分布方面，51.67% 的高校评估等级为优秀，32.5% 的高校等级为良好，0.83% 的高校成绩为中等，15% 的高校资助网站建设成绩未及格。整体来看，中央直属高校的资助网站建设水平良好，为资助工作的开展提供了良好的信息与政策发布平台。

（二）工作实施维度下的三级指标得分分析

工作实施环节由政策落实、信息管理和宣传教育三项二级指标组成，由二级指标得分分析发现，政策落实、信息管理环节绩效良好，宣传教育环节则明显落后。

第一，政策落实三级指标得分分析。政策落实项评估高校提取事业收入用于资助经费支出以及各项资助政策的贯彻执行情况见表 2 - 26。从平均得分情况来看，国家助学贷款、国家奖助学金、基层就业学费补偿贷款代偿、退役士兵资助及绿色通道五项政策落实效果优异，得分均在 93 分以上；高校提取事业收入用于资助经费支出与服义务兵役政策落实效果良好，相较而言，勤工助学得分为 79.33 分，是 8 项政策落实中效果最弱的一项。

表 2 – 26　　　　　　　　　**政策落实下三级指标均值**

三级指标	提取事业收入支出	助学贷款	奖助学金	勤工助学	服义务兵役	基层就业学费补偿贷款代偿	退役士兵资助	绿色通道
均值（分）	88.4	93.75	95	79.33	86.67	96.33	98	96.5

从八项三级指标分值等级分布情况来看，除勤工助学政策落实效果优秀的高校比重较低外，其余指标项的高校评估成绩为优秀的比重均在 50% 以上，特别是基层就业、退役士兵资助和绿色通道政策执行效果优异的高校比重均在 90% 以上；从绩效不及格的高校数量来看，提取事业收入支出项和勤工助学金项比重虽略高，但均在 15% 以内。因而，综合八项三级指标得分情况来看，各项资助政策落实成绩突出，表明我国中央直属高校在贯彻落实资助政策方面的积极性与执行力较高。另外，相较而言，勤工助学政策落实成绩相对落后。

第二，信息管理三级指标得分分析。信息管理指标项的评估考核信息采集报送时效、信息审核的准确度以及信息的维护管理。据统计，信息审核与信息维护管理绩效成绩突出，平均成绩分别为 97.92 分和 95.28 分；信息采集报送评估得分为 88.79 分。从等级分布分析，信息审核和信息管理指标成绩优异，管理水平为优秀等级的高校占比分别达到 88.33% 和 95%，信息采集报送相较而言有些落后，但仍有 52.5% 的高校成绩位于优秀等级，25.83% 的高校处于良好等级。综合来看，高校信息管理环节绩效成绩十分可观，从而充分体现出信息化的科学管理方式在 120 所中央直属高校中得到良好运用。

第三，宣传教育三级指标得分分析。宣传教育项的评估考核政策与成效宣传力度、育人活动的开展情况以及信息上报资助中心的数量及采用情况。从二级指标得分分析便知宣传教育平均成绩仅为41分。在此，深入到三级指标剖析宣传教育为何评估成绩如此落后。宣传教育下的三项三级指标平均得分均在50分以下，宣传工作得分为48.5分，育人活动得分为39.2分，信息报送得分仅为26分。由此可见，我国高校大学生资助管理工作在宣传教育环节亟待提高。

从分值等级分布情况来看，三项指标不及格的高校比重均在65%以上，特别是信息报送不及格高校比重高达81.67%。因而，研究认为宣传教育子维度在宣传工作、育人活动及信息报送环节存在突出问题从而导致评估分值落后。

（三）工作成效维度下的三级指标得分分析

工作成效维度下的三级指标包含资助水平、育人成效、贷款质量及服务特殊领域四项内容。从均值来看，服务特殊领域成绩优异，平均得分92.67分；育人成效得分为88.75分；资助水平平均成绩为79.71分，贷款质量平均得分为74.83分。从四项指标得分的等级分布情况来看，育人成效和服务特殊领域两项指标成绩位于优秀阶段的高校比重均在70%以上；贷款质量成绩为优秀的高校比重达到55%，但不及格的高校比重高达27.5%；资助水平的成绩较平均地分布于优秀、良好和中等水平。因此，研究认为工作成效维度下的服务特殊领域和育人成效成绩较为突出，资助水平指标项其次，贷款质量指标问题相对较为突出。

综合来看，通过对三级指标的均值及分值分布等级进行分析，便于本书从更深入的视角探究我国120所中央直属高校在资助管理实践过程中所取得的成效及存在的问题。研究认为，我国120所中央直属高校在2013年资助工作中保持良好的管理水平，在机构职能、办公条件、院（系）人员配备、国家奖助学金制度建设及政策落实、助学贷款制度建设及政策落实、勤工助学制度建设和贫困生认定制度建设、基层就业学费补偿贷款代偿政策落实、退役士兵教育资助政策落实、绿色通道政策落实、信息审核、信息维护管理以及导向成效等共计15项三级指标中表现突出；在工作经费、校级人员配备、资助网站建设、提取事业收入支出、服义务兵役政策落实、信息采集报送、育人成效7项三级指标中成绩良好；机构设置、基层就业制度建设、勤工助学政策落实、资助水平、贷款质量等五项指标成绩位于中等水平，服义务兵役教育资助制度建设、退役士兵教育资助制度建设两项指标成绩处于及格水平；宣传工作、育人活动和信息报送评估不及格。

第四章 大学生资助政策实施的成效与问题

依据评估结果，2013 年高校大学生资助管理整体水平良好，表明我国大学生资助管理工作自资助政策体系建立健全以来已取得良好成效；与此同时，还需注意到我国高校大学生资助管理工作的诸多环节仍存在一系列问题阻碍着整体管理水平的提高，例如，工作实施环节远远落后于基础建设和工作成效环节从而降低了整体工作水平。针对我国高校大学生资助管理存在问题的环节，应予以具体分析并提出相应对策以期进一步提高大学生资助管理的整体水平。

第一节 大学生资助政策实施取得的基本成效

实证评估结果显示，2013 年 120 所中央直属高校大学生资助管理工作保持良好水平，表明我国中央直属高校在学生资助工作方面取得了卓有成效的进展。为具体分析我国大学生资助管理工作所取得的成效，本书从资助管理的投入、执行与产出各个环节深入剖析工作亮点。

一 基础建设——人力、物力、财力及部分制度建设成绩突出

从基础建设整体水平来看，120 所中央直属高校资助管理工作的基础建设成绩突出，表明我国大学生资助管理工作的开展已具备有利的制度与资源保障。无论从平均成绩还是分值等级分布情况来看，基础建设绩效水平均领先于工作实施与工作成效环节。在平均得分上，基础建设高达87.73 分，明显高于工作成效的 81.7 分和工作实施的 76.3 分；在分值分布方面，基础建设绩效水平优秀的高校达 54.17%，而工作成效和工作实

施环节成绩优秀的高校占比分别为 33.33% 和 5%。由此看来，评估统计结果充分体现出高校大学生资助管理工作在投入环节所取得的突出成效。

从基础建设二级指标来看，机构建设与队伍建设得分均在 90 分左右，信息平台建设得分为 88 分，制度建设得分约 85 分，从而表明绝大部分高校的资助管理机构均能够积极按照国家学生资助政策要求制定学校各项资助政策的管理与认定办法，尤其在机构建设、队伍建设方面绩效不凡，信息平台与制度建设同样绩效良好，体现出高校大学生资助管理部门从工作条件、人力资源、信息平台及管理办法方面有力保障了资助工作的顺利开展。

从具体三级指标来看，其一，在机构建设方面，高校大学生资助管理机构在机构职能、办公条件及工作经费方面的成绩位于良好及以上水平。特别在机构职能上，120 所中央直属高校资助管理机构职能的评估均值高达 99.38 分，得分优秀的高校比重高达 97.5%，表明绝大部分高校已具备"奖、助、贷、补偿代偿"等基本工作职能，从而彰显出高校资助管理机构在职能上的健全；办公条件得分为 91.46 分，表明高校资助管理机构的办公场所与办公设备基本能够满足工作开展的需要。其二，在队伍建设方面，院（系）人员配备与校级机构人员配备项得分均在良好以上，其中院系人员配备成绩突出，得分为 95.58 分，即大部分高校在各院系均设有专人负责资助工作，在人力资源上保障了资助政策的贯彻落实。其三，在制度建设方面，尽管制度建设得分约 85 分，但具体制度得分差异较大。贫困学生认定制度、国家奖助学金制度、国家助学贷款制度、勤工助学制度建设的得分均在 89.58 分以上，表明高校大学生资助制度建设仅在以上四项内容上成绩突出。其四，高校资助网站建设评估结果良好。

总之，高校大学生资助管理基础建设工作已经在机构职能、办公条件、院（系）人员配备、贫困生认定制度、奖助学金制度、助学贷款制度及勤工助学制度建设七个方面取得突出成效，另外在资助工作专项经费、校级机构人员配备、资助网站建设上也取得了初步成绩。

二　工作实施——较强的政策执行力与良好的信息化管理水平

首先，工作实施是高校资助管理工作中评估成绩最低的环节，平均得分为 76.3 分；从分值等级分布情况来看，得分为优秀水平的高校比重在三项一级指标中最低，仅为 5%，而不及格的高校比重却在三指标中最高，为 5.83%，大部分高校得分集中在良好、中等和及格水平。

其次，从工作实施的二级指标成绩来看，政策落实与信息管理绩效成绩优异。其一，资助政策落实成绩优异，凸显出高校对国家学生资助政策较强的贯彻与执行力。评估结果显示政策落实环节平均得分为 91.2 分，成绩位于良好等级及以上的高校占比高达 92%。120 所中央直属高校按照资助管理办法执行各项政策措施，从组织部署、材料报送、资金发放等环节上切实推进资助政策执行过程的规范与公正，同时按照要求提取学校事业收入用于学生资助经费的支出从而进一步保障了资助政策的贯彻与执行。其二，资助信息管理分值较高，表明信息化的科学管理方式在资助管理工作中得到了合理运用。信息管理平均分高达 92.9 分，且 93% 居于良好水平及以上，彰显出我国高校在学生资助管理工作中开始运用信息化、科学化的管理方式来审核、维护资助信息，大大提高了高校大学生资助管理工作的质量与效率。

最后，通过具体到三级指标得分可发现高校学生资助管理部门在绝大部分政策上保持良好的政策执行力。评估结果显示，国家奖助学金、国家助学贷款、基层就业学费补偿代偿、退役士兵教育资助及绿色通道的政策落实成绩优异，得分均在 93 分以上；在高校提取事业收入支出、服义务兵役学费补偿代偿两项政策上成绩良好。除此之外，在信息管理三级指标上，信息审核与信息维护管理得分均高于 95 分，信息采集报送的评估结果为良好。

因此，尽管高校大学生资助管理工作实施分值较低，但在具体政策落实与信息管理环节均取得了突出成效，彰显出高校大学生资助管理工作所具备的政策执行力与信息化管理水平。

三　工作成效——资助面、就业率、贷款满足率及导向成效成绩突出

工作成效平均得分为 81.7 分，在分值等级分布上，工作成效得分主要分布于优秀和良好等级，其中，得分优秀的高校比重约为 33%，良好的比重为 30%，另外，不及格的高校比重约为 3%。工作成效作为高校资助管理的产出环节，主要由资助成效和导向成效组成。其中，资助成效由资助水平、育人成效及贷款质量三环节组成，导向成效即服务特殊领域

情况。

其一，家庭经济困难学生资助比例是考核资助水平的一项重要指标。评估结果显示家庭经济困难学生资助比例项得分为 91.67 分，即在 120 所中央直属高校中有 103 所高校获得资助的本、专科家庭经济困难学生人数占到本、专科家庭经济困难学生人数的 100%，表明高校学生资助实现了较高的资助覆盖面。

其二，育人成效得分为 88.75 分，从而表明高校资助育人成效良好。育人成效的评估从家庭经济困难学生就业率及家庭经济困难学生育人典型两方面进行评估，其中家庭经济困难学生就业率得分高达 98.5 分，统计结果显示约有 88% 的高校本、专科家庭经济困难学生资助覆盖率达到 100%，91% 左右的困难学生就业率达到并超过 90%。

其三，在贷款质量方面，评估主要考核贷款满足率与还款质量两个指标。评估结果显示，高校贷款满足率指标项平均得分为 90 分，83% 的中央直属高校提交的贷款申请审批率达到了 100%。

其四，服务特殊领域平均得分为 92.67 分，主要考核高校是否有学生赴基层就业或应征入伍，以引导实现对高校家庭经济困难学生的导向。统计结果显示，120 所中央直属高校中有 106 所高校连续三年有学生赴基层就业，有 112 所高校连续三年有学生应征入伍。由此可见，中央直属高校在通过已有学生赴基层就业或应征入伍来对学生进行方向性引导方面成绩突出。

综上所述，在高校大学生资助管理工作成效环节，中央直属高校在家庭经济困难学生就业率、困难学生资助覆盖面、贷款满足率及服务特殊领域环节取得了相当优异的成绩，表明高校学生资助工作对受助学生引导教育方面的良好成效。

第二节　大学生资助管理评估存在的主要问题

毋庸置疑，中央直属高校大学生资助管理工作已取得重要进展，但由于多方面原因资助工作依旧存在一定问题，如若不能得到妥善解决必然会影响到中央直属高校大学生资助管理工作的实施乃至整个高等教育的发展，因此必须引起社会的广泛关注和重视。

一　基础建设——机构设置、个别资助制度及资助网站应用有待改进

首先，高校资助管理机构设置有待进一步完善。一方面，从资助机构成立情况来看，120 所高校中有 17 所高校尚未成立资助管理机构；另一方面，从机构的相对独立情况来看，平均得分仅为 61.67 分，即在 103 所已设立资助管理机构的高校中，有 29 所高校的资助管理机构挂靠在学校学生处等单位，并未成为一个独立的管理部门。研究认为之所以机构设置指标得分较低，一是由于个别高校证明材料提交不全，二是由于个别高校对资助管理工作重视程度不足，因此并未成立资助管理机构或认为其只需挂靠在学生处等部门下开展工作，表明许多高校尚未充分认识到资助管理工作的复杂性和系统性。

其次，服义务兵役、基层就业及退役士兵资助制度有待完善。从制度建设的三级指标得分来看，中央直属高校的贫困生认定、国家奖助学金、国家助学贷款、勤工助学等制度建设情况良好，而在服义务兵役学费补偿贷款代偿、基层就业学费补偿贷款代偿及退役士兵教育资助等制度建设方面则得分较低。其一，服义务兵役制度建设得分为 66.67 分，120 所中央直属高校中有 40 所被评估为尚未制定校级服义务兵役国家资助管理办法；其二，基层就业学费补偿贷款代偿得分为 74.17 分，有 31 所高校没有制定校级基层就业学费补偿贷款代偿管理办法；其三，退役士兵教育资助制度建设得分仅为 60 分，据统计 48 所高校没有制定校级退役士兵教育资助管理办法。尽管三项制度建设得分较低或是由于高校未提交相关证明材料，但从整体形势来看，中央直属高校资助管理工作普遍存在重视国家奖助学金、助学贷款、勤工助学等资助政策而忽视服义务兵役、基层就业、退役士兵等资助制度建设的情况。

最后，信息平台建设存在"重形式轻应用"的问题。学生资助信息平台建设旨在通过网络信息平台开展资助政策的发布、工作的部署以及其他学生服务等工作信息。然而评估结果显示，存在 15% 左右的中央直属高校尚未建立起校级学生资助网站，约 32% 的高校虽已建立学生资助信息平台但网站建设的功能尚不完善，多数信息平台的建设拘泥于形式且并不具备发布资助政策或工作部署等信息的功能。研究认为，这种"重形式轻应用"问题的存在一方面表明高校学生资助管理工作已经开始重视

信息化管理方式的应用；但另一方面表明网络信息平台的切实应用还有待加强，尚未与资助管理政策部署真正结合起来。

二　工作实施——宣传教育问题突出，勤工助学政策落实有待改进

工作实施的绩效成绩在三项一级指标中平均得分最低，且分值为优秀的高校比重仅为5%，远远落后于基础建设和工作成效环节，从而大大降低了资助工作的整体绩效水平。从二级指标得分来看，政策落实和信息管理指标的成绩相当优异，而宣传教育得分仅为41分，从而表明工作实施得分较低的根源在于宣传教育的严重滞后。为深入分析导致工作实施得分落后的原因，研究从三级指标及要素入手挖掘工作实施，特别是宣传教育的具体问题所在。

首先，勤工助学呈现"岗位占比差异悬殊"的窘况。尽管政策落实整体得分为91.2分，但其中勤工助学政策落实得分较低，仅为79.33分。具体到勤工助学政策落实的具体评估要素，研究发现勤工助学得分较低的主要原因在于本、专科生勤工助学固定岗位数占本、专科在校生比例得分较低，平均得分为77.5分。高校大学生勤工助学岗位包括校内和校外的固定岗位，经统计有效评估数据发现，中央直属高校勤工助学岗位占比差异悬殊。勤工助学岗位过少，岗位设置渠道有待进一步拓展。约有90%的高校岗位占比低于30%，仅五所高校岗位占比高于70%，可见当前高校提供的勤工助学岗位设置数量过少，不能很好地满足受助学生的需求且对于提高学生资助管理水平的作用并不明显。

其次，资助宣传工作出现"重政策轻成效"的偏差。宣传工作作为宣传教育的第一项三级指标，平均得分仅为48.5分。深入宣传工作的评估要素来看，宣传工作包含政策宣传和成效宣传两项内容，而成效宣传力度欠佳是造成宣传水平较低的主要原因，统计结果显示，政策宣传的平均成绩为70分，尽管成绩仅位于中等水平，但在良好水平及以上的高校比重约为60%；而成效宣传不及格高校的比重高达78.33%且平均分仅为28分，二者强烈的对比体现出当前高校大学生资助宣传工作存在"重政策而轻成效"的问题。除此之外，据统计，20%的高校在过去的一年内对受助学生的优秀事迹宣传报道的次数不足两次，同样反映出成效宣传力度不足的问题。资助成效宣传主要体现为对学校资助力度、家庭经济困难学

生就业情况、受助学生优秀事迹等内容的宣传报道，忽视成效宣传容易导致社会各界缺乏对资助成效的了解。研究认为，资助宣传工作绩效水平较低的主要原因在于：一是高校资助管理部门的领导对于资助宣传工作的认识不到位；二是高校资助管理部门的主要管理者在素质和专业化水平上有待提高；三是具体工作人员的业务熟练程度有待提高。

再次，育人活动的模式载体缺乏创新且学生获奖数量较少。育人活动是宣传教育的第二项三级指标，其平均得分仅为 39.3 分，表明育人活动存在严重的滞后性。深入育人活动的评估要素来看，育人活动主要从主题教育活动的开展、育人模式载体创新及育人活动学生获奖数量三个要素进行评估，而评估结果显示，主题教育活动开展的成绩高达 84 分，形式创新得分仅为 12 分，育人活动学生获奖则仅为 16 分。由此看来，育人活动的主要问题在于育人模式缺乏创新以及参加全国资助育人主题活动且获得奖励的学生数量过少。在形式创新上，82.5% 的高校育人模式载体创新形式的次数为 0，仅有 7 所高校育人模式载体创新形式达到两次以上；在学生获奖方面，52.5% 的高校其学生参加全国资助育人主题活动且获得奖励的次数为 0，29.2% 的高校仅获得一次奖励，17.5% 的高校学生获得两次奖励。由于两项指标设计的出发点在于引导高校资助育人方向，因此在此次评估上大部分高校因未关注此方面内容而导致得分较低，同时也体现出高校资助管理部门工作人员的专业化素养有待提高。

最后，宣传教育信息报送全国学生资助中心不及时。宣传教育信息报送得分仅为 26 分，进一步印证了高校资助管理机构在宣传教育工作环节的缺失。研究认为其得分较低的主要原因在于高校学生资助管理机构对于宣传教育的重要程度不够进而导致上报工作不及时。

三　工作成效——国家助学贷款还款质量存在不足

我国国家助学贷款已形成"高审批低还款"的僵局。还款率是衡量国家助学贷款质量的一项关键因素，评估结果显示，该项指标要素平均得分为 72 分，且不及格的高校比重达到 27%，与较高的贷款满足率形成鲜明对比。在中央直属 120 所高校中，有 45% 的高校助学贷款还款比例低于 95%，其中甚至有 25 所高校的贷款还款率低于 85%。因此，在国家助学贷款方面存在贷款申请审批率虽高但还款率较低的局面，大大影响了银行系统的贷款积极性,从而降低了高校大学生资助工作的贷款质量。

第三节 提升大学生资助管理水平的对策建议

为改善管理工作中存在的各类问题,进而充分发挥高校大学生资助政策"阳光育人"的作用,并切实践行教育公平理念与宗旨以逐步提升和谐社会的文明建设程度,高校应在确保政府持续增加资助额度,不断扩大低收入家庭学生资助范围的前提下,从以下几点建议入手着力完善高校大学生资助管理的整体绩效。

第一,进一步完善高校学生资助管理机构设置。随着高校学生资助政策体系内容的不断丰富及资助信息量的不断增加,高校学生资助管理工作逐渐成为一项复杂且较具系统性的管理工作。高校学生资助管理机构的成立便是高校学生资助工作开展的基本前提,因此在高校条件允许的情况下,设立一个相对独立的高校学生资助管理机构并配以相应的工作经费、办公场所与办公人员是有力保障资助政策贯彻落实的基础。

第二,完善校级服义务兵役、基层就业及退役士兵等制度建设。无论是国家奖助学金、国家助学贷款还是基层就业学费补偿贷款代偿等制度,都是高校学生资助政策体系中的政策项目,高校资助管理部门在工作过程中应当一视同仁,不可由于个别政策资助人数较少而忽视相关管理办法的建设。为推进校级资助制度建设,全国学生资助管理中心可充分发挥监督作用,重点针对制度建设不完善的高校进行不定期核查工作;同时,高校学生资助管理部门自身应当改变以资助经费、资助人数的多少判断资助工作重要性的错误观念,公平对待各项资助政策的贯彻落实。

第三,加强信息平台建设并完善政策发布功能。在当前多种信息交叉渗透、技术高度发达的社会背景之下,大学生资助对象逐年增加且资助金额呈大幅度增长趋势,资助工作内容日渐复杂化。为此,高校应完善信息平台建设以提高资助管理工作的科学化水平,培养一支高水平的资助信息管理队伍,加强学生资助工作人员的信息素质教育并要求其熟练掌握信息平台的运用与维护以便保障网络信息平台建设的正常运转;避免拘泥于形式而忽视管理功能的情况出现,资助网站的建设旨在利用网络平台传递、发布政策与信息进而提高资助的科学化管理水平,而非仅仅通过网站形式彰显高校的信息化程度。

第四，拓宽勤工助学渠道以深化政策落实程度。与直接经济资助相较而言，勤工助学的资助方式会使学校与学生双方获得更高的资助效益。通过参与勤工助学活动，大学生获得相应的劳动报酬和工作经验，对于解决家庭经济困难及增加工作经验具有积极作用，有助于促进经济资助与学生发展相结合进而实现资助工作助困与育人的双重功效。一方面，高校应拓宽勤工助学岗位的设置渠道，通过校内、校外固定岗位相结合的方式增加岗位数量；另一方面，勤工助学岗位的设置应重点开发与学生专业知识相结合的岗位。岗位设置应当以参加校内助教、助研、实验室、校办产业的生产活动和后勤服务及各项公益型劳动为主，促使大学生的专业技能通过岗位锻炼顺利转化为工作技能，带动勤工助学岗位由劳务型向知识型的转变。①

第五，重视成效宣传功能并发挥典型示范作用。2015 年 8 月，教育部明确发文指出了做好资助政策与资助成效宣传的重要性，要求提高资助政策的透明度并接受来自社会各界的广泛监督。学生资助政策与成效宣传力度的增强既能够加深学生对资助内容的了解，保障资助政策的顺利实施，又能够促使全社会形成更加关注家庭经济困难学生及教育公平的良好氛围。今后在继续保持资助政策宣传力度的同时，高校首先应加大资助成效的宣传强度，着重报道受助学生的优秀事迹并鼓励受助学生积极参加全国资助育人的主题活动，从而发挥典型受助学生的模范带头和价值导向作用，激发学生的感恩、诚信及奋斗意识从而提高资助育人的成效。例如，北京交通大学为在校内营造感恩奉献、自强不息的氛围，连续五年开展"自强之星"评选活动，积极宣传受助学生的优秀事迹，从而引起了学生的共鸣并提高了典型教育的影响力；其次应成立宣传领导小组并制订系统的宣传实施方案，通过召开教职工大会、学生集会等多种形式调动校内各群体在宣传活动方面的积极性；最后应充分利用电视、网络等新闻媒介和载体进行宣传报道，确保宣传内容的丰富性和形式的多样性。以复旦大学为例，2013 年开通"助学成才家园"微信平台，定期推送助学成才的活

---

① 参见刘晶、曲绍卫《后金融危机时代我国大学生资助实效性研究》，《首都师范大学学报》（社会科学版）2012 年第 6 期，第 151 页。

动信息以加强与学生的互动。

第六，创新资助育人模式以提高经费利用效益。新常态的特征与实质表明，经济的进一步发展不能再单纯依靠要素与投资优势而应当通过创新驱动来推动经济的可持续发展。随着高校学生资助经费增速的减缓，学生资助工作同样需要创新驱动来实现资助工作动力引擎的转换。鉴于此，高校学生资助管理中心应利用有限的资助经费着力创新资助育人的新模式，实现资助与育人效益的双重结合以达到资助经费效益的最大化。资助育人模式的创新可以简要分为生活资助项目创新与技能资助项目创新两种形式。首先，在生活资助项目创新中，一方面，学校可组织开展教师与家庭经济困难学生的结对活动，形成一对一的资助形式，对于指导贫困生的学习、生活与思想具有潜移默化的重要作用。例如，北京大学于 2010 年首推"燕园领航"计划，邀请知名学者、社会企业家和曾受资助的优秀毕业生作为领航老师，并与家庭经济困难的新生"结对子"，以密切关注并指导贫困生的学习与生活。另一方面，高校也可以在校内或周围社区开展贫困生献爱心活动，引导形成关爱高校家庭经济困难学生的和谐环境。其次，《老子》有云，"授人以鱼，不如授人以渔"。对于技能资助项目创新而言，要求项目内容的设计对大学生的综合素质及技能锻炼具有重要提升意义。例如，2012 年，北京大学为培养藏族贫困生成长成才而启动了"雪域阳光计划"，为贫困生量身设计了环保公益、支教实践、访问交流与勤工助学等项目以支持藏族贫困大学生发展学业，该资助项目的重要之处还在于对提升学生的素质与能力意义重大。

第七，开展诚信意识教育以提升贷款还款质量。在国家助学贷款政策的执行过程中，学生提交贷款申请十分积极且申请审批率也较高，然而在还贷阶段则屡屡出现不按时还息、还贷的现象，甚至有学生想方设法逃避债务，还款质量低下的原因究其根源在于学生诚信意识欠佳。为解决恶意逃贷等问题的出现，首先应推动借贷信用的法律规范性，建立健全助学贷款管理制度并落实贷后管理办法，按照规定严格处理不按期还贷等违规行为以督促贷款学生按时还贷；其次组织开展诚信教育活动以培养大学生按期还贷意识，采用灵活多样的教育形式将诚信教育的思想意识渗透到学习生活的方方面面。例如，中国地质大学（北京）创新了诚信教育方式，采用漫画形式制作专题海报，以生动形象的漫画形象与故事实现了教育学生诚信做人的目的；并且对按时还贷的学生予以鼓励和表彰，敦促贷款学生建立正确的价值导向。

第八，提升高校资助管理人员的专业化素养。中央直属高校资助管理存在的主要问题暴露出高校资助管理人员对资助工作的认识、工作熟练程度等方面有待改进。因此，提高资助管理队伍的专业化水平是今后高校学生资助管理工作的一项关键内容。其一，全国学生资助管理中心或高校可定期举办资助管理工作的专业培训，一方面使管理人员增强对资助管理工作重要性程度的认识，另一方面开展专业工作培训，例如，具体政策的执行方法、成效宣传的途径方式以及数据库的维护管理等；其二，高校间应当加强资助管理工作的沟通交流，通过定期举办研讨会为不同高校的管理者分享经验提供交流平台。

第五章　高校类别与大学生资助管理的建模分析

　　高校大学生资助管理水平受到多种因素的综合影响，除前文依据评估分数对各管理环节的绩效成绩进行分析外，本书从大学生资助管理工作的实际需求出发，针对高校类型对大学生资助管理水平的影响进行研究。将120所中央直属高校按照办学层次、办学水平、所在区域、隶属部门及学校类型进行分类，采用 Stata 12.0 统计软件对五种高校类别与大学生资助管理的基础建设、工作实施及工作成效分别进行虚拟自变量的多元线性回归分析，一方面能够得出高校类别对于大学生资助管理水平的解释力度，另一方面便于从类别差异入手有针对性地改进高校大学生资助管理水平。

第一节　描述性分析与显著性检验

　　本书按照高校的办学层次、办学水平、所属地区、隶属部门及学校类型的不同，将120所中央直属高校进行分类。按照办学层次划分，120所高校中包括112所普通本科高校和8所普通高等职业学校；依据办学水平将所有高校划分为38所"985"高校、48所"211"高校（其中不包括"985"高校）及34所一般高校；依据所在区域，划分为74所东部地区高校、25所中部地区高校以及21所西部地区高校；依据隶属部门，分为77所教育部直属高校及43所非教育部直属高校；依据学校类型划分为20所综合类高校及100所专业类高校。[①] 为初步判断高校类别与大学生资助管理水平间

---

　　① 参见中华人民共和国教育部《高等院校分类》（http://www.moe.gov.cn/jyb_zwfw/zwfw_fwxx/201506/t20150618_190602.html）。

的关系，本书按照不同划分方式对管理总均值、各项一级指标均值进行对比分析，并对各类别高校的分值在"优秀、中等、良好、及格、不及格"五个等级中的分布情况进行了描述性分析。在此基础上进行了 t 检验和单因素方差分析检验以了解不同类别划分下的分值差异显著性。

一 依据办学层次的分类比较

依据办学层次将 120 所中央直属高校划分为 112 所普通本科高校和 8 所普通高等职业学校。首先，从整体水平及三项一级指标的平均得分来看（见表2－27），普通本科高校资助管理平均得分为 81.75 分，而高职院校得分仅为 68.15 分；在三项一级指标方面，高职院校得分均落后于普通本科高校。所以，基于均值对比发现，普通本科高校大学生资助管理工作无论在整体水平还是三项一级指标上均普遍领先于普通高等职业学校。

其次，从 120 所中央直属高校资助管理绩效得分的等级分布情况来看，统计结果显示，14.29% 的高校成绩位于优秀阶段，53.57% 的高校成绩为良好，22.32% 的高校位于中等阶段；而高职院校则无高校在整体得分上位于良好或优秀水平，62.5% 的院校成绩位于中等阶段。总之，高职院校在整体水平及三项一级指标中优秀高校的比重均少于本科院校；且除工作成效指标项外，不及格的高校比重均高于本科院校。

在此基础上，通过对普通本科高校和普通高等职业学校进行独立样本 t 检验，结果见表 2－27，二者的整体水平、基础建设、工作实施及工作成效分值均在 0.01 的水平上存在显著差异（所有 $P < 0.01$）。

表 2－27 依据办学层次划分的显著性检验结果

项目	办学层次	均值（分）	t	Prob（｜T｜ > ｜t｜）
基础建设	普通本科高校	88.47	2.6467	0.0092
	普通高等职业学校	77.53		
工作实施	普通本科高校	77.3	4.5433	0.0000
	普通高等职业学校	62.01		
工作成效	普通本科高校	82.6	3.0302	0.0030
	普通高等职业学校	69.2		
整体水平	普通本科高校	81.75	4.6748	0.0000
	普通高等职业学校	68.15		

二　依据办学水平的分类比较

依据高校办学水平的不同将 120 所中央直属高校划分为 38 所 "985" 类高校、48 所 "211" 类高校（不包括 "985" 高校在内）及 34 所一般高校。首先，从均值来看（见表 2 − 28），"985" 类高校在工作实施、工作成效和整体得分上领先于 "211" 类高校，"211" 高校基础建设的评估结果略优于 "985" 高校；一般高校则在整体水平及三项一级指标上均落后于 "985""211" 高校，且均值差距较大。三类高校的基础建设成绩均领先于工作成效和工作实施。

表 2 − 28　　　　　　　　依据办学水平划分的显著性检验结果

项目	办学水平	均值（分）	F	Prob > F
基础建设	"985" 高校	90.2	12.86	0.0000
	"211" 高校	91.1		
	一般高校	80.03		
工作实施	"985" 高校	81.4	36.99	0.0000
	"211" 高校	79.06		
	一般高校	67.02		
工作成效	"985" 高校	86.1	8.57	0.0003
	"211" 高校	83.55		
	一般高校	74.05		
整体水平	"985" 高校	85.01	38.01	0.0000
	"211" 高校	83.59		
	一般高校	72.33		

其次，从得分等级分布情况来看，基础建设环节，38 所 "985" 高校的得分分布于优秀、良好和中等阶段，"211" 高校主要集中于优秀和良好阶段，而一般高校则较均匀地分布于各个等级阶段；工作实施阶段，"985" 高校得分集中分布在良好和中等水平，"211" 高校集中分布在良好、中等和及格水平，而一般高校则主要集中在及格、不及格和中等、良好阶段；工作成效环节，"985" 高校集中分布在优秀和良好阶段，"211" 高校则主要分布在优秀、良好、中等和及格阶段，而一般高校则主要集中

在良好、及格、中等阶段；最后，从整体得分来看，"985"高校和"211"高校大部分位于良好水平，一般高校则较均匀地分布在中等、及格和良好阶段。

本书采用单因素方差分析法对"985"高校、"211"高校及一般高校在整体水平、基础建设、工作实施及工作成效方面的得分进行分析。结果见表2-28，三类高校在整体水平及三个一级指标上的差异程度在0.001的水平上显著（所有$P<0.001$），即至少有一组高校与另一组高校存在显著差别，也有可能三组之间都存在显著差别。

Scheffe多重比较检验表明（见表2-29），"985"高校与"211"高校在整体水平及三项分维度上均不存在显著差异（$P>0.1$）；而"985"高校与一般高校、"211"高校与一般高校在整体水平及三项分维度上的分值差异显著（所有$P<0.01$）。

表2-29　　　依据办学水平划分的 Scheffe 多重比较检验结果

组间比较 P 值	基础建设	工作实施	工作成效	整体水平
"985"高校与"211"高校	0.891	0.348	0.480	0.618
"985"高校与一般高校	0.000	0.000	0.001	0.000
"211"高校与一般高校	0.000	0.000	0.011	0.000

三　依据所在区域的分类比较

根据高校所在区域的不同，按照东、中、西部地区的划分方式，将120所中央直属高校分为74所东部地区高校、25所中部地区高校和21所西部地区高校，并对其资助管理水平差异进行研究，结果如表2-30所示。

首先，从总体得分来看，中部地区高校绩效水平最高为82.38分；东部地区高校绩效水平居中为80.92分；西部地区高校绩效水平最低，仅为78.72分。从基础建设评估得分来看，中部地区高校同样领先于东部和西部地区高校。从工作实施得分来看，中部地区高校领先于西部、东部地区高校。从工作成效来看，东部地区领先于中部和西部地区高校。

表2-30   依据所在区域划分的显著性检验结果

项目	所在区域	均值（分）	F	Prob > F
基础建设	东部地区高校	88.03		
	中部地区高校	91.93	4.81	0.0098
	西部地区高校	81.7		
工作实施	东部地区高校	75.7		
	中部地区高校	77.06	0.16	0.8534
	西部地区高校	76.9		
工作成效	东部地区高校	83.05		
	中部地区高校	81.35	0.81	0.4489
	西部地区高校	78.75		
整体水平	东部地区高校	80.92		
	中部地区高校	82.38	1.04	0.3563
	西部地区高校	78.72		

其次，基于分值等级分布情况分析，从优秀高校比重来看，中部地区在总分及三项一级指标上得分优秀的高校比重普遍高于东部和西部地区；从不及格的高校比重来看，西部地区高校不及格的比重明显高于东部和中部地区高校。

在上述分析的基础上，本书采用单因素方差分析法对东部、中部及西部地区高校在整体水平、基础建设、工作实施及工作成效方面的得分进行分析，得出表2-30。结果显示，三类高校的基础建设在0.01的水平上存在显著差异（$P = 0.0098$），即至少有一组高校与另一组高校在基础建设环节差异显著，也有可能在三组之间都存在显著差别。而在工作实施、工作成效及整体水平方面，三组高校间皆不存在显著差异（$P > 0.1$）。

通过Scheffe多重比较检验得出表2-31，东部与中部地区高校基础建设成绩不存在显著差异（$P > 0.1$），东部与西部地区高校在0.1的水平上差异显著（$P = 0.079$），中部与西部地区高校则在0.05的水平上差异显著（$P = 0.010$）。

表 2 - 31　　　　　依据所在区域划分的 Scheffe 多重比较检验结果

组间比较 P 值	基础建设
东部地区高校与中部地区高校	0.326
东部地区高校与西部地区高校	0.079
中部地区高校与西部地区高校	0.010

四　依据隶属部门的分类比较

我国中央直属高校分别隶属不同的国务院组成部门及其直属机构，经统计归类，120 所调查对象中包括教育部直属高校 77 所（将分校区包含在内），其余 43 所高校分别隶属于教育部以外的 23 个不同部门。为便于分析，研究在此将其划分为教育部直属高校和非教育部直属高校。

首先，从均值情况来看（见表 2 - 32），教育部直属高校大学生资助管理水平得分为 83.95 分，非教育部直属高校得分为 75.27 分；在基础建设、工作实施及工作成效环节，教育部直属高校的均值普遍高于非教育部直属高校。

其次，从分值等级分布的角度对比分析教育部直属高校与非教育部直属高校的大学生资助管理工作水平。教育部直属高校得分优秀的比重远远高于非教育部直属高校。从基础建设评估结果来看，63.64% 的教育部直属高校评估成绩为优秀，不及格的高校比重为 2.6%；而非教育部直属高校则有 37.21% 的评估成绩处于优秀等级，且不及格的高校比重为 4.65%；在工作实施方面，7.79% 的教育部直属高校成绩为优秀且无高校得分不及格，而非教育部直属高校的优秀比重为 0，不及格的高校比重达到 18.6%；从工作成效得分来看，38.96% 的教育部直属高校工作成效表现优异，且只有 1.3% 的高校成绩不及格；而非教育部直属高校则仅有 12.26% 的成绩优秀，不及格的高校比重为 9.3%；在整体水平方面，接近 80% 的教育部直属高校资助管理整体水平位于良好及以上；而非教育部直属高校在优秀阶段的高校数量为 0，37.21% 的高校整体绩效水平为良好，另有 6.98% 的高校管理不及格。

在此基础上，通过对两组高校得分进行独立样本 t 检验，结果见表 2 - 32，两组高校的整体水平、基础建设、工作实施及工作成效得分均在 0.01 的水平上存在显著差异（所有 $P < 0.01$）。

表 2 - 32 依据隶属部门划分的显著性检验结果

项目	办学层次	均值（分）	t	Pr（｜T｜＞｜t｜）
基础建设	教育部直属高校	90.3	3.4043	0.0009
	非教育部直属高校	83.13		
工作实施	教育部直属高校	79.94	6.1519	0.0000
	非教育部直属高校	69.78		
工作成效	教育部直属高校	84.3	3.1688	0.0019
	非教育部直属高校	77.04		
整体水平	教育部直属高校	83.95	6.0297	0.0000
	非教育部直属高校	75.27		

五 依据学校类型的分类比较

依据学校类型的分类标准，参照邱均平等在《中国大学及学科专业评价报告》中对于我国大学的分类研究，将高校划分为综合类、理工类、财经类、师范类、文法类、农林类、医药类、民族类、艺术类和体育类10类高校。为便于后续回归分析，在此将高校划分为综合类和专业类两大类别，包括20所综合类高校及100所专业类高校。首先，从均值来看（见表 2 - 33），综合类高校资助管理总分为85.28分，高于专业类高校的79.95分；在三项一级指标得分均值上，前者均高于后者。其次，从得分等级分布情况来看，统计结果显示，无论是整体水平还是三项一级指标的工作水平，综合类高校得分位于优秀等级的比重普遍高于专业类高校，而在不及格的学校比重方面，除工作成效指标外，专业类高校普遍高于综合类高校。

本书通过对两组高校进行独立样本 t 检验，结果见表 2 - 33，综合类高校与专业类高校的整体水平、基础建设、工作实施在 0.05 的水平上存在显著差异（所有 $P < 0.05$），而在工作成效环节则不存在显著差异（$P = 0.8682$）。

表 2 - 33　　　　　　　　　　依据学校类型划分的显著性检验结果

项目	办学层次	均值（分）	t	$Pr（|T|>|t|）$
基础建设	综合类高校	92.57	2.0666	0.0410
	专业类高校	86.77		
工作实施	综合类高校	82.18	3.0496	0.0028
	专业类高校	75.06		
工作成效	综合类高校	82.15	0.1663	0.8682
	专业类高校	81.6		
整体水平	综合类高校	85.28	2.5806	0.0111
	专业类高校	79.95		

第二节　多元线性回归模型的构建

由于高校大学生资助管理整体水平及各工作环节因高校类别的不同而显示出一定差异，出于实际管理工作的切实需要，本书将具体针对高校类别与基础建设、工作实施及工作成效进行虚拟自变量的多元线性回归分析。考虑到 t 检验和单因素方差分析仅仅对不同类别高校得分的均值显著差异进行判断，并不能推测变量之间是否存在因果关系。因此，研究将五个解释变量一同纳入虚拟自变量的回归模型中进行分析，以综合判断高校类别对资助管理的基础建设、工作实施及工作成效的解释力度。

一　方法选取与研究假设

（一）研究方法的选取

回归分析（regression analysis）是用等式或回归方程式的形式来表示变量之间关系的一种推断性统计分析方法，依据实测资料来寻求一个变量与两个或多个变量数学关系的经验方程，并利用该方程来近似地表示变量之间的平均变化状况。其中，研究多个变量关系的回归分析称作多元回归。一元线性回归方式是在不考虑其他因素或者假设其他影响确定的条件下分析某个自变量与对一个因变量的影响，因而是一种理想状态下的分析。然而在现实社会生活中，任何一个因变量都会受到多种因素的影响，因此一元回归分析仅仅考虑单个变量是不够的。多元回归分析则通过分析多种因素共同作用于一个因变量以便在一定程度上弥补一元回归分析的不足，并达到以下三个目的：其一，得到单个自变量对因变量的净作用从而探明自变量的独立贡献；其二，增加统计分析结果的可比性，通过纳入更多的自变量在更大程度上对个体的异质性进行控制；其三，能够满足因果关系的第三个前提——排除因变量与某个自变量间的关系其实是由第三个因素引起的虚假关系。[①]

依据因变量的测量水平以及描述自变量与因变量之间因果关系的函数表达式，回归分析包括线性回归和非线性回归。由于本书对多个变量之间的关系进行研究，因此选取多元回归分析方法；之所以采用线性回归方法，是因为研究中的因变量"大学生资助管理水平、基础建设、工作实施、工作成效"均为连续型变量，非线性 Logistic 回归则要求因变量必须为二分类虚拟变量、多分类变量、计数变量等，若将资助管理得分划分为不同等级再使用 Logistic 回归则会降低数据有效性。因此本书选取多元线性回归方法进行模型构建与分析。

（二）变量说明

本书采用多元线性回归法分析办学层次、办学水平、所在区域、隶属部门及学校类型对基础建设、工作实施及工作成效的影响。因此，研究存在五个自变量：办学层次、办学水平、所在区域、隶属部门及学校类型；因变量分别为基础建设、工作实施及工作成效。五个解释变量均为虚拟分类变量，当分类变量具有 n 个类别时，需引入 $n-1$ 个变量，否则就会导致完全的多重共线性问题（见表 2-34）。

其中，省略的一组被称为"参照组"。其中，办学层次、隶属部门和学校类型均为二分类虚拟变量；办学水平和所在区域为三分类虚拟变量。

---

① 参见杨菊华《数据管理与模型分析：STATA 软件应用》，中国人民大学出版社 2012 年版，第 173 页。

表 2 - 34   解释变量与被解释变量说明

解释变量	变量说明
办学层次	普通高等职业学校（参照组）；普通本科高校
办学水平	"985" 高校（参照组）；"211" 高校；一般高校
所在区域	中部地区高校（参照组）；东部地区高校；西部地区高校
隶属部门	非教育部直属高校（参照组）；教育部直属高校
学校类型	专业类高校（参照组）；综合类高校
被解释变量	变量说明
基础建设	连续型数据变量，一级指标之一
工作实施	连续型数据变量，一级指标之二
工作成效	连续型数据变量，一级指标之三

（三）研究假设的提出

由于研究中的自变量为分类变量，当分类变量具有 n 个类别时，需引入 $n-1$ 个变量，因此，研究需引入 7 个变量。依据前文的理论分析，研究在此提出如下假设。

研究假设 1：普通本科高校的基础建设、工作实施及工作成效均显著优于普通高职院校。

研究假设 2："985 高校"的基础建设、工作实施及工作成效均显著优于 "211" 高校。

研究假设 3："985" 高校的基础建设、工作实施及工作成效均显著优于一般高校。

研究假设 4：东部地区高校的基础建设、工作实施及工作成效均显著优于 "211" 高校、显著优于中部地区高校。

研究假设 5：中部地区高校的基础建设、工作实施及工作成效均显著优于 "211" 高校、显著优于西部地区高校。

研究假设 6：教育部直属高校的基础建设、工作实施及工作成效均显著优于非教育部直属高校。

研究假设 7：综合类高校的基础建设、工作实施及工作成效显著均优于专业类高校。

二　回归模型的构建

（一）多元线性回归模型公式

描述因变量 Y 如何依赖多个自变量和误差项而异的模型称为多元回归模型（Multiple Regress Model）。一般而言，设因变量为 Y，k 个自变量分别为 x_1，x_2，x_3，$\cdots$，x_k。如下所示：

$$Y = \beta_0 + \beta_1 x_1 + \beta_2 x_2 + \beta_3 x_3 + \cdots + \beta_k x_k + \varepsilon \qquad (2-2)$$

其中，Y 为因变量，β_0 为回归常数，β_1，β_2，β_3，β_k 为各影响因素的偏回归系数（例如，β_1 表示在其他自变量不变的情况下，自变量 x_1 一个单位的变动引起因变量 Y 的平均变动单位），x_1，x_2，x_3，x_k 则为各项自变量，为误差项，反映的是除了 x_1，x_2，x_3，$\cdots$，x_k 对 Y 的线性关系影响之外的随机因素对 Y 的影响。由于多元线性回归将误差项 ε 进行了基本假定，即 $E(\varepsilon) = 0$，ε 是一个期望值等于 0 的随机变量；$Var(\varepsilon)$ δ^2，对于自变量 x_1，x_2，x_3，$\cdots$，x_k 的所有值，ε 方差都等于 δ^2；$\varepsilon \sim N(0, \delta^2)$，$\varepsilon$ 是服从正态分布的随机变量且相互独立。

（二）虚拟自变量的多元线性回归模型

虚拟分类自变量的多元线性回归有其特殊性。当分类变量具有 n 个类别时，需引入 $n-1$ 个变量，否则就会导致完全的多重共线性问题。其中，省略的一类被称为"参照类"。研究存在五个自变量和三个因变量，详见表 2-34。由于五个自变量为虚拟分类自变量，其中包括三个二分类变量和两个三分类变量（以哑变量形式引入模型），因此在回归模型中共需引入 7 个变量。为具体了解基础建设、工作实施与工作成效三个工作环节中的影响因素，设 Y_1 为基础建设，Y_2 为工作实施，Y_3 为工作成效；办学层次以普通高等职业学校为基底，办学水平以"985"高校为基底，所在区域以中部地区高校为基底，隶属部门以非教育部直属高校为基底，学校类型以专业类高校为基底，建立以下三个回归模型：

（1）高校类别对大学生资助管理基础建设的回归模型：

$$Y_1 = \beta_{01} + \beta_{11} x_1 + \beta_{21} x_2 + \beta_{31} x_3 + \beta_{41} x_4 + \beta_{51} x_5 + \beta_{61} x_6 + \beta_{71} x_7 \qquad (2-3)$$

（2）高校类别对大学生资助管理工作实施的回归模型：

$$Y_2 = \beta_{02} + \beta_{11} x_1 + \beta_{21} x_2 + \beta_{31} x_3 + \beta_{41} x_4 + \beta_{51} x_5 + \beta_{61} x_6 + \beta_{71} x_7 \qquad (2-4)$$

（3）高校类别对大学生资助管理工作成效的回归模型：

$$Y_3 = \beta_{01} + \beta_{11}x_1 + \beta_{21}x_2 + \beta_{31}x_3 + \beta_{41}x_4 + \beta_{51}x_5 + \beta_{61}x_6 + \beta_{71}x_7 \qquad (2-5)$$

其中，x_1 表示办学层次虚拟变量，$x_1 = 1$ 表示普通本科高校，$x_1 = 0$ 表示普通高等职业学校；x_2 表示"211"高校虚拟变量，$x_2 = 1$ 为"211"高校，$x_2 = 0$ 表示不是"211"高校；x_3 表示一般高校虚拟变量，$x_3 = 1$ 表示一般高校，$x_3 = 0$ 表示不是一般高校；x_4 表示东部地区高校虚拟变量，$x_4 = 1$ 表示东部地区高校，$x_4 = 0$ 表示不是东部地区高校；x_5 表示西部地区高校虚拟变量，$x_5 = 1$ 表示西部地区高校，$x_5 = 0$ 表示不是西部地区高校；x_6 表示隶属部门虚拟变量，$x_6 = 1$ 表示教育部直属高校，$x_6 = 0$ 表示非教育部直属高校；x_7 表示学校类型虚拟变量，$x_7 = 1$ 表示综合类高校，$x_7 = 0$ 表示专业类高校。

（三）回归结果分析

研究采用 Stata 12.0 统计软件对 120 所中央直属高校的样本数据进行虚拟自变量的多元线性回归分析，执行回归命令后得出三个常规模型，各个模型中每个自变量回归的 F 检验、判定系数检验、T 检验、回归系数、标准误、置信区间等结果直接输出。需要特别说明的是，回归分析中采用的数据是基础建设、工作实施及工作成效换算百分制前的得分。

1. 高校类别对资助管理基础建设影响的回归模型（见表 2 - 35）

表 2 - 35　　　　大学生资助管理基础建设影响因素模型回归结果

虚拟自变量	变量分类	偏回归系数	标准误差	T 值	P 值
办学层次	普通本科高校	1.614187	1.303409	1.24	0.218
办学水平	"211"高校	.6015524	.6991591	0.86	0.391
	一般高校	−2.240627	.9802269	−2.29	0.024
所在区域	东部地区高校	−1.550808	.7444979	−2.08	0.040
	西部地区高校	−3.150777	.915321	−3.44	0.001
隶属部门	教育部直属高校	−.0045597	.802481	−0.01	0.995
学校类型	综合类高校	1.411722	.803349	1.76	0.082
	_ cons	26.48467	1.467538	18.05	0.000

Number of obs = 120　　　　F (7, 112) = 6.14　　　　Prob > F = 0.0000

R − squared = 0.2774　　　　Adj R − squared = 0.2322　　　Root MSE = 3.039

通过不同类别高校针对大学生资助管理的基础建设影响，有利于更好地看到它们的差异性。

第一，F 检验显示，该回归模型具有统计显著意义（Prob > F = 0.0000），至少有一个自变量与因变量之间存在显著的线性关系。

第二，判定系数检验显示，办学层次、办学水平、所在区域、隶属部门及学校类型五个虚拟自变量可以解释 120 所中央直属高校大学生资助管理基础建设水平的 28%（R – squared = 0.2774）。

第三，T 检验显示，在大学生资助管理的基础建设环节，虚拟变量办学层次（$P > |t| = 0.218$）、"211 高校"（$P > |t| = 0.391$）、隶属部门（$P > |t| = 0.995$）对于高校大学生资助管理的基础建设水平无显著性影响；一般高校的基础建设绩效在 0.05 的水平上显著低于"985"高校（$P > |t| = 0.024$）；在所在区域上，中部地区高校的基础建设水平显著优于东部和西部地区高校（$P > |t| = 0.040$）（$P > |t| = 0.001$），通过比较东、西部地区高校的回归系数，研究发现东部地区高校的基础建设优于西部地区高校；综合类高校则在 0.1 的水平上显著优于专业类高校（$P > |t| = 0.082$）。

总之，在基础建设水平上，"985"高校显著优于一般高校；中部地区高校显著优于东部地区高校，东部地区高校优于西部地区高校；综合类高校显著优于专业类高校。

根据分析结果，由于 x_1 办学层次虚拟变量、x_2 "211" 高校虚拟变量以及 x_6 隶属部门虚拟变量对于基础建设水平的影响并不显著，因此将其余四个变量的回归系数代入方程，得出高校大学生资助管理基础建设的回归方程如下：

$$Y_1 = 26.48467 - 2.240627x_3 - 1.550808x_4 - 3.150777x_5 + 1.411722x_7$$

$$(2-6)$$

其中，$x_3 = 1$ 为一般高校，否则为 0；$x_4 = 1$ 为东部地区高校，否则为 0；$x_5 = 1$ 为西部地区高校，否则为 0；$x_7 = 1$ 为综合类高校，否则为 0。

2. 高校类别对资助管理工作实施影响的回归模型（见表 2 - 36）

表 2 - 36　　　　大学生资助管理工作实施影响因素模型回归结果

虚拟自变量	变量分类	回归系数	标准误差	T 值	P 值
办学层次	普通本科高校	3.574672	1.620041	2.21	0.029
办学水平	"211"高校	-.7634491	.8690032	-0.88	0.382
	一般高校	-5.095588	1.21835	-4.18	0.000
所在区域	东部地区高校	-1.544946	.925356	-1.67	0.098
	西部地区高校	-.4946807	1.137676	-0.43	0.665
隶属部门	教育部直属高校	1.271957	.9974247	1.28	0.205
学校类型	综合类高校	1.799536	.9985035	1.8	0.074
	_ cons	36.45863	1.824041	19.99	0.000

Number of obs = 120　　　F (7, 112) = 12.87　　　Prob > F = 0.0000

R - squared = 0.4457　　　Adj R - squared = 0.4111　　　Root MSE = 3.7772

第一，F 检验显示，大学生资助管理的工作实施影响因素模型具有统计显著意义（Prob > F = 0.0000），即在该模型中至少有一个自变量与因变量之间存在显著的线性关系。

第二，判定系数检验显示，五个自变量共解释了工作实施水平的 45%（R - squared = 0.4457）。

第三，T 检验表明，虚拟变量"211"高校（$P > |t| = 0.382$）、西部地区高校（$P > |t| = 0.665$）、隶属部门（$P > |t| = 0.205$）对资助管理工作实施情况无显著影响；办学层次差异程度在 0.05 的水平上显著（$P > |t| = 0.029$）；"985"高校的工作实施绩效在 0.001 的水平上显著优于一般高校（$P > |t| = 0.000$）；中部地区高校在 0.1 的水平上显著优于东部地区高校（$P > |t| = 0.098$）；综合类高校也在 0.1 的水平上显著优于专业类高校（$P > |t| = 0.074$）。

总之，在工作实施环节中，普通本科高校显著优于普通高职院校；"985"高校显著优于一般高校；中部地区高校显著优于东部地区高校；

综合类高校显著优于专业类高校。

根据分析结果，由于 x_2 "211" 高校虚拟变量、x_5 西部地区高校虚拟变量以及 x_6 隶属部门虚拟变量对于基础建设水平的影响不显著，因此将其余四个变量的回归系数代入方程，得出高校大学生资助管理工作实施的回归方程如下：

$$Y_2 = 36.45863 + 3.574672x_1 - 5.095588x_3 - 1.544946x_4 + 1.799536x_7$$

$$(2-7)$$

其中，$x_1 = 1$ 为普通本科高校，否则为 0；$x_3 = 1$ 为一般高校，否则为 0；$x_4 = 1$ 为东部地区高校，否则为 0；$x_7 = 1$ 为综合类高校，否则为 0。

3. 高校类别对资助管理工作成效影响的回归模型（见表 2-37）

表 2-37　　　　大学生资助管理工作成效影响因素模型回归结果

虚拟自变量	变量分类	回归系数	标准误差	T 值	P 值
办学层次	普通本科高校	1.496359	1.009706	1.48	0.141
办学水平	"211" 高校	-.8401435	.5416143	-1.55	0.124
	一般高校	-1.816852	.7593478	-2.39	0.018
所在区域	东部地区高校	-.0532169	.5767367	-0.09	0.927
	西部地区高校	-.6094152	.7090675	-0.86	0.392
隶属部门	教育部直属高校	.3619835	.6216542	0.58	0.562
学校类型	综合类高校	-.6671163	.6223266	-1.07	0.286
	_cons	15.81336	1.136851	13.91	0.000

Number of obs = 120　　　　F (7, 112) = 3.18　　　　Prob > F = 0.0042

R - squared = 0.1657　　　Adj R - squared = 0.1135　　Root MSE = 2.3542

第一，F 检验显示，大学生资助管理工作成效影响因素模型具有显著的统计意义（Prob > F = 0.0042），即在该模型中至少有一个自变量与因变量之间存在显著的线性关系。

第二，判定系数检验显示，五个自变量共解释了工作实施水平的 17%（R - squared = 0.1657）。

第三，T 检验表明，7 个虚拟变量中仅有一般高校变量对大学生资助管理的工作成效在 0.05 的水平上影响显著，即"985"高校的工作成效显著高于一般高校（$P > |t| = 0.018$）。

总之，研究得出"985"高校的工作成效显著优于一般高校，而其余变量的影响并不显著，因此仅将 x_3 一般高校虚拟变量代入方程，$x_3 = 1$ 为一般高校，否则为 0，即一般高校的工作实施绩效约为 14 分（注：百分制换算前的得分）。

$$Y_3 = 15.81336 - 1.816852x_3 \qquad (2-8)$$

三 模型质量检验

为保证回归模型的科学性与可靠性，研究对回归模型进行残差分布及多重共线性的质量检验。

（一）残差的正态分布检验

图 2-8、图 2-9、图 2-10 为三组模型残差曲线与标准正态分布曲线的拟合，运用核密度估计的方法检验三组模型的拟合情况，从拟合情况不难发现，残差基本符合正态分布。

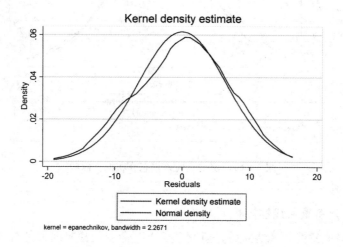

图 2-8 模型一残差正态分布拟合曲线

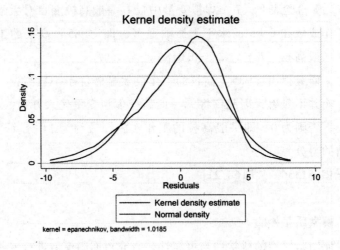

图 2 - 9　模型二残差正态分布拟合曲线

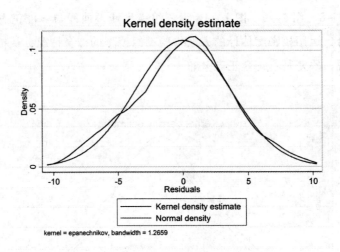

图 2 - 10　模型三残差正态分布拟合曲线

（二）多重共线性检验

为避免多重共线性问题，研究基于 VIF 命令的检验结果进行判断。一般而言，若某个变量的 VIF 值大于 10 则需做进一步的检查；1/VIF 通常被视作检验多重共线性问题的容忍度。当某个自变量的容忍度取值低于 0.1 时，表明该变量可以被看作其他自变量的线性组合。结果显示，研究中引入的 7 个自变量的 VIF 值均小于 10，1/VIF 均大于 0.1，从而表明模型中的各个自变量之间并不存在多重共线性问题（见表 2 – 38）。

表 2 – 38   方差膨胀因子检验

自变量	VIF	1/VIF
X_3	2.54	0.394462
X_6	1.92	0.519765
X_4	1.80	0.556962
X_5	1.77	0.565190
X_2	1.52	0.656010
X_1	1.37	0.728059
X_7	1.16	0.858613
Mean VIF	1.73	

第三节　回归分析的主要结论及对策

通过多元线性回归模型的构建，依据回归分析结果，本书假设 3 成立，其余假设并不完全成立。具体研究结论与建议分析如下。

一　研究结论分析

（一）高校类别与大学生资助管理基础建设

在资助管理工作的投入环节，高校类别能够解释资助管理基础建设绩效的 28%。其中，所在区域显著影响着高校大学生资助管理工作的基础建设水平，中部与东、西部地区高校间均存在显著差异性；"985"高校与一般高校差异性显著；综合类高校显著优于专业类高校；办学层次、隶属部门则对于基础建设不存在显著影响。

第一，基础建设水平与区域经济发展水平并非呈正比例关系，而是更多地依赖于高校自身的重视程度和绩效水平。高校大学生资助管理工作的机构、队伍、制度和信息平台建设因地域不同而存在显著差异，中部地区高校的基础建设情况最佳，西部地区高校基础建设最为薄弱。值得注意的是，东部地区高校并未由于经济发展水平较高而在资助管理工作中体现出基础建设方面的优势，反而是经济发展水平适中的中部地区在基础建设环节彰显出极佳的工作水平，从而表明高校大学生资助管理的基础建设水平与区域经济发展水平并非呈正比例关系，其基础建设绩效更多地与高校自身的重视程度和绩效水平相关。第二，"985"高校往往具备更充足的人力、物力及财力资源以开展基础建设。"985"高校在基础建设上显著优于一般高校，既表明了"985"高校基础建设的优异成绩，同时也体现出一般高校在基础建设环节上还有待改进。研究认为形成这种局面的主要原因在于"985"高校较一般高校而言往往具备更充足的人力、物力及财力资源来投入基础建设之中，且对于资助管理工作往往更为重视。第三，综合类高校的基础建设成效显著优于专业类高校，在一定程度上表明综合类高校相对而言更为重视资助管理的投入工作。

（二）高校类别与大学生资助管理工作实施

在资助管理工作的过程环节，高校类别解释了大学生资助管理工作实施绩效的45%，从而说明高校类别对工作实施的影响力大于基础建设和工作成效。其中，办学层次对于高校大学生资助管理工作的实施具有显著影响；"985"高校与"211"高校相比不存在显著差异，但与一般高校的工作实施情况相比则差异性显著；中部地区高校的工作实施水平显著优于东部地区高校；综合类高校显著优于专业类高校；隶属部门与工作实施绩效无显著关联。

研究认为，首先，普通本科高校的资助工作实施情况显著优于普通高等职业学校，表明本科高校相对更重视资助管理工作且在工作实施过程中更加注重规范性。其次，综合类高校的工作实施成效显著优于专业类高校，中部地区高校显著优于东部地区高校，研究认为与高校对工作的重视程度不同有关。最后，"985"高校的工作实施绩效显著优于一般高校，研究认为原因有三：第一，"985"高校因基础建设本身的优越性能够更顺利地开展资助管理实施工作；第二，"985"高校因较高的办学水平而往往具备更广泛的媒介宣传途径进而影响其宣传工作开展力度等；第三，"985"高校在资助管理人员配备方面往往对资助管理人员的专业化素养和工作熟练程度具有更高的要求。

（三）高校类别与大学生资助管理工作成效

在资助管理工作的产出环节，高校类别共解释了大学生资助管理工作成效的 17% 。"985"高校再次在工作成效环节体现出了显著的优势，主要原因在于：第一，"985"高校因较高的办学水平而往往具有更高的生源质量，从而间接作用于家庭经济困难学生的就业率等指标进而影响工作成效绩效。第二，"985"高校因较高的办学水平和充足的办学经费而往往使其生均资助力度优于一般高校。

（四）主要结论

综上所述，主要结论为：（1）"985"高校在大学生资助管理的各个环节均体现出显著优势；（2）高校大学生资助管理的基础建设水平与区域经济发展水平并非正比例关系，其资助管理效果更多地与高校自身对资助管理工作的重视程度有密切关系；（3）办学层次对工作实施的影响显著，本科高校相对更重视资助工作实施且更注重工作开展的规范性；（4）学校类型对基础建设、工作实施影响显著；（5）是否隶属教育部与资助管理水平并无显著关系。研究认为"985"高校体现出显著优势的主要原因在于：一是相对更重视学生资助管理工作；二是在人才引进方面对于资助管理工作人员的专业化素养与工作熟练程度要求更高；三是具有更充足的资源条件来投入资助管理的基础建设之中；四是具有更广泛的媒介途径以宣传资助政策和资助成效进而提高其工作实施水平；五是本身所具备的优秀生源条件会通过家庭经济困难学生就业率等指标来影响其工作成效。

二 研究建议

针对不同类别高校在资助管理工作的基础建设、工作实施及工作成效中的表现，本书侧重于对落后类别高校的落后环节提出相应的改进意见。在基础建设环节，东、西部地区高校、一般高校及专业类高校的绩效表现有待提升；在工作实施环节，普通高职院校、一般高校、东部地区高校及专业类高校有待改进；在工作成效环节较薄弱的高校类别为一般高校。即东部地区高校需要在基础建设和工作实施环节重点改进工作；西部地区高校应重点改进基础建设；专业类高校需改进基础建设和工作实施绩效；高职院校应重点改进工作实施绩效；一般高校则需在各环节予以改进。针对这种现象，研究建议以"分类施策"为原则，对落后类别的高校有侧重点、有针对性地着重改进资助管理的薄弱环节。

首先，对于东、西部地区高校而言，应着力改进校内大学生资助管理的基础建设绩效。经统计，中部地区在基础建设的机构、队伍、制度和信息平台四个环节的绩效得分均在 90 分以上；东部地区仅有队伍建设得分为 91.5 分，机构建设得分为 89.1 分，制度建设和信息平台建设得分均在 86 分；西部地区机构建设得分为 89.1 分，队伍建设和信息平台建设得分均为 84.5 分，制度建设仅为 72.4 分。由此看来，东部地区在制度和信息平台建设方面有待进一步改进，西部地区则应针对队伍、制度及信息平台建设着力开展工作，尤其是在制度建设方面，西部地区高校格外落后。因此，其一，东部和西部地区高校均应加强大学生资助管理制度建设，加强对制度建设重要性的认识，特别是对于西部地区高校而言，规范大学生资助管理办法迫在眉睫，应当对各项资助制度的建设一视同仁，未出台校级退役士兵、基层就业及服义务兵役的资助管理办法的高校应尽快制定具体办法。制定规范的资助制度与管理办法是大学生资助项目公平有序开展的基础前提与重要保障，如若缺乏相应管理办法，特别是贫困学生认定管理办法，将严重影响资助过程的公平性和公正性致使大学生资助的意义无从谈起。其二，东部和西部地区高校还应当加大信息平台建设力度，完善校内资助管理信息平台的功能，避免将其沦为形式。其三，西部地区高校应重点加强校级资助管理机构的人员配备力量。经查阅分析，西部地区高校之所以队伍建设绩效成绩落后，其主要原因在于校级机构的专职人员配备不足。除此之外，东部地区工作实施环节显著落后于中部地区的主要原因是对于资助宣传教育工作的认识不足，因此应积极响应 2015 年教育部出台的有资助宣传工作的号召，对政策宣传与成效宣传引起足够的重视。

其次，普通高职院校应集中改善资助管理工作的过程环节。经统计，高职院校在工作实施环节的扣分项集中体现为未及时发放资助金、未及时向资助管理中心报送材料、事业收入资助经费支出水平低、勤工助学岗位占比较低、宣传工作和育人活动开展不足。研究认为之所以高职院校在以上环节绩效成绩较低，其主要原因在于：一是学校及资助管理部门对于资助管理工作的重视程度不足，集中表现在对宣传活动、育人活动及向上级汇报信息方面；二是高职院校在资助管理工作上的规范化程度有所欠缺。为此，对高职院校资助管理工作的改进提出以下几点建议：其一，高职院校应当对资助管理工作引起充分的重视，在全面了解资助管理工作目的与意义的同时认识到高职院校是开展大学生资助的重要阵地之一；其二，加强各项资助政策实施的规范化程度，按时发放国家奖学金、助学金等相关资金，认真按照上级管理部门要求报送材料等信息；其三，大力加强对资助政策及资助成效的宣传力度，使学生及时、准确地了解相关资助政策与信息，通过受助学生优秀事迹的宣传感染其他家庭经济困难学生；其四，按照3%—5%的比例范围加大学校提取事业收入用于资助经费的支出。

再次，一般高校应重点加强制度建设、信息平台建设、宣传教育工作及资助成效等工作的改进。据统计，在一般高校的九项二级评估指标得分中，只有机构建设、队伍建设、政策落实、信息管理及服务特殊领域平均得分在80分以上，制度建设、信息平台建设及资助成效得分在75分左右，宣传教育得分仅为21.96分。尤其在宣传教育环节，一般高校除主题教育得分及格外，政策宣传、成效宣传、形式创新、育人活动学生获奖、信息报送等指标均有待改进。基于此，第一，通过教育督导使高校资助管理部门提高对于资助宣传工作重要性的认识，具体措施见前文有关成效与政策宣传内容。第二，加大资助育人活动的开展力度并注重育人模式载体的创新，通过开展诚信、感恩、励志等主题教育活动来加强对学生精神品质的熏陶，鼓励优秀受助学生积极参与全国资助育人主题活动，实现大学生资助工作资助与育人双重效益的结合。第三，关注国家助学贷款还款质量的提升并进一步完善校内资助信息平台建设与政策制度建设。

最后，专业类高校应着力加强国家奖助学金、国家助学贷款、勤工助学以外的资助项目管理办法的制定，并充分重视资助宣传教育工作。经统计，专业类高校在基础建设环节显著落后于综合类高校的主要指标在于制度建设，在工作实施环节显著落后的指标是宣传教育。制度建设和宣传教育工作绩效的落后均是由于校级资助管理机构对于个别资助制度建设未引起重视以及对于宣传教育工作的重要性认识不足所致。许多高校认为国家奖助学金、国家助学贷款制度和勤工助学是大学生资助政策体系的主要内容，因而仅仅针对这几项资助数额较大的项目制定了校级资助管理办法，往往忽视了退役士兵、服义务兵役及基层就业学费补偿贷款代偿等管理办法的制定。因此，应重点对奖助学金、助学贷款及勤工助学以外的资助项目加强制度建设。

第 三 篇

大学生资助效果评估研究

第一章　执行主体的实施 效果评价研究

对于任何政策的执行效果评价都至少需要考虑两方面的影响因素：一是政策本身的合理性；二是政策执行的有效性，对于高校家庭经济困难学生资助政策的执行效果评价也适用于此。首先，高校家庭经济困难学生资助政策要想发挥优势，其资助方案自身一定是合理、可行的，适应当前社会经济发展阶段特点；其次，高校作为政策执行的主体，是联系政策制定者（政府）和目标群体（家庭经济困难学生）之间的中间环节，其对政策实施的理解运用、采用的技术方法和投入的资源力度，是影响政策执行效果的重要因素。因此，本章基于政策执行主体的视角，运用综合评价的理论和方法对家庭经济困难学生资助政策在所调研高校的执行效果进行了实证评价。

由于影响高校家庭经济困难学生资助工作效果的因素很多，各种因素对于资助效果的影响也不一样，因此在评价时必须考虑多种影响因素，这样的评价方法被称为综合评价。任何一项综合评价的具体思路，大致可以分为熟悉评价对象、确立评价指标体系、确定指标权重、选择评价方法、分析评价结果等环节。其中确立评价指标体系，确定指标权重和选择评价方法这三个环节是综合评价的关键环节，而指标权重的确定和评价方法的选择又往往是交织在一起的，因此在综合评价中最重要的两个环节就是评价指标体系的构建和评价方法的选择。本章首先基于政策执行主体的视角，构建了家庭经济困难学生资助政策在高校执行效果的评价指标体系，集成了层次分析法与模糊综合评判法，对所调研高校的家庭经济困难学生资助政策的执行效果进行了评价。

第一节 评价指标体系的构建

如何构建一个科学合理的评价指标体系，是家庭经济困难学生资助政策在高校执行效果评价的基础和关键。只有确立一个科学合理的评价指标体系，才有可能得出较为科学公正的综合评价结论。指标体系是由多个相互联系、相互作用的评价指标，按照一定的层次结构组成的有机整体。在对家庭经济困难学生资助政策在高校执行效果进行评价时，指标选择的质量好坏与指标数量多少的确定具有举足轻重的作用。因此在构建指标体系时必须遵循一定的原则、按照一定的方法与步骤，从而构建一个比较科学合理的评价指标体系。

一 评价指标体系的建立

根据上述对高校家庭经济困难学生资助工作的职责与内容的分析，遵循前面提到过的评价指标体系建立的原则、方法与步骤，本文构建出一套由 5 个一级指标、23 个二级指标构成的家庭经济困难学生资助政策在高校执行效果的评价指标体系（见表 3 - 1）。该指标体系内涵丰富、形式简洁，体现了科学性、系统性和简洁性的原则，指标本身具备可比性和可操作性。

二 评价指标体系的具体解释

（一）对政策的认识、重视程度指标

高校在家庭经济困难学生资助和育人中扮演着重要角色。高校应成立专门的资助部门，配备相应的专职工作人员，认真研究国家有关资助政策，制定出符合本校特点并具有可操作性的各项资助政策的实施办法，积极落实各项资助措施，采取多种形式向学生大力宣传各项资助政策，认真开展奖学金、助学贷款、勤工助学、困难补助、学费减免等资助工作。这项指标下设 4 个二级指标。

表 3-1　家庭经济困难学生资助政策在高校执行效果的评价指标体系

评价目标	一级指标	二级指标
家庭经济困难学生资助政策在高校执行的效果 A	对政策的认识、重视程度 B_1	对家庭经济困难学生资助政策的宣传力度 C_{11}
		学生资助工作机构的健全程度 C_{12}
		专职工作人员配备的齐全程度 C_{13}
		制定本校各项资助实施办法的可操作性 C_{14}
	资助对象的认定 B_2	认定工作小组的组成情况 C_{21}
		认定小组中学生代表的广泛性 C_{22}
		认定标准的科学、合理性 C_{23}
		认定采用形式的恰当程度 C_{24}
		认定工作公开、公正、公平的程度 C_{25}
	资助工作投入及资金发放 B_3	学校每年用于资助家庭经济困难学生经费的充足程度 C_{31}
		对国家下拨的奖助学金的管理、使用情况 C_{32}
		奖、助学金的发放情况 C_{33}
		助学贷款的审批情况 C_{34}
		校内外勤工助学岗位的数量和质量 C_{35}
	资助工作的管理和监督 B_4	按照认定结果建立家庭经济困难学生信息档案的情况 C_{41}
		资助方案设计的个性化程度 C_{42}
		每学年定期对全部家庭经济困难学生进行资格复查情况 C_{43}
		每学年随机抽查核实家庭经济困难学生情况 C_{44}
		根据学生家庭经济状况的变化及时作出调整情况 C_{45}
		对发放后的资金去向进行跟踪情况 C_{46}
	对家庭经济困难学生的教育和关爱 B_5	对家庭经济特别困难学生的学习和生活的关注程度 C_{51}
		针对家庭经济困难学生进行诚信教育和感恩教育的情况 C_{52}
		对家庭经济困难学生在学业、心理、能力培养的支持程度 C_{53}

1. 对家庭经济困难学生资助政策的宣传力度

各高校要高度重视资助政策宣传工作，切实加强领导，精心组织落实；向新生发放录取通知书时，必须按照要求同时寄送《高等学校学生资助政策简介》宣传手册，务必做到人手一册；要充分利用招生简章、校园网、新生热线电话等形式，宣传本校各项资助政策和措施。

2. 学生资助工作机构的健全程度

各高校必须成立专门的学生资助管理中心，该中心为常设机构，由校级领导直接负责，统一归口管理全校的国家助学贷款、奖助学金、勤工助学、特殊困难补助、学费减免等学生资助工作，并与学生管理、思想教育、心理健康教育、就业指导中心等机构的日常工作密切配合。

3. 专职工作人员配备的齐全程度

各高校要加强学生资助管理中心人员队伍建设。原则上要按学校全日制普通本、专科生、研究生在校生规模 1 ：2500 的比例，在现有编制内调剂落实编制，并配备相应的专职工作人员。

4. 制定本校各项资助实施办法的可操作性

高校有关部门要认真学习国家和各级教育行政部门制定的对家庭经济困难学生的资助政策和有关文件。切实理解资助原则、资助对象要求、奖励金额、政策范围等基本问题。在充分学习、理解的基础上，学校根据教育部和上级教育行政部门的有关文件精神，结合本校实际制定出便于操作的各项实施办法。

（二）资助对象的认定指标

家庭经济困难学生的认定评价标准是一切资助工作的方向和基准，如果基准一开始就不对，那么不管后面的工作有多细致多科学，最后也不会达到促进教育公平的效果。国家相关部门应该制定不同地区高校学生的最低生活消费标准，作为家庭经济困难学生评价的一项标准。学校要根据来自全国不同地区的消费水平和家庭收入的学生，制定一套对其生活和消费的监督与了解机制，在民主监督和信息化跟踪其消费水平的基础上，制定切实可行的实施细则和评选制度。这项指标下设 5 个二级指标。

1. 认定工作小组的组成情况

高校学生资助工作领导小组全面领导本校家庭经济困难学生的认定工作。学校学生资助管理机构具体负责组织和管理全校的认定工作。院（系）成立以分管学生资助工作的院（系）领导为组长，辅导员、学生工作办公室主任等担任成员的认定工作组，负责认定的具体组织和审核工作。以年级（或专业）为单位，成立以学生辅导员任组长，班主任、学生代表担任成员的认定评议小组，负责认定的民主评议工作。

2. 认定小组中学生代表的广泛性

认定评议小组成员中，学生代表人数视年级或专业人数合理配置，应具有广泛的代表性，一般不少于年级或专业总人数的10%。认定评议小组成立后，其成员名单应在本年级或专业范围内公示。

3. 认定标准的科学、合理性

为了使资助工作更具有针对性和实效性，准确把握学生家庭经济贫困的程度就必须制定一个相对客观的量化标准来确定家庭经济困难学生是否符合资助条件、划定家庭经济困难学生接受资助的档次。通过建立科学、合理的家庭经济困难学生认定模型，再结合学生日常消费行为和班级民主评议，可以相对准确地得出学生困难程度的数据分析及最应受到资助学生的情况，确保资助工作公平、公正、公开地实施。

4. 认定采用形式的恰当程度

在家庭经济困难学生认定过程中所采用的形式要恰当，应尽量避免伤害学生的自尊心。

5. 认定工作公开、公正、公平的程度

家庭经济困难学生认定工作坚持实事求是，确定合理标准，由学生本人提出申请，实行民主评议和学校评定相结合的原则。学校应制定严格的认定工作程序，校、院、年级三级认定工作小组按照各自的职能分工，认真、负责地共同完成认定工作。认定工作必须严格工作制度，规范工作程序，做到公开、公平、公正。

（三）资助工作投入及资金发放指标

资助工作投入及资金发放指标是用于评价高校在开展学生资助工作中投入的物力、财力的情况以及对国家下拨的奖、助学金的使用和发放情况。这项指标下设5个二级指标。

1. 学校每年用于资助家庭经济困难学生经费的充足程度

这项指标是指学校要按照国家规定从事业收入中足额提取4%—6%，用于学费减免、国家助学贷款风险补偿、勤工助学、校内无息借款、校内奖助学金和特殊困难补助等资助工作。同时，应积极筹措社会资金用于对家庭经济困难学生的资助。

2. 对国家下拨的奖助学金的管理、使用情况

这项指标是指高校必须严格执行国家相关财经法规，对国家下拨的奖助学金要实行分账核算，专款专用，不得截留、挤占、挪用。

3. 奖、助学金的发放情况

高校要确保按时、足额将奖、助学金发放到受助学生手中。上级财政部门尚未将国家助学金专项资金全部拨付到位的，高校要先行垫付，确保资金按时发放。

4. 助学贷款的审批情况

在高校新资助政策体系中，国家助学贷款仍然是主要的资助措施之一。各高校要继续加大工作力度，积极推进贯彻落实国家助学贷款新机制。要主动与经办银行密切配合，切实做好国家助学贷款的申请和发放工作，确保家庭经济困难学生应贷尽贷。

5. 校内外勤工助学岗位的数量和质量

高校要调剂增加校内勤工助学岗位，积极联系校外勤工助学岗位，优先安排家庭经济困难学生开展勤工助学活动。不断优化岗位类型，重视与大学生专业知识相结合的岗位的开发，使勤工助学由劳务型向智力型转变。

（四）资助工作的管理和监督指标

这项指标下设 6 个二级指标。

1. 按照认定结果建立家庭经济困难学生信息档案的情况

高校学生资助管理机构应按照认定结果建立健全家庭经济困难学生档案，以便清楚掌握每位家庭经济困难学生的真实信息，动态管理家庭经济困难学生信息，了解家庭经济困难学生的具体情况，有针对性地进行资助，确保不重叠资助，使每个家庭经济困难学生都能得到资助。同时，还可以了解每位家庭经济困难学生在校各方面的表现情况，根据其自身情况，提供符合其需要的资助，即做到精准资助。

2. 资助方案设计的个性化程度

高校家庭经济困难学生资助在一定意义上讲也是一个资助资源的配置问题，为提高资源的利用效率，学校应根据资助对象的不同情况设计符合其需要的资助方案。即依据贫困度在家庭经济困难学生群体中进行有效配置；在资助种类和资助项目上进行有效配置。

3. 每学年定期对全部家庭经济困难学生进行资格复查情况

学校和院（系）每学年应定期对全部家庭经济困难学生进行一次资

格复查。

4. 每学年随机抽查核实家庭经济困难学生情况

学校和院（系）每学年应不定期地随机抽查一定比例的家庭经济困难学生，通过信件、电话、实地走访等方式进行核实。如发现弄虚作假现象，一经核实，取消资助资格，收回资助资金，并进行严肃处理。

5. 根据学生家庭经济状况的变化及时作出调整情况

对已经建立贫困档案的学生，学校应当通过多种渠道进行跟踪调查，保证信息的真实性，每年可根据学生家庭经济变化情况对贫困档案进行及时调整，如适当提高、降低资助档次，对临时性贫困家庭经济情况好转的学生，可以考虑撤档，对家庭遭遇突发状况的学生，及时入库进行资助。

6. 对发放后的资金去向进行跟踪情况

学校应建立对发放给资助对象的资助资金去向进行跟踪的监督机制，防止资助资金的滥用和浪费。

（五）对家庭经济困难学生的教育和关爱指标

这项指标下设 3 个二级指标。

1. 对家庭经济特别困难学生的学习和生活的关注程度

各高校在学生资助工作中，要密切关注特别困难学生群体的学习和生活，对符合规定条件的特别困难学生，要减免学费、提供特殊困难补助。通过采取各种资助措施，确保特别困难学生在校安心学习，正常生活。

2. 针对家庭经济困难学生进行诚信教育和感恩教育的情况

高校还应该在各项资助政策中贯彻育人理念，进一步明确受助学生的权利和义务，采取多种形式加强对学生的心理教育、诚信教育和思想教育，要求接受资助的学生积极参加社会实践活动和从事公益事业，努力回报社会，提高对资助工作的认识和社会责任感。

3. 对家庭经济困难学生在学业、心理、能力培养的支持程度

除了经济资助以外，高校应建立在学校党委领导下，学生工作部（处）为负责单位，学校相关部门共同参与的工作体制。在学校的统一规划下，相互协作，从经济资助、思想政治教育、心理辅导、能力培训、社会实践、就业指导等方面有计划、有针对性地对家庭经济困难学生开展资助和教育工作，从而建立起促进家庭经济困难学生全面发展成才的立体资助体系。

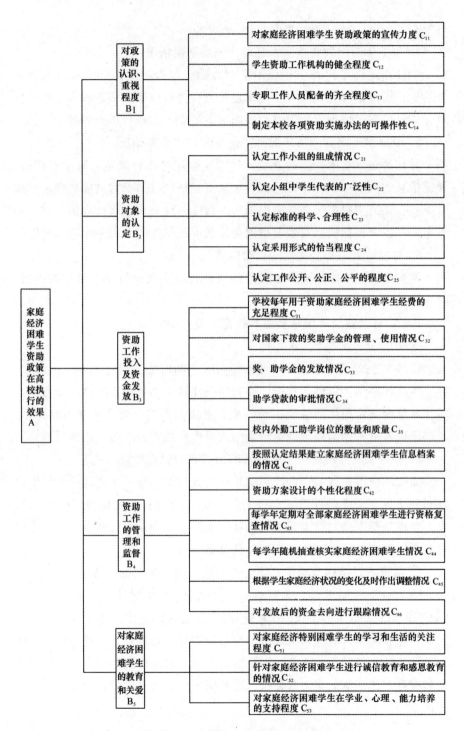

图 3 - 1　高校学生资助工作执行效果的层次结构

第二节　政策效果的实证评价

一　运用层次分析法计算指标体系权重

在高校学生资助工作执行效果评价指标体系（见表3-1）中，从评价的目标来看，各项评价指标并不是同等重要的。因此，为了体现各个评价指标在评价指标体系中的作用、地位以及重要程度，在指标体系确定后，必须对各指标赋予不同的权重系数。权重是以数量形式来权衡评价目标总体中诸因素相对重要程度的量值。在一个指标体系中，越重要的指标其权重系数应越大。

（一）建立高校学生资助工作执行效果评价的层次分析结构

基于高校学生资助工作执行效果评价指标体系（见表3-1），建立高校学生资助工作执行效果评价的层次分析结构图，如图3-1所示。建立层次分析模型之后，就可以在各层元素中进行两两比较，构造出比较判断矩阵，进而计算出各层次指标的权重。

（二）第一层次（A—B）权重（WB_i）的计算

具体计算过程如下。

①构造判断矩阵A—B，见表3-2。

表3-2　　　　　　　　　　判断矩阵 A—B

A	B_1	B_2	B_3	B_4	B_5
B_1	1	1/2	1/3	2	2
B_2	2	1	1/2	3	3
B_3	3	2	1	4	4
B_4	1/2	1/3	1/4	1	1
B_5	1/2	1/3	1/4	1	1

即

$$
A_1 \begin{bmatrix} 1 & 1/2 & 1/3 & 2 & 2 \\ 2 & 1 & 1/2 & 3 & 3 \\ 3 & 2 & 1 & 4 & 4 \\ 1/2 & 1/3 & 1/4 & 1 & 1 \\ 1/2 & 1/3 & 1/4 & 1 & 1 \end{bmatrix}
$$

判断矩阵表示针对上一层次因素，对本层次与之有关因素之间的相对重要性作出判断，通过引入合适的标度将这些判断用数值表示出来。在本书中，判断矩阵是由熟悉学生资助工作的专家独立给出的。针对家庭经济困难学生资助政策在高校的执行效果 A，B_3是影响执行效果最重要的因素，其次是 B_2，然后是 B_1，最后是 B_4 和 B_5，且 B_4 和 B_5 同等重要。确定各因素相比的重要性等级，引入合适的标度，构造出表 3 - 3 的判断矩阵。

表 3 - 3　　　　　　　　　判断矩阵 A—B 及其权重

A	B_1	B_2	B_3	B_4	B_5	权重
B_1	1	1/2	1/3	2	2	0.1531
B_2	2	1	1/2	3	3	0.2576
B_3	3	2	1	4	4	0.4135
B_4	1/2	1/3	1/4	1	1	0.0879
B_5	1/2	1/3	1/4	1	1	0.0879

注：$\lambda_{max} = 5.0363$，CI $= 0.0091$，RI $= 1.1200$，CR $= 0.0081 < 0.1$

②计算判断矩阵 A—B 每一行元素的乘积，并求该乘积的 5 次方根，即：

$$\overline{W_1} = \sqrt[5]{1 \times 1/2 \times 1/3 \times 2 \times 2} = 0.9221$$

$$\overline{W_2} = \sqrt[5]{2 \times 1 \times 1/2 \times 3 \times 3} = 1.5518$$

$$\overline{W_3} = \sqrt[5]{3 \times 2 \times 1 \times 4 \times 4} = 2.4915$$

$$\overline{W_4} = \sqrt[5]{1/2 \times 1/3 \times 1/4 \times 1 \times 1} = 0.5296$$

$$\overline{W_5} = \sqrt[5]{1/2 \times 1/3 \times 1/4 \times 1 \times 1} = 0.5296$$

于是得到：

$$\overline{W} = [\overline{W_1}, \overline{W_2}, \overline{W_3}, \overline{W_4}, \overline{W_5}]^T = [0.9221, 1.5518, 2.4915, 0.5296, 0.5296]^T$$

③对方根组成的向量 $\overline{W} = [0.9221, 1.5518, 2.4915, 0.5296, 0.5296]^T$ 进行归一化处理，即：

$$W_1 = \frac{0.9211}{0.9221 + 1.5518 + 2.4915 + 0.5296 + 0.5296} = 0.1531$$

$$W_2 = \frac{1.5518}{0.9221 + 1.5518 + 2.4915 + 0.5296 + 0.5296} = 0.2576$$

$$W_3 = \frac{2.4915}{0.9221 + 1.5518 + 2.4915 + 0.5296 + 0.5296} = 0.4135$$

$$W_4 = \frac{0.5296}{0.9221 + 1.5518 + 2.4915 + 0.5296 + 0.5296} = 0.0879$$

$$W_5 = \frac{0.5296}{0.9221 + 1.5518 + 2.4915 + 0.5296 + 0.5296} = 0.0879$$

于是得到：

$$W = \begin{bmatrix} W_1 \\ W_2 \\ W_3 \\ W_4 \\ W_5 \end{bmatrix} = \begin{bmatrix} 0.1531 \\ 0.2576 \\ 0.4135 \\ 0.0879 \\ 0.0879 \end{bmatrix}$$

该向量为所求的特征向量，也就是相对于 A 而言，B_1、B_2、B_3、B_4、B_5各自的权重。

$$AW = \begin{bmatrix} 1 & 1/2 & 1/3 & 2 & 2 \\ 2 & 1 & 1/2 & 3 & 3 \\ 3 & 2 & 1 & 4 & 4 \\ 1/2 & 1/3 & 1/4 & 1 & 1 \\ 1/2 & 1/3 & 1/4 & 1 & 1 \end{bmatrix} \begin{bmatrix} 0.1531 \\ 0.2576 \\ 0.4135 \\ 0.0879 \\ 0.0879 \end{bmatrix} = \begin{bmatrix} 0.7713 \\ 1.2979 \\ 2.9011 \\ 0.4416 \\ 0.4416 \end{bmatrix}$$

根据公式 $\lambda_{max} = \frac{1}{n} \sum_{i=1}^{n} \frac{(AW)_i}{W_i}$，得：

$$\lambda_{max} = \frac{1}{5} \times \left(\frac{0.7713}{0.1531} + \frac{1.2979}{0.2576} + \frac{2.9011}{0.4135} + \frac{0.4416}{0.0879} + \frac{0.4416}{0.0879} \right) = 5.0363$$

根据公式 $CI = \frac{\lambda_{max} - n}{n - 1}$，得：

$$CI = \frac{5.0363 - 5}{5 - 1} = 0.0091$$

查表 2 - 10，得：RI = 1.12，于是：

$$CR = \frac{CI}{RI} = \frac{0.0091}{1.1200} = 0.0081 < 0.1$$

这说明判断矩阵 A—B 具有满意的一致性，因此，所求的特征向量

$$W = \begin{bmatrix} 0.1531 \\ 0.2576 \\ 0.4135 \\ 0.0879 \\ 0.0879 \end{bmatrix}$$ 可以作为第一层次中 A—B 中各指标的权重。

（三）第二层次（B—C）权重（WC_i）的计算

同理求出第二层次中 B—C 中各指标的权重，具体计算过程不再赘述，B_1—C、B_2—C、B_3—C、B_4—C、B_5—C 的判断矩阵见表 3 - 4 至表3 - 8。

表 3 - 4　　　　　　　　判断矩阵 B_1—C 及其权重

B_1	C_{11}	C_{12}	C_{13}	C_{14}	权重
C_{11}	1	3	3	2	0.4550
C_{12}	1/3	1	1	1/2	0.1411
C_{13}	1/3	1	1	1/2	0.1411
C_{14}	1/2	2	2	1	0.2628

注：$\lambda_{max} = 4.0104$，CI = 0.0035，RI = 0.9000，CR = 0.0038 < 0.1

表 3 - 5　　　　　　　　判断矩阵 B_2—C 及其权重

B_2	C_{21}	C_{22}	C_{23}	C_{24}	C_{25}	权重
C_{21}	1	1	1/2	2	1/2	0.1578
C_{22}	1	1	1/2	2	1/2	0.1578
C_{23}	2	2	1	3	1	0.2979
C_{24}	1/2	1/2	1/3	1	1/3	0.0886
C_{25}	2	2	1	3	1	0.2979

注：$\lambda_{max} = 5.0133$，CI = 0.0033，RI = 1.1200，CR = 0.0030 < 0.1

表 3 - 6   判断矩阵 B_3—C 及其权重

B_3	C_{31}	C_{32}	C_{33}	C_{34}	C_{35}	C_{36}	权重
C_{31}	1	2	2	3	3	1	0.2698
C_{32}	1/2	1	1	2	2	1/2	0.1485
C_{33}	1/2	1	1	2	2	1/2	0.1485
C_{34}	1/3	1/2	1/2	1	1	1/3	0.0817
C_{35}	1/3	1/2	1/2	1	1	1/3	0.0817
C_{36}	1	2	2	3	3	1	0.2698

注: $\lambda_{max} = 6.0184$, CI = 0.0037, RI = 1.2400 , CR = 0.0030 < 0.1

表 3 - 7   判断矩阵 B_4—C 及其权重

B_4	C_{41}	C_{42}	C_{43}	C_{44}	C_{45}	C_{46}	权重
C_{41}	1	4	2	2	3	2	0.3141
C_{42}	1/4	1	1/3	1/3	1/2	1/3	0.0600
C_{43}	1/2	3	1	1	2	1	0.1763
C_{44}	1/2	3	1	1	2	1	0.1763
C_{45}	1/3	2	1/2	1/2	1	1/2	0.0970
C_{46}	1/2	3	1	1	2	1	0.1763

注: $\lambda_{max} = 6.0322$, CI = 0.0064, RI = 1.2400, CR = 0.0052 < 0.1

表 3 - 8   判断矩阵 B_5—C 及其权重

B_5	C_{51}	C_{52}	C_{53}	权重
C_{51}	1	3	2	0.5396
C_{52}	1/3	1	1/2	0.1634
C_{53}	1/2	2	1	0.2970

注: $\lambda_{max} = 3.0092$, CI = 0.0046, RI = 0.5800, CR = 0.0079 < 0.1

高校学生资助政策执行效果评价指标体系各指标的权重见表 3 - 9。

表 3 - 9　　　　高校学生资助政策执行效果评价指标体系权重表

一级指标		二级指标	
指标编号	权重	指标编号	权重
B_1	0.1531	C_{11}	0.4550
		C_{12}	0.1411
		C_{13}	0.1411
		C_{14}	0.2668
B_2	0.2576	C_{21}	0.1578
		C_{22}	0.1578
		C_{23}	0.2979
		C_{24}	0.0886
		C_{25}	0.2979
B_3	0.4135	C_{31}	0.3682
		C_{32}	0.2065
		C_{33}	0.2065
		C_{34}	0.1094
		C_{35}	0.1094
B_4	0.0879	C_{41}	0.3141
		C_{42}	0.0600
		C_{43}	0.1763
		C_{44}	0.1763
		C_{45}	0.0970
		C_{46}	0.1763
B_5	0.0879	C_{51}	0.5396
		C_{52}	0.1634
		C_{53}	0.2970

二　政策执行效果的模糊综合评价

为保证取样的代表性，被调查的 11 所高校分布于东北、华北、西北、华东、华中五大地区，高校类型涉及农林、师范、理工、综合性大学。共访谈学生资助管理机构负责人及工作人员 25 人，向学生发放调查问卷 4400 份，回收问卷 4188 份。调查对象的统计学指标见表 3 - 10。访谈和问卷调查的统计分析结果也从侧面对确定的评价指标体系进行了印证。

表 3 - 10　　　　　　　　　调查对象的统计学指标构成（N = 4188）

变量	类别	百分比（%）
性别	男	54.3
	女	45.7
年级	一年级	39
	二年级	32
	三年级	20
	四年级	9
户口	农村	57.7
	城镇	42.3
学科	理科	18
	工科	35
	文、史、哲、法、教育	19
	农、医	15
	经济、管理	13

下面以高校 A 为例介绍具体评价过程。

（一）建立因素集

1. 准则层因素集的建立

$U = \{U_1, U_2, U_3, U_4, U_5\}$

其中，U——高校学生资助工作执行效果因素集合；

U_1——对政策的认识、重视程度；

U_2——资助对象的认定；

U_3——资助工作的投入及资金发放；

U_4——资助工作的管理和监督；

U_5——对家庭经济困难学生的教育和关爱。

2. 指标层因素集的建立

$U_1 = \{u_{11}, u_{12}, u_{13}, u_{14}\}$

其中，U_1——对政策的认识、重视程度因素集合；

u_{11}——对家庭经济困难学生资助政策的宣传力度；

u_{12}——学生资助工作机构的健全程度；

u_{13}——专职工作人员配备的齐全程度；

u_{14}——制定本校各项资助实施办法的可操作性。

$U_2 = \{u_{21}, u_{22}, u_{23}, u_{24}, u_{25}\}$

其中，U_2——资助对象的认定因素集合；

u_{21}——认定工作小组的组成情况；

u_{22}——认定小组中学生代表的广泛性；

u_{23}——认定标准的科学、合理性；

u_{24}——认定采用形式的恰当程度；

u_{25}——认定工作公开、公正、公平的程度。

$U_3 = \{u_{31}, u_{32}, u_{33}, u_{34}, u_{35}\}$

其中，U_3——资助工作的投入及资金发放因素集合；

u_{31}——学校每年用于资助家庭经济困难学生经费的充足程度；

u_{32}——对国家下拨的奖助学金的管理使用情况；

u_{33}——奖、助学金的发放情况；

u_{34}——助学贷款的审批情况；

u_{35}——校内外勤工助学岗位的数量和质量。

$U_4 = \{u_{41}, u_{42}, u_{43}, u_{44}, u_{45}, u_{46}\}$

其中，U_4——资助工作的管理和监督因素集合

u_{41}——按照认定结果建立家庭经济困难学生信息档案的情况；

u_{42}——资助方案设计的个性化程度；

u_{43}——每学年定期对全部家庭经济困难学生进行资格复查情况；

u_{44}——每学年随机抽查核实家庭经济困难学生情况；

u_{45}——根据学生家庭经济状况的变化及时作出调整情况；

u_{46}——对发放后的资金去向进行跟踪情况。

$U_5 = \{u_{51}, u_{52}, u_{53}\}$

其中，U_5——对家庭经济困难学生的教育和关爱因素集合；

u_{51}——对家庭经济特别困难学生的学习和生活的关注程度；

u_{52}——针对家庭经济困难学生进行诚信教育和感恩教育的情况；

u_{53}——对家庭经济困难学生在学业、心理、能力培养的支持程度。

（二）建立评语集

以评价者对评价对象可能作出的各种总的评价结果为元素建立评语集，本书设置评语等级数为4，即评语集为：

$$V = \{ v_1, v_2, v_3, v_4 \}$$

其中，V——评语集合；v_1——优；v_2——良；v_3——合格；v_4——待改进。

（三）一级模糊综合评价

首先从指标层因素集中的单个因素出发进行评价，计算综合评价值。

1. 对政策的认识、重视程度单因素模糊综合评价

根据表 3-11 中数据建立模糊评价关系矩阵 R_1。

表 3-11　　与对政策的认识、重视程度相关问题的调查结果统计

指标	高校	v_1——优	v_2——良	v_3——合格	v_4——待改进
u_{11}——对家庭经济困难学生资助政策的宣传力度	高校 A	0.07	0.68	0.20	0.05
	高校 B	0.15	0.58	0.19	0.08
	高校 C	0.12	0.62	0.21	0.05
	高校 D	0.21	0.55	0.19	0.05
	高校 E	0.13	0.61	0.19	0.07
	高校 F	0.08	0.58	0.26	0.08
	高校 G	0.14	0.67	0.16	0.03
	高校 H	0.07	0.63	0.19	0.11
	高校 I	0.02	0.27	0.34	0.37
	高校 J	0.08	0.69	0.19	0.04
	高校 K	0.07	0.49	0.31	0.13
u_{12}——学生资助工作机构的健全程度	高校 A	0	1	0	0
	高校 B	1	0	0	0
	高校 C	0	1	0	0
	高校 D	0	1	0	0
	高校 E	0	1	0	0
	高校 F	0	1	0	0
	高校 G	0	1	0	0
	高校 H	0	1	0	0
	高校 I	1	0	0	0
	高校 J	0	1	0	0
	高校 K	0	1	0	0

续表

指标	高校	v_1——优	v_2——良	v_3——合格	v_4——待改进
u_{13}——专职工作人员配备的齐全程度	高校 A	0	0	1	0
	高校 B	1	0	0	0
	高校 C	0	0	1	0
	高校 D	0	0	1	0
	高校 E	0	1	0	0
	高校 F	0	0	1	0
	高校 G	0	0	1	0
	高校 H	0	0	1	0
	高校 I	0	1	0	0
	高校 J	0	0	1	0
	高校 K	0	0	1	0
u_{14}——制定本校各项资助实施办法的可操作性	高校 A	0.60	0.25	0.11	0.04
	高校 B	0.62	0.26	0.10	0.02
	高校 C	0.58	0.25	0.12	0.05
	高校 D	0.55	0.26	0.13	0.06
	高校 E	0.61	0.27	0.09	0.03
	高校 F	0.53	0.23	0.16	0.08
	高校 G	0.49	0.19	0.22	0.10
	高校 H	0.49	0.22	0.18	0.11
	高校 I	0.51	0.24	0.16	0.09
	高校 J	0.58	0.21	0.16	0.05
	高校 K	0.46	0.18	0.22	0.13

由表 3 - 9 中提取对政策的认识、重视程度的权重向量：

$A_1 = (0.4550, 0.1441, 0.1441, 0.2668)$

计算综合评价值：

$$B_1 = A_1 \times R_1 = [0.4550\ 0.1441\ 0.1441\ 0.2668] \times \begin{bmatrix} 0.07 & 0.68 & 0.2 & 0.05 \\ 0 & 1 & 0 & 0 \\ 0 & 0 & 1 & 0 \\ 0.6 & 0.25 & 0.11 & 0.04 \end{bmatrix}$$

$$= [0.1895\ 0.5162\ 0.2610\ 0.0333]$$

2. 资助对象的认定单因素模糊综合评价

根据表 3 – 12 中数据建立模糊评价关系矩阵 R_2。

表 3 – 12　　　　　　与资助对象的认定相关问题的调查结果统计

指标	高校	v_1——优	v_2——良	v_3——合格	v_4——待改进
u_{21}——认定工作小组的组成情况	高校 A	1	0	0	0
	高校 B	1	0	0	0
	高校 C	1	0	0	0
	高校 D	1	0	0	0
	高校 E	1	0	0	0
	高校 F	1	0	0	0
	高校 G	1	0	0	0
	高校 H	1	0	0	0
	高校 I	1	0	0	0
	高校 J	1	0	0	0
	高校 K	1	0	0	0
u_{22}——认定小组中学生代表的广泛性	高校 A	0.15	0.40	0.37	0.08
	高校 B	0.16	0.37	0.39	0.08
	高校 C	0.14	0.38	0.38	0.10
	高校 D	0.13	0.37	0.39	0.11
	高校 E	0.15	0.36	0.40	0.09
	高校 F	0.14	0.34	0.40	0.12
	高校 G	0.13	0.36	0.41	0.10
	高校 H	0.12	0.33	0.42	0.13
	高校 I	0.13	0.38	0.40	0.09
	高校 J	0.14	0.36	0.39	0.11
	高校 K	0.11	0.33	0.42	0.14
u_{23}——认定标准的科学、合理性	高校 A	0.12	0.42	0.40	0.06
	高校 B	0.11	0.36	0.45	0.08
	高校 C	0.14	0.37	0.42	0.07
	高校 D	0.14	0.28	0.50	0.10
	高校 E	0.07	0.38	0.49	0.06
	高校 F	0.10	0.36	0.42	0.12

指标	高校	v_1——优	v_2——良	v_3——合格	v_4——待改进
u_{23}——认定标准的科学、合理性	高校 G	0.10	0.35	0.47	0.08
	高校 H	0.09	0.30	0.46	0.15
	高校 I	0.12	0.37	0.46	0.05
	高校 J	0.10	0.35	0.46	0.09
	高校 K	0.09	0.30	0.47	0.14
u_{24}——认定采用形式的恰当程度	高校 A	0.18	0.41	0.36	0.05
	高校 B	0.18	0.36	0.40	0.06
	高校 C	0.16	0.39	0.39	0.06
	高校 D	0.15	0.32	0.44	0.09
	高校 E	0.14	0.38	0.43	0.05
	高校 F	0.13	0.37	0.40	0.10
	高校 G	0.14	0.37	0.42	0.07
	高校 H	0.11	0.31	0.45	0.13
	高校 I	0.15	0.39	0.41	0.05
	高校 J	0.13	0.38	0.41	0.08
	高校 K	0.11	0.32	0.44	0.13
u_{25}——认定工作公开、公正、公平的程度	高校 A	0.16	0.41	0.37	0.06
	高校 B	0.17	0.37	0.39	0.07
	高校 C	0.15	0.38	0.39	0.08
	高校 D	0.14	0.32	0.44	0.10
	高校 E	0.15	0.37	0.41	0.07
	高校 F	0.14	0.35	0.40	0.11
	高校 G	0.14	0.37	0.41	0.08
	高校 H	0.13	0.32	0.42	0.13
	高校 I	0.15	0.39	0.40	0.06
	高校 J	0.13	0.37	0.41	0.09
	高校 K	0.12	0.32	0.43	0.13

由表 3-9 中提取资助对象的认定的权重向量：

$A_2 = (0.1578, 0.1578, 0.2979, 0.0886, 0.2979)$

计算综合评价值：

$$B_2 = A_2 \times R_2 = [\,0.1578\quad 0.1578\quad 0.2979\quad 0.0886\quad 0.2979\,] \times \begin{bmatrix} 1.0000 & 0.0000 & 0.0000 & 0.0000 \\ 0.1500 & 0.4000 & 0.3700 & 0.0800 \\ 0.1200 & 0.4200 & 0.4000 & 0.0600 \\ 0.1800 & 0.4100 & 0.3600 & 0.0500 \\ 0.1600 & 0.4100 & 0.3700 & 0.0600 \end{bmatrix}$$

$$= [\,0.2808\quad 0.3467\quad 0.3197\quad 0.0528\,]$$

3. 资助工作的投入及资金发放单因素模糊综合评价

根据表 3–13 中数据建立模糊评价关系矩阵 R_3。

表 3–13 　　与资助工作投入及资金发放相关问题的调查结果统计

指标	高校	v_1——优	v_2——良	v_3——合格	v_4——待改进
u_{31}——学校每年用于资助家庭经济困难学生经费的充足程度	高校 A	0.20	0.35	0.41	0.04
	高校 B	0.20	0.36	0.42	0.02
	高校 C	0.21	0.34	0.38	0.07
	高校 D	0.19	0.35	0.40	0.06
	高校 E	0.22	0.34	0.41	0.03
	高校 F	0.24	0.31	0.36	0.09
	高校 G	0.22	0.30	0.38	0.10
	高校 H	0.25	0.29	0.35	0.11
	高校 I	0.19	0.36	0.40	0.05
	高校 J	0.23	0.31	0.38	0.08
	高校 K	0.25	0.28	0.34	0.13
u_{32}——对国家下拨的奖助学金的管理、使用情况	高校 A	1	0	0	0
	高校 B	1	0	0	0
	高校 C	1	0	0	0
	高校 D	1	0	0	0
	高校 E	1	0	0	0
	高校 F	1	0	0	0
	高校 G	1	0	0	0
	高校 H	1	0	0	0
	高校 I	1	0	0	0
	高校 J	1	0	0	0
	高校 K	1	0	0	0

续表

指标	高校	v_1——优	v_2——良	v_3——合格	v_4——待改进
u_{33}——奖、助学金的发放情况	高校 A	0.40	0.30	0.25	0.05
	高校 B	0.40	0.30	0.26	0.04
	高校 C	0.35	0.26	0.29	0.10
	高校 D	0.38	0.28	0.28	0.06
	高校 E	0.39	0.29	0.26	0.06
	高校 F	0.37	0.27	0.28	0.08
	高校 G	0.35	0.25	0.30	0.10
	高校 H	0.36	0.26	0.29	0.09
	高校 I	0.41	0.31	0.25	0.03
	高校 J	0.39	0.29	0.27	0.05
	高校 K	0.37	0.27	0.29	0.07
u_{34}——助学贷款的审批情况	高校 A	0.22	0.36	0.37	0.05
	高校 B	0.22	0.37	0.37	0.04
	高校 C	0.15	0.31	0.42	0.12
	高校 D	0.14	0.31	0.43	0.12
	高校 E	0.20	0.35	0.38	0.07
	高校 F	0.18	0.34	0.39	0.09
	高校 G	0.15	0.33	0.42	0.10
	高校 H	0.17	0.35	0.40	0.08
	高校 I	0.21	0.36	0.37	0.06
	高校 J	0.19	0.35	0.39	0.07
	高校 K	0.16	0.33	0.41	0.10
u_{35}——校内外勤工助学岗位的数量和质量	高校 A	0.19	0.34	0.40	0.07
	高校 B	0.21	0.36	0.37	0.06
	高校 C	0.13	0.29	0.44	0.14
	高校 D	0.13	0.28	0.45	0.14
	高校 E	0.18	0.33	0.41	0.08
	高校 F	0.14	0.30	0.45	0.11
	高校 G	0.15	0.31	0.44	0.10
	高校 H	0.16	0.32	0.43	0.09
	高校 I	0.19	0.34	0.41	0.06
	高校 J	0.17	0.32	0.42	0.09
	高校 K	0.14	0.30	0.44	0.12

由表 3 - 9 中提取资助工作投入及资金发放因素的权重向量：

A_3 = (0.3682, 0.2065, 0.2065, 0.1094, 0.1094)

计算综合评价值：

$$B_3 = A_3 \times R_3 = [0.2698 \quad 0.1485 \quad 0.0817 \quad 0.0817 \quad 0.2698] \times \begin{bmatrix} 0.2000 & 0.3500 & 0.4100 & 0.0400 \\ 1.0000 & 0.0000 & 0.0000 & 0.0000 \\ 0.4000 & 0.3000 & 0.2500 & 0.0500 \\ 0.2200 & 0.3600 & 0.3700 & 0.0500 \\ 0.1900 & 0.3400 & 0.4000 & 0.0700 \end{bmatrix}$$

$$= [0.3044 \quad 0.2401 \quad 0.2692 \quad 0.0378]$$

4. 资助工作的管理和监督单因素模糊综合评价

根据表 3 - 14 中数据建立模糊评价关系矩阵 R_4。

表 3 - 14　　与资助工作的管理和监督相关问题的调查结果统计

指标	高校	v_1——优	v_2——良	v_3——合格	v_4——待改进
u_{41}——按照认定结果建立家庭经济困难学生信息档案的情况	高校 A	0	1	0	0
	高校 B	1	0	0	0
	高校 C	0	0	1	0
	高校 D	0	0	1	0
	高校 E	1	0	0	0
	高校 F	0	0	1	0
	高校 G	0	0	1	0
	高校 H	0	0	1	0
	高校 I	0	0	1	0
	高校 J	0	0	1	0
	高校 K	0	0	1	0
u_{42}——资助方案设计的个性化程度	高校 A	0.14	0.39	0.41	0.06
	高校 B	0.15	0.39	0.41	0.05
	高校 C	0.13	0.37	0.43	0.07
	高校 D	0.10	0.33	0.46	0.11
	高校 E	0.15	0.38	0.41	0.06
	高校 F	0.11	0.34	0.45	0.10
	高校 G	0.12	0.36	0.44	0.08
	高校 H	0.09	0.32	0.46	0.13

指标	高校	v_1——优	v_2——良	v_3——合格	v_4——待改进
u_{42}——资助方案设计的个性化程度	高校 I	0.13	0.37	0.42	0.08
	高校 J	0.12	0.35	0.44	0.09
	高校 K	0.09	0.32	0.47	0.12
u_{43}——每学年定期对全部家庭经济困难学生进行资格复查情况	高校 A	1	0	0	0
	高校 B	1	0	0	0
	高校 C	1	0	0	0
	高校 D	1	0	0	0
	高校 E	1	0	0	0
	高校 F	1	0	0	0
	高校 G	1	0	0	0
	高校 H	1	0	0	0
	高校 I	1	0	0	0
	高校 J	1	0	0	0
	高校 K	1	0	0	0
u_{44}——每学年随机抽查核实家庭经济困难学生情况	高校 A	0.17	0.33	0.42	0.08
	高校 B	0.21	0.36	0.37	0.06
	高校 C	0.16	0.33	0.42	0.09
	高校 D	0.19	0.34	0.40	0.07
	高校 E	0.20	0.35	0.39	0.06
	高校 F	0.14	0.28	0.45	0.13
	高校 G	0.15	0.30	0.44	0.11
	高校 H	0.15	0.31	0.44	0.10
	高校 I	0.16	0.32	0.42	0.10
	高校 J	0.19	0.34	0.39	0.08
	高校 K	0.14	0.27	0.45	0.14
u_{45}——根据学生家庭经济状况的变化及时作出调整情况	高校 A	0.22	0.29	0.42	0.07
	高校 B	0.24	0.35	0.37	0.04
	高校 C	0.21	0.28	0.43	0.08
	高校 D	0.23	0.34	0.37	0.06
	高校 E	0.24	0.35	0.36	0.05
	高校 F	0.19	0.26	0.44	0.11
	高校 G	0.19	0.26	0.45	0.10

指标	高校	v_1——优	v_2——良	V_3——合格	V_4——待改进
u_{45}——根据学生家庭经济状况的变化及时作出调整情况	高校 H	0.20	0.27	0.44	0.09
	高校 I	0.21	0.27	0.44	0.08
	高校 J	0.23	0.33	0.38	0.06
	高校 K	0.18	0.25	0.46	0.11
u_{46}——对发放后的资金去向进行跟踪情况	高校 A	0.19	0.34	0.41	0.06
	高校 B	0.21	0.37	0.37	0.05
	高校 C	0.18	0.32	0.38	0.12
	高校 D	0.16	0.30	0.41	0.13
	高校 E	0.20	0.35	0.38	0.07
	高校 F	0.16	0.30	0.43	0.11
	高校 G	0.17	0.33	0.42	0.08
	高校 H	0.18	0.33	0.41	0.08
	高校 I	0.19	0.35	0.40	0.06
	高校 J	0.17	0.33	0.41	0.09
	高校 K	0.15	0.31	0.44	0.10

由表 3 - 9 中提取资助工作的管理和监督因素的权重向量：

$A_4 = (0.3141, 0.0600, 0.1763, 0.1763, 0.0970, 0.1763)$

计算综合评价值：

$$B_4 = A_4 * R_4 = [0.3141\ 0.0600\ 0.1763\ 0.1763\ 0.0970\ 0.1763] \times \begin{bmatrix} 0.0000 & 1.0000 & 0.0000 & 0.0000 \\ 0.1400 & 0.3900 & 0.4100 & 0.0600 \\ 1.0000 & 0.0000 & 0.0000 & 0.0000 \\ 0.1700 & 0.3300 & 0.4200 & 0.0800 \\ 0.2200 & 0.2900 & 0.4200 & 0.0700 \\ 0.1900 & 0.3400 & 0.4100 & 0.0600 \end{bmatrix}$$

$= [0.2695\ 0.4838\ 0.2117\ 0.0351]$

5. 对家庭经济困难学生的教育和关爱单因素模糊综合评价

根据表 3 - 15 中数据建立模糊评价关系矩阵 R_5。

表 3 – 15　　　　　与对家庭经济困难学生的教育和关爱相关问题的
调查结果统计

指标	高校	v_1——优	v_2——良	v_3——合格	v_4——待改进
u_{51}——对家庭经济特别困难学生的学习和生活的关注程度	高校 A	0.37	0.33	0.23	0.07
	高校 B	0.39	0.34	0.22	0.05
	高校 C	0.33	0.25	0.31	0.11
	高校 D	0.37	0.30	0.26	0.07
	高校 E	0.38	0.32	0.24	0.06
	高校 F	0.33	0.25	0.30	0.12
	高校 G	0.35	0.27	0.29	0.09
	高校 H	0.35	0.28	0.29	0.08
	高校 I	0.36	0.29	0.27	0.08
	高校 J	0.34	0.26	0.30	0.10
	高校 K	0.34	0.28	0.28	0.10
u_{52}——针对家庭经济困难学生进行诚信教育和感恩教育的情况	高校 A	0.26	0.34	0.32	0.08
	高校 B	0.29	0.38	0.28	0.05
	高校 C	0.23	0.30	0.35	0.12
	高校 D	0.23	0.30	0.34	0.13
	高校 E	0.28	0.37	0.29	0.06
	高校 F	0.25	0.33	0.33	0.09
	高校 G	0.25	0.32	0.34	0.09
	高校 H	0.24	0.31	0.35	0.10
	高校 I	0.27	0.35	0.31	0.07
	高校 J	0.27	0.36	0.30	0.07
	高校 K	0.24	0.31	0.34	0.11
u_{53}——对家庭经济困难学生在学业、心理、能力培养的支持程度	高校 A	0.17	0.36	0.41	0.06
	高校 B	0.19	0.39	0.37	0.05
	高校 C	0.13	0.30	0.45	0.12
	高校 D	0.13	0.30	0.44	0.13
	高校 E	0.18	0.37	0.38	0.07
	高校 F	0.14	0.32	0.43	0.11
	高校 G	0.15	0.35	0.42	0.08
	高校 H	0.16	0.35	0.41	0.08

续表

指标	高校	v_1——优	v_2——良	v_3——合格	v_4——待改进
u_{53}——对家庭经济困难学生在学业、心理、能力培养的支持程度	高校 I	0.17	0.37	0.40	0.06
	高校 J	0.15	0.35	0.41	0.09
	高校 K	0.14	0.33	0.43	0.10

由表 3 - 9 中提取对家庭经济困难学生的教育和关爱因素的权重向量：

$A_5 = (0.5396, 0.1634, 0.2970)$

计算综合评价值：

$$B_5 = A_5 \times R_5 = [0.5396 \ 0.1634 \ 0.2970] \times \begin{bmatrix} 0.3700 & 0.3300 & 0.2300 & 0.0700 \\ 0.2600 & 0.3400 & 0.3200 & 0.0800 \\ 0.1700 & 0.3600 & 0.4100 & 0.0600 \end{bmatrix}$$

$= [0.2926 \ 0.3405 \ 0.2982 \ 0.0687]$

（四）二级模糊综合评价

根据数据 B_1—B_5 建立模糊评价关系矩阵 R。

$$R = \begin{bmatrix} B_1 \\ B_2 \\ B_3 \\ B_4 \\ B_5 \end{bmatrix} = \begin{bmatrix} 0.1895 & 0.5162 & 0.2610 & 0.0333 \\ 0.2808 & 0.3467 & 0.3197 & 0.0528 \\ 0.3044 & 0.2401 & 0.2692 & 0.0378 \\ 0.2695 & 0.4838 & 0.2117 & 0.0351 \\ 0.2926 & 0.3405 & 0.2982 & 0.0687 \end{bmatrix}$$

由表 3 - 3 中提取准则层因素的权重向量：

$A = (0.1531, 0.2576, 0.4135, 0.0879, 0.0879)$

计算综合评价值：

$$B = A \times R = [0.1531 \ 0.2576 \ 0.4135 \ 0.0879 \ 0.0879] \times \begin{bmatrix} 0.1895 & 0.5162 & 0.2610 & 0.0333 \\ 0.2808 & 0.3467 & 0.3197 & 0.0528 \\ 0.3044 & 0.2401 & 0.2692 & 0.0378 \\ 0.2695 & 0.4838 & 0.2117 & 0.0351 \\ 0.2926 & 0.3405 & 0.2982 & 0.0687 \end{bmatrix}$$

$= [0.2766 \ 0.3401 \ 0.2784 \ 0.0435]$

根据最大隶属度原则，取数值最大的评语作综合评判结果，则 A 高校家庭经济困难学生资助政策的执行效果评价为"良"。同理可对其余 10

所高校的家庭经济困难学生资助政策的执行效果进行评价。评价结果见表
3 - 16 至表 3 - 21。

表 3 - 16　　　　对政策认识、重视程度的单因素模糊综合评价结果

	高校 A	0.1895	0.5162	0.2610	0.0333	良
	高校 B	0.5134	0.3322	0.1127	0.0417	优
	高校 C	0.2070	0.4889	0.2682	0.0359	良
	高校 D	0.2401	0.4597	0.2617	0.0385	良
	高校 E	0.2195	0.6307	0.1101	0.0397	良
B_1	高校 F	0.1757	0.4654	0.3014	0.0574	良
	高校 G	0.1925	0.4959	0.2717	0.0399	良
	高校 H	0.1606	0.4856	0.2749	0.0790	良
	高校 I	0.2842	0.3270	0.1967	0.1920	良
	高校 J	0.1888	0.5102	0.2696	0.0313	良
	高校 K	0.1527	0.4114	0.3400	0.0933	良

表 3 - 17　　　　资助对象的认定的单因素模糊综合评价结果

	高校 A	0.2808	0.3467	0.3197	0.0528	良
	高校 B	0.3472	0.3077	0.2824	0.0626	优
	高校 C	0.2805	0.3179	0.3358	0.0658	合格
	高校 D	0.2750	0.2655	0.3806	0.0849	合格
	高校 E	0.2594	0.3139	0.3693	0.0574	合格
B_2	高校 F	0.2629	0.2979	0.3428	0.0963	合格
	高校 G	0.2622	0.3041	0.3641	0.0696	合格
	高校 H	0.2520	0.2642	0.3683	0.1154	合格
	高校 I	0.2720	0.3209	0.3556	0.0514	合格
	高校 J	0.2599	0.3050	0.3570	0.0781	合格
	高校 K	0.2475	0.2651	0.3734	0.1140	合格

表 3 – 18 资助工作的投入及资金发放的单因素模糊综合评价结果

	高校 A	0.3044	0.2401	0.2692	0.0378	优
	高校 B	0.3098	0.2490	0.2646	0.0281	优
	高校 C	0.2811	0.2165	0.2792	0.0746	优
	高校 D	0.2773	0.2182	0.2873	0.0687	合格
	高校 E	0.3046	0.2331	0.2735	0.0403	优
B_3	高校 F	0.2960	0.2144	0.2733	0.0678	优
	高校 G	0.2892	0.2120	0.2801	0.0703	优
	高校 H	0.3024	0.2144	0.2668	0.0678	优
	高校 I	0.3017	0.2436	0.2692	0.0370	优
	高校 J	0.3038	0.2223	0.2698	0.0557	优
	高校 K	0.2970	0.2055	0.2676	0.0813	优

表 3 – 19 资助工作的管理和监督的单因素模糊综合评价结果

	高校 A	0.2695	0.4838	0.2117	0.0351	良
	高校 B	0.5967	0.1860	0.1910	0.0263	优
	高校 C	0.2644	0.1640	0.5227	0.0490	合格
	高校 D	0.2663	0.1656	0.5204	0.0477	合格
	高校 E	0.5932	0.1802	0.1953	0.0314	优
B_4	高校 F	0.2542	0.1479	0.5389	0.0590	合格
	高校 G	0.2583	0.1579	0.5358	0.0480	合格
	高校 H	0.2593	0.1582	0.5342	0.0483	合格
	高校 I	0.2662	0.1665	0.5265	0.0408	合格
	高校 J	0.2693	0.1711	0.5184	0.0412	合格
	高校 K	0.2503	0.1457	0.5438	0.0602	合格

表3-20　　　　　　　　对家庭经济困难学生的教育和关爱的

单因素模糊综合评价结果

	高校 A	0.2926	0.3405	0.2982	0.0687	良
	高校 B	0.3143	0.3614	0.2744	0.0500	良
	高校 C	0.2543	0.2730	0.3581	0.1146	合格
	高校 D	0.2758	0.3000	0.3265	0.0976	合格
	高校 E	0.3043	0.3430	0.2898	0.0630	良
B_5	高校 F	0.2605	0.2839	0.3435	0.1121	合格
	高校 G	0.2743	0.3019	0.3368	0.0870	合格
	高校 H	0.2756	0.3057	0.3354	0.0833	合格
	高校 I	0.2889	0.3236	0.3151	0.0724	良
	高校 J	0.2721	0.3031	0.3327	0.0921	合格
	高校 K	0.2643	0.2998	0.3344	0.1016	合格

表3-21　家庭经济困难学生资助政策执行效果二级模糊综合评价结果

	高校 A	0.2766	0.3401	0.2784	0.0435	良
	高校 B	0.3595	0.2812	0.2570	0.0408	优
	高校 C	0.2658	0.2847	0.3205	0.0677	合格
	高校 D	0.2699	0.2699	0.3314	0.0689	合格
	高校 E	0.3053	0.3198	0.2677	0.0458	良
B	高校 F	0.2622	0.2746	0.3250	0.0767	合格
	高校 G	0.2634	0.2823	0.3279	0.0650	合格
	高校 H	0.2616	0.2718	0.3237	0.0814	合格
	高校 I	0.2871	0.2765	0.3070	0.0679	合格
	高校 J	0.2691	0.2903	0.3196	0.0596	合格
	高校 K	0.2552	0.2554	0.3361	0.0915	合格

　　表3-22显示的是所调研的11所高校的学生对本校家庭经济困难学生资助工作满意度的调查,按照很满意为95分,满意为85分,一般满意为70分,不太满意为60分,很不满意为50分进行赋分,得出各高校家庭经济困难学生资助工作满意度的得分。设定85分及以上为优秀,80—84分为良好,60—79分为合格。结果显示在调研的11所高校中,

1 所高校的评价结果为"优"，2 所高校的评价结果为"良"，8 所高校的评价结果为"合格"。

表 3 - 22　　　　　　　高校家庭经济困难学生资助工作满意度

学校	很满意	满意	一般满意	不太满意	很不满意	分数	等级
高校 A	32.3%	38.7%	21.8%	4.2%	3.0%	82.88	良
高校 B	32.7%	48.0%	16.6%	1.9%	0.8%	85.03	优
高校 C	17.6%	42.6%	32.7%	6.1%	1.0%	78.02	合格
高校 D	19.1%	35.3%	37.5%	6.3%	1.8%	79.08	合格
高校 E	19.9%	45.6%	29.7%	4.4%	0.4%	81.28	良
高校 F	12.5%	41.7%	38.7%	6.3%	0.8%	78.60	合格
高校 G	15.0%	43.2%	33.8%	5.4%	2.6%	79.15	合格
高校 H	13.1%	40.2%	39.1%	5.3%	2.3%	78.32	合格
高校 I	13.3%	34.1%	40.7%	8.6%	3.3%	79.88	合格
高校 J	10.8%	40.7%	40.2%	6.6%	1.7%	77.80	合格
高校 K	12.1%	31.5%	45%	7.1%	4.3%	76.18	合格

三　评价结果及建议

运用所建立的家庭经济困难学生资助政策在高校执行效果的评价指标体系（见表 3 - 1），集成层次分析法和模糊综合评判法对所调研的 11 所高校的家庭经济困难学生资助工作的评价结果见表 3 - 21。在 11 所高校中，1 所高校的评价结果为"优"，2 所高校的评价结果为"良"，8 所高校的评价结果为"合格"。这一结果也与我们对各高校学生资助机构的访谈中了解到的情况以及学生对学校资助工作满意度的调查结果（见表 3 - 22）相一致。

综合 11 所高校家庭经济困难学生资助工作的评价结果以及对访谈、问卷调研的原始资料分析可知：当前我国家庭经济困难学生资助政策在高校的总体执行效果较好；但在各高校的家庭经济困难学生资助工作中仍然存在一些共性的、有待提高的问题。

（一）政策的认识、重视程度方面

高校还应加大对家庭经济困难学生资助政策的宣传力度，采取更加丰富多样的宣传形式,想方设法调动学生主动了解资助政策的积极性;部分高校的学生资助工作机构有待完善,专职工作人员数量较少,无法将学生资助工作做得细致深入;每所高校的实际情况都有所不同,各高校应积极探索适合于本校特点和实际情况的资助模式。在调研的高校中,只有 B 高校的资助工作机构比较完善,专职工作人员数量较多,其他高校虽然也都设立了学生资助管理机构,但配备的专职工作人员数量都只有 3 人左右,其余均为兼职工作人员。2005 年,B 高校抽调最精干的教师队伍,成立了学生资助管理中心,专门负责家庭经济困难学生的资助工作,目前中心有在职工作人员 10 人,在读博士 2 人,硕士 8 人,学科背景涵盖文学、经济学、教育学、管理学、社会学、心理学、计算机科学七大门类。

(二) 资助对象的认定方面

建立科学合理的家庭经济困难学生认定体系是有效资助的前提。但家庭经济困难学生的认定是一个十分复杂的过程,需要建立一个有效的、系统而合理的机制,而这种机制目前在我国高校中并没有建立起来。由于缺乏有效的认定机制,在实践中出现了家庭经济困难学生评定过程中透明度和公平性不够以及做法不当的现象。这也是影响高校家庭经济困难学生资助工作执行结果的一个重要因素。因此,各高校应根据本校的特点制定出定性与定量相结合的家庭经济困难学生认定办法;成立的认定小组中学生代表要具有广泛性;认定过程中要采用恰当的形式,尽量避免伤害贫困学生的自尊心;认定过程要透明,务必做到公开、公正、公平。

B 高校在资助对象认定方面的做法可供借鉴。为了相对科学、客观地认定家庭经济困难学生,该校建立了量化测评与民主评议相结合的家庭经济困难学生评价办法。为了掌握家庭经济困难学生困难状况的第一手资料,该校开展了为期一个月的"我们也做家庭经济困难学生"体验教育活动。在此基础上,结合大量的学生困难信息、资助需求、消费数据等,运用数学建模方法,建立学生贫困程度量化评定模型。该模型以生源类别、健康状况、教育支出、家庭收入、家庭人口数等多个因素为主要参数,对每个学生的贫困程度进行量化评定。量化评定初步确定的需关注学生的范围交由学校家庭经济困难学生民主评议小组审查。民主评议小组由学生工作干部(一般为年级辅导员老师)、学生干部代表、非家庭经济困难学生代表和家庭经济困难学生代表组成。进行民主评议时，辅导员老师先介绍被评议者家庭、学习情况，以及量化评定结果和学生自我评定结果。民主评议小组成员可进行其他情况的补充说明，然后大家投票决定是否将被评议者确定为家庭经济困难学生以及具体困难类别。以此方式产生的家庭经济困难学生名单，最大限度地尊重现实，没有任何家庭经济困难学生比例限制，只要有困难且需要帮助的学生，都将纳入名单。目前，该校的家庭经济困难学生评定办法在国内处于领先地位，受到教育部好评。

（三）资助工作投入及资金发放方面

对于高校在资助工作投入的评价方面所反映出的问题主要有校内外勤工助学岗位的数量和质量亟待增加；高校在家庭经济困难学生资助方面应继续加大人力、物力、财力的投入。越来越多的大学生，不只是家庭经济困难学生，也包括家庭经济一般的大学生，都乐于从事勤工助学，减轻家里的经济负担，针对这种情况，高校要健全勤工助学的各项机构，充分挖掘勤工助学岗位。如高校可以尝试建立"勤工助学服务中心"这样的中介服务机构，隶属于学生处；或成立类似名称的法人公司，担任中介功能。该机构建立人力资源库和岗位资源库，为大学生勤工助学提供信息服务，进行专业培训，一方面可以拓展校外岗位渠道，另一方面也使在校大学生获得更多的技能，以便将来能更快适应工作岗位。在岗位性质上，既要开设如清洁工、服务员等简单劳动的岗位，更应重视与大学生专业知识相结合的开发，组织开展科技发明、科技服务等能够发挥大学生专业知识的工作，使勤工助学由劳务型向智力型转变。

（四）资助工作的管理和监督方面

目前，由于人员、精力、资金的问题，大部分高校没有建立比较完备的全校家庭经济困难学生数据库，无法给家庭经济困难学生认定工作提供一个科学规范的平台，也无法对认定的家庭经济困难学生进行后续的动态管理和监督或根据家庭经济困难学生的需要制订个性化的资助方案；对发放的各项资助资金的去向缺乏跟踪监督机制。因此，各高校还应加强对资助工作的管理和监督工作，在建立科学的家庭经济困难学生认定机制的基础上，建立健全有效的家庭经济困难学生信息库，对家庭经济困难学生进行动态管理和按需资助；对发放的奖、助学金建立有效的资金去向跟踪监督机制和严厉的惩罚措施，防止资助资金得不到合理、有效的利用。

在按需资助方面，学校应对资助项目进行统一规划，即把各项补助与贷款相结合，实施一揽子资助计划，合理规划全年资助额度，在每学年初一次性划拨到学院，以便学生及时知情、学院合理统筹。在统一规划的基础上，着重于资助项目的个性化设计，即结合每个学生的实际经济情况、个人能力、日常表现等因素，为其量身设计资助项目。对于那些通过各种措施仍无法达到资助底线的特困学生，学校应给予一定程度的无偿补助。

（五）家庭经济困难学生的教育和关爱方面

在调研中，各高校普遍反映，提高家庭经济困难学生的综合素质较难，评价结果也显示各高校尚未建立起对家庭经济困难学生在经济、学业、心理、能力培养方面全方位的支持体系。因此，今后各高校要将更多的精力放到建立经济资助、精神资助和素质提高的立体资助体系上来，整合学生管理、心理辅导、社会实践、就业指导等相关部门根据家庭经济困难学生的实际情况提供相应的辅导和支持，使家庭经济困难学生在有了基本的生活学习费用保障后，帮助他们发展交际能力、社会实践能力、创新能力，提高他们的综合素质，最终让其通过自身能力彻底摆脱经济困难问题，进而回馈社会。只有将能力资助与经济资助相协调，才能令资助方式的功效实现最大化。

如 B 高校除了对家庭经济困难学生进行经济资助以外，在生活、学习、心理、能力培养等方面有计划、有针对性地对家庭经济困难学生开展资助和教育工作，从而建立起促进家庭经济困难学生全面发展成才的立体资助体系。

（1）学校开展了家庭经济困难学生体验教育活动，建立了特困生健康督导制，定期向特困生发送《健康询问书》，实施家庭经济困难学生营养支持工程。学校在一次调查中发现，部分特困生因家庭负担较重，获得的资助款并没有用于自己的学习和生活，而是节省下来补贴家用，每月用于伙食的消费较低，影响了这部分学生的身体健康。为此，学校启动了家庭经济困难学生营养支持工程。向了解到的有特殊困难的学生直接发放营养餐券，每名受助学生在一个学期内可获得 500 元到 1000 元不等的餐券，每张面值 5 元，每次至少使用 1 张，消费金额不足 5 元的不找零，强迫学生每月定量进行充足的营养补充。

（2）组织暖心服务队。经学校选拔的由家庭经济困难学生组成的暖心服务队一对一地为贫困新生服务。目的就是让有着同样经历的学生与家庭经济困难的新生一对一结对，在交流中为新生树立自信，帮助他们尽早地摆脱自卑情绪，尽快地适应大学生活。

（3）建设"爱心驿站"。为保障这部分学生顺利就业，学校对他们采取了个性化援助就业方案。学校专门建设了占地180平方米的"爱心驿站"，为他们组织培训交流、素质拓展等各种体验式教育活动；建设励志书院，定期选购励志书籍供他们阅读；举办"素质培训营"，对他们进行"胜任力"培训。针对这部分学生广泛存在的就业定位不准等问题，该校学生资助管理中心和学生就业指导服务中心为他们建立个人就业档案，开展"一对一"的指导，只要学生不挑不拣，基本都能顺利就业。另外，学校还设立了100万元就业援助专项基金，依据困难学生实际情况，帮助他们报销外地面试往返车费、发放通信补助等。一系列措施提升了家庭经济困难学生的综合素质，目前，该校2009届毕业生中，家庭经济困难学生一次就业率达到80%，与非经济困难学生基本持平。

（4）"爱心学校"。每年经"绿色通道"受益的资助对象都可以自愿报名参与"爱心学校"的活动，通过自己的奉献来回报学校和社会。

（5）学校于2006年5月成立"爱心超市"以来，实现了学生在校读书的不间断运营。学校首先从社会及校内师生那里募集书籍、衣物和日常用品等，然后向经济困难的学生发放面值不等的购物券，学生们凭券购物。实际上是虚拟货币，虚拟价格。迄今，"爱心超市"募集并发放了近200余万元的物资，在一定程度上解决了经济困难学生的生活问题。"爱心超市"负责人说，以前，有的同学家里困难，大家就给他捐些东西，但有时会给被帮助的同学带来心理压力，感觉像被施舍，弄得双方都有些尴尬。现在以这种形式给予他们帮助，就可以从根本上解决这个问题。

（6）学校还设立近800个勤工助学岗位，优先为通过"绿色通道"入学的特困新生安排助学岗位；学生工作部门对特困新生进行了心理普查，针对他们的心理特点进行专项指导，帮助其尽快适应大学生活，让帮扶特困生工作落在实处。

此外，该校还在每个重大节日开展慰问家庭经济困难学生座谈会，在春节期间让所有留校家庭经济困难学生到教师家中过春节，等等。暑期带贫困学生去北京、大连等地接受爱国教育，给家庭经济困难学生以最好的资助，使其明确通过努力可以生活得很好。

第二章　受助主体的执行效果评价研究

第一节　资助政策对受助学生影响效果评价标准分析

在评价资助政策执行效果时，从受益群体的角度制定相关的评价标准也是评价工作的重要组成部分。由于高校家庭经济困难学生资助政策的目标是减轻家庭经济困难学生的经济负担、保障其顺利完成学业从而促进其发展成才，因此，可从以下三个标准来评价高校家庭经济困难学生资助政策对受助学生的影响效果。

一　是否有利于缓解家庭经济困难学生的经济压力

国家资助政策的最终目标是建立有效的资助体系，通过设立励志奖学金、助学金、助学贷款、困难补助等资助方式对家庭经济困难学生给予经济上的资助，以最直接的方式减轻他们的经济压力，从制度上保证所有家庭经济困难学生顺利入学，不让一名家庭经济困难学生因贫困而辍学，使家庭经济困难学生无须顾虑温饱问题，从而能够集中精力专注于学业。

二　是否有利于激发家庭经济困难学生的学习动力

高校家庭经济困难学生资助政策通过减轻家庭经济困难学生的经济压力，激发了家庭经济困难学生的学习动力，使他们节省出更多的时间和精力集中于学业，从而激发其学习动力，更加珍惜时间，努力学习，促进学业的进步。

三　是否有利于家庭经济困难学生的身心健康发展

高校家庭经济困难学生资助政策体系应充分体现"和谐社会"和"科学发展"理念，充分体现社会主义制度的优越性和科学性，同时也应该充分体现党和政府对大学生群体，特别是家庭经济困难学生群体的真诚关怀和殷切希望。作为实现教育公平的重要政策，在帮助家庭经济困难学生解决经济问题的同时，更重要的是帮助家庭经济困难学生摆脱由家庭贫困带来的负担和产生的心理阴影，确保高校家庭经济困难学生在世界观、人生观形成的重要人生阶段能够保持科学、积极、乐观、向上的人生态度，树立坚强、自信、自强的良好信念，培育健全的人格和良好的心理素质。

第二节　资助政策对受助贫困学生的影响分析

为了取得较好的调查效果，本项调查采用了随机问卷调查法。在全国不同地区的 11 所高校（北京 4 所、长春 2 所、兰州 2 所、上海 1 所、西安 1 所、武汉 1 所）中分别选取了部分家庭经济困难学生和部分非家庭经济困难学生进行调查，调查对象覆盖不同年级、不同专业。共向学生发放调查问卷 4400 份，回收了 4188 份，回收率达 95.2%。其中，获得过资助的家庭经济困难学生占 61.3%，未获得过资助的学生占 38.7%。调查对象的统计学指标见表 3 - 10。

问卷调查围绕"学生个人基本信息和家庭经济状况""学生申请及获得过资助的情况""学生的经济、学习及在校表现、心理状况、就业能力方面的调查"三个主题收集信息，问卷题目以选择题为主，辅以少量的开放式问题。

一　正面影响——助困与育人相结合

调查数据显示，我国高校现行的资助政策确实对解决家庭经济困难学生的现实困难、激励家庭经济困难学生努力学习、树立自立自强观念及感恩之心起到了积极作用。

(一) 受助大学生的家庭经济压力有所减缓

新资助政策出台之前，政府用于高等教育的资助资金较少，如2006 年中央与地方财政投入的高等教育资助经费仅为 29.52 亿元。新资助政策实施后，每年中央和地方财政投入的资助经费达到上百亿元，这在我国高校资助历史上是前所未有的。和原有政策相比，新政策的资助力度显著增强。一是资助标准大幅度提高。高校国家奖学金资助标准翻了一倍，由过去每人每年 4000 元增加到每人每年 8000 元；新设立了国家励志奖学金，每人每年 5000 元；国家助学金由过去每人每年 1500 元，增加到平均每人每年 2000 元。二是资助范围明显扩大。原国家奖学金奖励人数约占在校生总数的 0.3%，而现国家奖学金和新设立的国家励志奖学金奖励人数约占在校生总数的 3%；原高校国家助学金资助人数约占在校生总数的 3%，现资助人数约占在校生总数的 20%，资助面扩大了 6 倍，惠及了更多的学生。

问卷调查显示，在获得资助的学生中，29.5% 的学生的学费来源于助学贷款；25.9% 的学生的学费来源于助学金；10.5% 的学生的学费来源于奖学金；还有 2.6% 的学生获得过学费减免。30.6% 的学生的生活费来源于助学金，15.2% 的学生的生活费来源于校内勤工助学，还有 12% 的学生的生活费来源于困难补助。

(二) 受助大学生的学习动力得以激发

新资助政策减轻了家庭经济困难学生的经济负担，给他们创造了更好的学习条件，激发了家庭经济困难学生的学习动力，使他们把更多的时间和精力集中在学习上，更加珍惜时间，努力学习。

1. 学习兴趣

表 3 - 23　　　　　　　　获得过资助的学生对所学专业的兴趣

获得过资助的学生对所学专业的兴趣			
非常感兴趣	有些兴趣	没兴趣	总计
734	1292	124	2150
34.1%	60.1%	5.8%	100.0%

通过表 3 - 23 可以看出，在获得过资助的家庭经济困难学生中对所学专业非常感兴趣和感兴趣的比例分别为 34.1% 和 60.1%，只有 5.8% 的学

生觉得对所学专业不感兴趣。

2. 参加讲座、报告的情况

表 3 – 24   获得过资助的学生参加讲座、报告的情况

获得过资助的学生参加讲座、报告的情况				
经常	一般	很少	没参加过	总计
472	913	284	24	1693
27.9%	53.9%	16.8%	1.4%	100.0%

表 3 – 24 显示，在获得资助的家庭经济困难学生中，很少参加讲座、报告比例为 16.8%，而没参加过讲座、报告的比例仅为 1.4%。可见，资助给家庭经济困难学生提供了更好的学习条件和学习机会，增加了家庭经济困难学生学习的动力。

3. 与老师、同学交流学习的情况

表 3 – 25   获得过资助的学生与老师、同学交流学习的情况

获得过资助的学生与老师、同学交流学习的情况				
经常	一般	很少	没有	总计
447	945	273	18	1683
26.6%	56.1%	16.2%	1.1%	100.0%

表 3 – 25 显示，在获得资助的家庭经济困难学生中，很少与老师、同学交流过学习的比例为 16.2%，而没有与老师、同学交流过学习的比例仅为 1.1%。

4. 学习时间的充足程度

表 3 – 26   获得过资助的学生感觉学习时间的充足程度

获得过资助的学生感觉学习时间的充足程度				
很充足	较充足	勉强够	不足	总计
248	760	450	222	1680
14.8%	45.2%	26.8%	13.2%	100.0%

表 3-26 显示，在获得过资助的家庭经济困难学生中，感觉学习时间很充足和较充足的比例为 60%。可见，获得过资助有利于家庭经济困难学生把更多的时间和精力集中在学习上，避免由于个人温饱等问题分散学习精力。

（三）受助大学生自信、自强、自理的理念和自我管理能力稳步上升

获得资助使家庭经济困难学生感觉到温暖，有助于学生树立信心，学会自立自强，学会感恩，发展健全的社会品格。自强、自立是大学生应该具备的素质，是大学生实现远大理想的必备条件，是中华民族重要的传统精神表现，也是党和国家以及社会对大学生的殷切希望。大学生资助政策在关注经济资助的同时，也应该强化经济困难学生自立自强的观念，帮助经济困难学生解决心理阴影或精神负担，培养健全的人格和良好的心理素质，缓解这一群体的心理压力和经济压力，尽量降低经济困难对学生心理造成的不良影响，使他们的潜力能够充分发挥。自我管理能力是学生对情绪、自我规划、个人习惯、抗挫折与压力的自控能力。被调查高校普遍采取的做法：一是组织学生社团活动，让经济困难学生有参加社团活动表现自我价值的机会，锻炼其在团队中的自信和进入社会中的自信心；二是通过培养独立完成工作的能力和自我管理的能力，包括学业上的独立设计和职业生涯设计以及措施落实，独立管理自己的学习和生活计划、理财和创业计划等；三是组织校际间的交流活动、企业交流活动等，让他们了解社会和接触企业，逐步建立自信心和自立自强的愿望。通过调查可以看出，获得过资助的大学生比未获得过资助的学生在自我管理能力上明显提高：获得过资助贫困大学生自主、自立倾向高达 97.2%。

（四）获得过资助大学生品德认知和社会主义制度认可度显著提高

问卷调查显示大学生资助的基本情况是：在获得过资助的家庭经济困难大学生中 29.5 的学生的学费来源于助学贷款，25.9 的学生的学费来源于助学金，10.5 的学生的学费来源于奖学金，2.6 的学生获得了学费减免，30.6 的学生的生活费来源于助学金，15.2 的学生的生活费来源于校内勤工助学，还有 12.0 的学生的生活费来源于困难补助。可见，新资助政策确实对缓解家庭经济困难学生的压力起到了非常关键的作用。

当前，解决好高校大学生的经济困难问题关系我国高等教育事业的持续、健康发展和学校乃至社会的稳定。调查显示，在社会品德认知和社会主义制度认可度方面，获得过资助大学生对社会品德的认识达到了很高的水平，针对社会主义制度的问卷中，有 97.8% 的受助大学生给予充分肯定，对社会主义制度的认可和我国经济社会发展的成就都给予极高的评价。新的资助政策体系体现了国家对当代大学生尤其是家庭经济困难学生成长的关心和爱护，同时也充分体现了社会主义制度的优越性，政府让更多的经济困难家庭大学生能够享受改革开放的成果，解决他们学习上的花费需求和生活困难。

（五）获得过资助大学生的诚信品质和感恩社会的心理情感不断升华

调查数据显示，获得过资助的大学生在诚信品质和社会感恩情感方面都有较大的提高。因此，开展大学生诚信教育是建构高校诚信教育体系和提高大学生诚信品德十分迫切和重要的工作。我国高校现行的资助政策确实对解决家庭经济困难学生的现实困难、激励家庭经济困难学生努力学习、树立感恩之心起到了积极作用，学会感恩是我们中华民族的优良传统，是一个公民的基本行为品德。高校应针对大学生进行传统的感恩思想教育，引导和提升大学生的感恩意识，以感恩的心态回报社会和他人对自己的关怀和帮助，以促进大学生成长、成才和提高大学生的道德修养和人文素质。调查显示，有 92.8% 的获得过资助大学生非常感恩我国政府和社会支持，更加激发其对社会主义制度和祖国的热爱。大部分家庭经济困难学生都表示获得过资助感觉很温暖，增强了自己对未来人生的信心和前进动力，并希望将来能回馈社会。我国多数高校能够抓住落实国家大学生资助契机，对经济困难学生给予更多的关爱和精神帮助，让他们认识到经济困难并不可怕，通过政府和社会的帮助一定能够解决这些问题，同时学会养成良好的诚信品质，感恩政府、学校和社会以及同学们对自己的无私帮助，并在力所能及的范围反馈社会和帮助别人，共同建设和谐美好的社会主义家园。访谈结果显示，通过助困与育人结合的教育方式，大大提高了大学生还贷的诚信问题，自觉帮助他人的行为逐步内化为一种精神需求和道德准则，爱党和爱国情感以及社会责任感明显升华。

（六）获得过资助大学生团结、互助、友爱和勤俭节约美德得以传承

高校大学生的团结、互助和友爱教育是极为重要的修养内容，是当代中国大学生最为基本的日常行为准则，也是高校大学生构建积极健康向上的精神风貌与和谐校园良好风气的需要。作为新一代大学生应该积极主动关心和帮助其他面临困难的同学，经济困难大学生之间也应该养成互助、友爱和谦让的风气。高校可以通过座谈会、报告会、媒体宣传以及榜样示范，组织他们参加公益性活动，如组织学生去敬老院、残疾儿童康复中心、社会救助中心等，让大学生充分体验在帮助他人的过程中实现自己的价值。同时，高校应注重加强大学生的勤俭节约教育，勤俭节约是中华民族的传统美德，作为在校经济困难大学生更要讲究勤俭节约，无论在日常生活消费还是在处理同学交往过程中都需要养成良好习惯。高校主要通过以下途径来培养学生勤俭节约的习惯：一是指导帮助学生学会计划安排自己的费用，二是定期或随机抽查学生是否有不节约的现象，三是开展"心连心互助活动"。随着各种国家和大学奖助学金的增多和资助金额的不断提高以及学生受助面的不断扩大，部分受资助大学生不会科学理财，对获得资助资金管理不善，甚至将获得资助资金用于购买非生活必需的奢侈品等行为，这都是不应当发生的自我管理和约束的基本问题。获得资助大学生中有96.8%的学生赞同要加强团结、互助和友爱方面的修养，有94.7%的获得资助大学生认为要继续发扬勤俭节约的传统美德。另有98.5%的经济困难大学生希望通过勤工助学解决生活困难，因此在贯彻政府教育资助工作的过程中，需要积极鼓励家庭经济困难的大学生克服依赖思想，要有自强自立的思想意识，积极参加高校安排的勤工助学工作，通过自己的劳动增加额外经济收入，既有利于减轻家庭过重的经济负担，又是对自己的一种锻炼机会。

（七）获得资助大学生自主创业和社会实践能力不断加强

注重加强家庭经济困难大学生能力的全面培养，有助于不断提高受资助大学生的创新能力和实践能力，最终提高他们的就业能力和社会竞争力。针对大学生进行技能培养和社会实践能力培训，是提高经济困难大学生能力素质的重要环节。大学生社会实践活动是极其重要的教育渠道，是我国大学生思想政治教育不可或缺的重要环节，是促进大学生了解国情、增长才干、走上社会、奉献社会的有效路径，对于加强大学生意志力的实际锻炼、培养高尚的社会品格以及增强其社会责任感都具有不可替代的作用。

在社会适应与就业能力方面，家庭经济困难学生是否获得资助与毕业后的打算，就业应具备的专业技术能力、工作基本素质能力、自我管理能力、自学能力、求职能力之间具有显著性关系。在被调查的高校中，有的高校反映家庭经济困难大学生自卑心理较强而且个性比较懦弱，参加各类活动又需要一定经济支持，尤其是他们大部分来自农村或边疆地区缺乏社会交往和社会联系，这些因素明显影响其就业和社会适应能力的发展。为此，高校主要通过如下途径培养家庭经济困难大学生的自主创业和实践能力，在诸多方面给予了特殊关照：一是设立创业基金为其提供优惠政策；二是建立大学生素质教育中心以强化其自身能力；三是通过心理咨询引导健康心理的形成；四是聘请知名学者专家定期作报告，通过其个人成长经历和经验给予启迪和教育；五是组织家庭经济困难学生参加社会调查活动；六是提供勤工助学岗位；七是有计划地安排家庭经济困难学生到政府或事业单位、企业单位参加实习锻炼；八是参加社会公益性劳动或活动；九是给予提供有针对性的职业能力培训的机会和费用（如各类证书培训）；等等。调查显示在社会适应能力方面，获得过资助的大学生其社会适应能力达到 71.7%，在毕业后是否自主创业方面的表现，获得过资助的大学生略高于没有受助的学生。

综上所述，获得过资助有助于减轻家庭经济困难学生的经济压力，使其将更多的时间和精力放在学习上，有助于增加学习动力和改善学习状况；获得资助使师生关系更加融洽，有助于减轻家庭经济困难学生的心理压力，促使其更愿意与人交流以及参加各项课外活动；获得过资助有助于提升家庭经济困难学生就业能力中的专业技术能力、工作基本素质能力、自我管理能力、自学能力以及求职能力，更好地为就业做准备。同时，高校应更关注家庭经济困难学生的心理健康，重视针对家庭经济困难大学生的思想政治教育，加强人生观和生活观教育，加强中华传统美德教育，积极培养学习能力及综合能力，为广大家庭经济困难生提供各种锻炼能力的平台，最终把家庭经济困难大学生培养成为思想政治素养过硬、业务能力精湛和创新能力显著的新一代大学生。"助困育人"既是我国高校大学生资助的方向，也是今后有待进一步深化和完善的大学生思想政治教育工作。①

---

① 参见曲绍卫、刘晶《当前我国高校助困与育人契合的实效性分析》，《思想理论教育导刊》2012 年第 11 期，第 119—121 页。

二　负面影响

资助政策在执行的过程中，也会对家庭经济困难学生产生一些负面影响。如由于在一些高校中规定学习成绩差的家庭经济困难学生不能获得助学金等资助，或将学习成绩与申请资助的条件挂钩，导致家庭经济困难学生的学习压力较大；由于缺乏科学、有效的认定机制，导致在实践中出现了一些让家庭经济困难学生感觉不公平、自卑的现象或伤害其自尊心的不恰当做法。例如，有些学校依据地方政府开具的贫困证明作为判定依据，但贫困证明的人为因素较大，公信度和可比较性不高，以此作为认定的依据不科学；一些班级、学院没有组成认定民主评议小组，而只由班委、班主任、辅导员少数人确定资助对象，未广泛听取学生们的意见，引起学生的不满；有的学校采取班级投票选举贫困生的方式，但由于选举过程中存在拉票现象，因此获得票数多的不一定是贫困生；还有一些高校按照各学院人数比例而不是按照各学院贫困生的实际数量来分配资助名额。以上这些不恰当做法导致一部分不应受到资助的学生获得了资助，挤占了本应属于家庭经济困难学生的资源，影响了资助的公平性。还有的学生认为学院或班级在评定家庭经济困难学生的过程中，采取了如上台演讲、当众诉说自己如何困难等形式，伤害了其自尊心。从表3-27中可以看出家庭经济困难学生在这些方面的真切感受。

表3-27　　　　　资助政策在执行过程中产生的负面影响

不会为经济负担而担忧，但会有害怕成绩不好的心理
自尊心受伤害，特别是形式让人无法接受像是在乞讨，还要受他人的另眼相看
有点抬不起头，总觉得比别人差
感觉不公平
感觉被别人看不起
有压力，感觉同学监督自己的花钱
有自卑感，很在乎别人的看法
有较大心理压力，有时觉得低人一等；学习上稍不如意就觉得丢脸

第三节　获得过资助和未获得过
资助学生表现的比较

　　笔者从调查对象中筛选出两组样本，一组是获得过资助的家庭经济困难学生，另一组是未获得资助的家庭经济困难学生。通过对两组样本在学习方面、心理方面、就业准备方面的比较，来分析新资助政策是否有利于促进家庭经济困难学生学业的发展、身心的健康以及就业能力的提升。

　　筛选两组样本的方法是，如果被调查者所填写的家庭经济状况信息和被调查者的自我评价都显示其家庭经济困难，并且被调查者选择曾经获得过资助，就被定义为获得过资助的家庭经济困难学生；如果被调查者所填写的家庭经济状况信息和被调查者的自我评价都显示其家庭经济困难，但又没有获得过资助的，就被定义为未获得过资助的家庭经济困难学生。最终我们从最初的 4188 份问卷中，筛选出 2044 份有效样本，其中获得过资助的家庭经济困难学生 1711 份，未获得过资助的家庭经济困难学生 333 份。通过应用 SPSS 软件对两组样本数据进行统计分析，可以看出新资助政策对家庭经济困难学生在学习方面的影响。

一　两组样本在学习方面的比较

　　通过对所学专业的兴趣，是否存在学习压力，参加讲座、报告的情况，与老师、同学交流学习的情况，感觉学习时间的充足程度，对目前学习状况的满意程度，在学习获奖方面的情况七个方面了解获得过资助的家庭经济困难学生在学习方面的表现，并通过与未获得资助的家庭经济困难学生进行比较来分析资助对家庭经济困难学生在学业方面的影响。

（一）对所学专业的学习兴趣

　　通过表 3 - 28 可以看出，在获得过资助的家庭经济困难学生中对所学专业非常感兴趣和感兴趣的比例为 94.2%；在未获得过资助的家庭经济困难学生中对所学专业非常感兴趣和感兴趣的比例为 90.5%。可见，获得过资助的家庭经济困难学生比未获过资助的家庭经济困难学生学习兴趣更高。

表 3 - 28　　　　　　　　　　**对所学专业的兴趣**

是否获得过资助 × 对所学专业的兴趣

			对所学专业的兴趣			合计
			非常感兴趣	感兴趣	没兴趣	
是否获得过资助	没获得过资助	人数（人）	113	173	30	316
		所占百分比（%）	35.8%	54.7%	9.5%	100.0%
	获得过资助	人数（人）	578	1020	98	1696
		所占百分比（%）	34.1%	60.1%	5.8%	100.0%
合计		人数（人）	691	1193	128	2012
		所占百分比（%）	34.3%	59.3%	6.4%	100.0%

（二）是否存在学习压力

通过表 3 - 29 可以看出，在获得过资助的家庭经济困难学生中，感到有学习压力的比例为 43.9%；在未获得过资助的家庭经济困难学生中，感到有学习压力的比例为 37.5%。可见，获得过资助的家庭经济困难学生学习压力更大一些。由于在一些高校执行家庭经济困难学生资助政策时规定学习成绩差的家庭经济困难学生不能获得助学金等资助，或将学习成绩与资助的申请条件挂钩，导致获资助的家庭经济困难学生的学习压力较大。在调查中，有一些同学也表示"不会为经济负担而担忧，但有害怕成绩不好的心理"；"有较大心理压力，学习上稍不如意就觉得丢脸"；"在学习上有压力，更有动力"。

表 3 - 29　　　　　　　　　　**是否存在学习压力**

是否获得过资助 × 是否存在学习压力 交叉表

			是否存在学习压力		合计
			无学习压力	有学习压力	
是否受过资助	未获得过资助	人数（人）	208	125	333
		所占百分比（%）	62.5	37.5	100.0
	获得过资助	人数（人）	960	751	1711
		所占百分比（%）	56.1	43.9	100.0
合计		人数（人）	1168	876	2044
		所占百分比（%）	57.1	42.9	100.0

（三）参加讲座、报告的情况

通过表 3-30 可以明显看出，获得过资助的家庭经济困难学生比未获得资助的家庭经济困难学生参加讲座和报告的次数更多。可见，资助给家庭经济困难学生提供了更好的学习条件和学习机会，增加了家庭经济困难学生学习的动力。

表 3-30　　　　　　　　　参加讲座、报告的情况

		是否获得过资助×参加讲座、报告的情况					
			参加讲座、报告的情况				合计
			经常	一般	很少	没参加过	
是否受过资助	未获得过资助	人数（人）	93	151	66	12	322
		所占百分比（%）	28.9	46.9	20.5	3.7	100.0
	获得过资助	人数（人）	472	913	284	24	1693
		所占百分比（%）	27.9	53.9	16.8	1.4	100.0
合计		人数（人）	565	1064	350	36	2015
		所占百分比（%）	28.0	52.8	17.4	1.8	100.0

（四）与老师、同学交流学习的情况

通过表 3-31 可以看出，在获得资助的家庭经济困难学生中，很少或没有与别人交流过学习的比例为 17.3%；而在未获得资助的家庭经济困难学生中，这一比例为 20.9%。

表 3-31　　　　　　　　　与老师、同学交流学习的情况

		是否获得过资助×与老师、同学交流学习的情况					
			与老师、同学交流学习的情况				合计
			经常	一般	很少	没有	
是否受过资助	未获得过资助	人数（人）	99	147	57	8	311
		所占百分比（%）	31.8	47.3	18.3	2.6	100.0
	获得过资助	人数（人）	447	945	273	18	1683
		所占百分比（%）	26.6	56.1	16.2	1.1	100.0
合计		人数（人）	546	1092	330	26	1994
		所占百分比（%）	27.4	54.8	16.5	1.3	100.0

（五）学习时间的充足程度

通过表 3-32 可以看出，在获得过资助的家庭经济困难学生中，感觉学习时间很充足和较充足的比例为 60%；而在未获得过资助的家庭经济困难学生中，感觉学习时间很充足和较充足的比例为 58.4%。资助使家庭经济困难学生减轻了经济负担，进而使家庭经济困难学生可以把更多时间和精力放在学习上。

表 3-32　　　　　　　　　　　　　学习时间的充足程度

是否获得过资助 × 学习时间的充足程度			学习时间的充足程度				合计
			很充足	较充足	勉强够	不足	
是否获得过资助	未获得过资助	人数（人）	69	119	83	51	322
		所占百分比（%）	21.4	37.0	25.8	15.8	100.0
	获得过资助	人数（人）	248	760	450	222	1680
		所占百分比（%）	14.8	45.2	26.8	13.2	100.0
合计		人数（人）	317	879	533	273	2002
		所占百分比（%）	15.8	43.9	26.7	13.6	100.0

通过卡方检验结果显示，卡方值为 13.273，此时卡方检验的概率 P 值为 0.004。如取显著性水平 $\alpha = 0.05$，则 P 值很明显小于显著性水平 α，因此应拒绝原假设 H_0，即本次调查数据显示家庭经济困难学生是否获得过资助与学习时间充足程度之间具有显著性关系，获得过资助的家庭经济困难学生感觉学习时间更充裕些。

（六）对目前学习状况的满意程度

通过表 3-33 可以看出，未获得过资助的学生比获得过资助的学生对学习状况满意度更高。这是由于获得过资助使贫困生在学习上更有压力与动力，对自己的要求和期望相应提高。相比非贫困生而言，家庭经济困难的学生学习更努力一些，但学习成绩优秀的比例相对低一些。所以，获得过资助的家庭经济困难学生对自己在学习上的高期望与学习成绩优秀比例低的现实导致获得过资助的家庭经济困难学生对自己的学习状况满意程度不是特别高。

表 3 – 33 对目前学习状况的满意程度

是否获得过资助 × 对目前学习状况的满意程度			对目前学习状况的满意程度					合计
			很满意	满意	一般	不满意	很不满意	
是否获得过资助	未获得过资助	人数（人）	30	77	142	60	16	325
		所占百分比（%）	9.2	23.7	43.7	18.5	4.9	100.0
	获得过资助	人数（人）	74	428	740	368	82	1692
		所占百分比（%）	4.4	25.3	43.8	21.7	4.8	100.0
合计		人数（人）	104	505	882	428	98	2017
		所占百分比（%）	5.2	25.0	43.7	21.2	4.9	100.0

卡方检验显示卡方值为 14.147，卡方检验的概率 P 值为 0.007。P 值在 0.05 的水平上显著，因此应接受原假设 H_0，即本次调查数据显示家庭经济困难学生是否获得过资助与对自己学习状况满意程度之间具有显著性关系。

（七）在学习获奖方面的情况

通过表 3 – 34 可以看出，获得过资助的家庭经济困难学生比未获得过资助的家庭经济困难学生在学习方面获过奖励的比例稍高一点。

表 3 – 34 在学习获奖方面的情况

是否获得过资助 × 在学习奖励方面的情况			在学习奖励方面的情况				合计
			三次及以上	二次	一次	没有	
是否获得过资助	未获得过资助	人数（人）	61	58	42	153	314
		所占百分比（%）	19.4	18.5	13.4	48.7	100.0
	获得过资助	人数（人）	299	238	315	792	1644
		所占百分比（%）	18.2	14.5	19.2	48.1	100.0
合计		人数（人）	360	296	357	945	1958
		所占百分比（%）	18.4	15.1	18.2	48.3	100.0

卡方检验结果显示，卡方值为 7.858，此时卡方检验的概率 P 值为 0.049。如取显著性水平 $\alpha = 0.05$，则 P 值小于显著性水平 α，因此应拒绝原假设 H_0，即本次调查数据家庭经济困难学生是否获得过资助与学习方面获奖次数之间有显著性关系。

二 两组样本在就业准备方面的比较

通过对是否存在就业压力和就业能力两个方面了解获得过资助的家庭经济困难学生在就业准备方面的表现，并通过与未获得过资助的家庭经济困难学生进行比较来分析资助对家庭经济困难学生在就业方面的影响。

（一）是否存在就业压力

通过表 3 - 35 可以明显看出，在获得过资助的家庭经济困难学生中，有就业压力的比例为 63.9%；而在未获得过资助的家庭经济困难学生中，有就业压力的比例为 59.5%。可见，获得过资助的家庭经济困难学生的就业压力稍大一些。这是因为获得过助学贷款等有偿性资助的学生面临毕业后还贷的压力，所以有就业压力的比例更高些。值得注意的是，在当前严峻的就业形势下，无论是否获得过资助的家庭经济困难学生都感觉就业压力较大。

表 3 - 35　　　　　　　　　　是否存在就业压力

是否获得过资助 × 是否存在就业压力			是否存在就业压力		合计
			无就业压力	有就业压力	
是否获得过资助	未获得过资助	人数（人）	135	198	333
		所占百分比（%）	40.5	59.5	100.0
	获得过资助	人数（人）	618	1092	1710
		所占百分比（%）	36.1	63.9	100.0
合计		人数（人）	753	1290	2043
		所占百分比（%）	36.9	63.1	100.0

（二）就业能力

1. 专业知识技术能力

专业知识技术能力指的是专业行业知识掌握以及转化为工作技能的能力。

通过表 3 - 36 可以看出，获得过资助的家庭经济困难学生比未获得过资助的家庭经济困难学生在专业技术能力上很差的比例稍低一些。

表 3 - 36　　　　　　　　　　专业知识技术能力

是否获得过资助 × 专业知识 技术能力

			专业知识 技术能力					合计
			很好	较好	一般	较差	很差	
是否获得过资助	未获得过资助	人数（人）	33	112	150	25	9	329
		所占百分比（%）	10.0	34.0	45.6	7.7	2.7	100.0
	获得过资助	人数（人）	107	562	792	134	19	1614
		所占百分比（%）	6.6	34.8	49.1	8.3	1.2	100.0
合计		人数（人）	140	674	942	159	28	1943
		所占百分比（%）	7.2	34.7	48.5	8.2	1.4	100.0

卡方检验结果显示，卡方值为 9.887，此时卡方检验的概率 P 值为 0.042。如取显著性水平 $\alpha = 0.05$，则 P 值小于显著性水平 α，因此应拒绝原假设 H_0，即本次调查数据显示家庭经济困难学生是否获得过资助与其具备的专业技术能力之间有显著性关系。

2. 工作基本素质能力

工作基本素质能力指的是写作、外语、计算机应用等办公基本技能。

通过表 3 - 37 可以看出，获得过资助的家庭经济困难学生比未获得过资助的家庭经济困难学生在工作基本能力上较差和很差的比例稍低一些。

表 3 - 37　　　　　　　　　　　工作基本素质能力

是否获得过资助 × 工作基本素质 能力

			工作基本素质能力					合计
			很好	较好	一般	较差	很差	
是否获得过资助	未获得过资助	人数（人）	47	116	127	33	6	329
		所占百分比（%）	14.3	35.3	38.6	10.0	1.8	100.0
	获得过资助	人数（人）	121	581	748	154	11	1615
		所占百分比（%）	7.5	36.0	46.3	9.5	0.7	100.0
合计		人数（人）	168	697	875	187	17	1944
		所占百分比（%）	8.6	35.9	45.0	9.6	0.9	100.0

卡方检验结果显示，卡方值为 22.399，此时卡方检验的概率 P 值为 0。如取显著性水平 $\alpha = 0.05$，则 P 值很明显小于显著性水平 α，因此应拒绝原假设 H_0，即本次调查数据显示家庭经济困难学生是否获得过资助与其具备的工作基本素质能力之间有显著性关系。

3. 人际沟通与协调能力

人际沟通与协调能力指的是倾听、表达、结交、矛盾处理等能力。

通过表 3 - 38 可以看出，获得过资助的家庭经济困难学生比未获得过资助的家庭经济困难学生在沟通协调能力上很好和较好的比例更高一些。

4. 自我管理能力

自我管理能力指的是对情绪、自我规划、个人习惯、抗挫折与压力的自控能力。

通过表 3 - 39 可以看出，获得过资助的家庭经济困难学生比未获得过资助的家庭经济困难学生在自我管理能力上很好及较好的比例更高。

表3－38　　　　　　　　　　　人际沟通与协调能力

是否获得过资助×人际沟通与协调能力

| | | | 人际沟通与协调能力 | | | | | 合计 |
			很好	较好	一般	较差	很差	
是否获得过资助	未获得过资助	人数（人）	53	143	110	18	5	329
		所占百分比（%）	16.1	43.5	33.4	5.5	1.5	100.0
	获得过资助	人数（人）	215	768	542	80	8	1613
		所占百分比（%）	13.3	47.6	33.6	5.0	0.5	100.0
合计		人数（人）	268	911	652	98	13	1942
		所占百分比（%）	13.8	46.9	33.6	5.0	0.7	100.0

表3－39　　　　　　　　　　　自我管理能力

是否获得过资助×自我管理能力　交叉表

| | | | 自我管理能力 | | | | | 合计 |
			很好	较好	一般	较差	很差	
是否获得过资助	未获得过资助	人数（人）	64	123	111	23	5	326
		所占百分比（%）	19.6	37.7	34.0	7.1	1.5	99.9
	获得过资助	人数（人）	364	769	391	66	12	1602
		所占百分比（%）	22.7	48.0	24.5	4.1	0.7	100.0
合计		人数（人）	428	892	502	89	17	1928
		所占百分比（%）	22.2	46.3	26.0	4.6	0.9	100.0

第三章 大学生资助效果的影响因素及对策探析

第一节 大学生资助效果的影响因素

一 政府层面

（一）资助还未覆盖所有的家庭经济困难学生

虽然和原有政策相比，现行政策的资助力度显著增强，但无论是从资助比例还是从资助额度来看，现行政策的资助力度仍无法惠及所有的家庭经济困难学生，尤其是特困学生和处于困难与非困难之间的边缘学生群体。目前针对家庭经济困难学生的资助措施主要是国家助学金和助学贷款，国家助学金每年的资助比例在 20% 左右，而近几年家庭经济困难学生占在校生人数中的比例为 22%—25%。国家助学贷款的资助范围以 2009 年为例，共资助 170.94 万人，而当年家庭经济困难学生的人数是 527 万人。此外，从资助额度来看，无论是国家助学贷款、国家奖学金、国家励志奖学金还是国家助学金，对所有学生都实行统一标准。国家助学贷款最高一般是每年 6000 元，但是不同学校、不同专业，发放标准是不同的，6000 元显然无法完全解决其学费和住宿费的问题；另外，国家助学金的资助额度为每年 1000 元、2000 元、3000 元，也远不够一个学生一年的生活费用，尤其是特困学生，他们是一个特殊群体，除了获得资助，家里一分钱都掏不出来。特困生一学年所获得的资助最高的就是助学金 4000 元加上助学贷款 6000 元即 1 万元，而在学校的各项花销一年基本不低于 1.2 万元。因此，要进一步健全高校家庭经济困难学生资助体系，必须多种途径并举，加大资助额度并扩大受助学生覆盖面。

（二）资助制度缺乏法律保障

与《中华人民共和国义务教育法》等教育法规相比，目前高校家庭经济困难学生资助制度大多是以政策文件的形式下发的，具有概括性、原则性、指导性强等特点，但是政策的执行具有很大的灵活性，与法律法规相比缺乏约束力、强制性和普遍性。此外，由于政策文件在内容上对资助政策如何实施缺乏具体操作程序，对违反政策规定的行为也缺乏惩罚机制，不利于依法解决家庭经济困难学生资助中存在的问题。在国家大力倡导"依法治国"的今天，以文件下发的形式，寄希望于下面坚定不移、不打折扣地执行已经不符合时代发展的潮流了，难以取得长期的、稳定的效果。通过建立高校家庭经济困难学生资助方面的法律法规，确保资助工作稳定、连续、强制开展，对保障国家高校家庭经济困难学生资助工作健康、有序、可持续发展具有十分重大的现实意义，也是推动高校家庭经济困难学生资助工作进一步发展的当务之急。

（三）助学贷款制度需完善

助学贷款是高校家庭经济困难学生资助体系的核心，也是学生得益程度最高的资助方式，但由于国家助学贷款制度安排本身的缺陷及其所处制度环境导致国家助学贷款尚未实现应贷尽贷。申请过程中存在的各种问题、还贷的压力、还款中出现的违约现象等因素影响了这一资助方式的可实现程度。

1. 助学贷款尚未实现全覆盖

本次调查中，在"是否申请并获得了助学贷款"这个问题中，有2939人回答了此题，其中有20.6%的同学选择申请了助学贷款但没获得批准。可见，我国目前的助学贷款发放工作尚未实现家庭经济困难学生的全覆盖。根据学生申请助学贷款的地点，国家助学贷款制度主要包括校园地国家助学贷款和生源地信用助学贷款两种形式。近年来，生源地信用助学贷款一直保持快速增长势头，成为国家助学贷款主渠道。目前全国共有27个省（区，市）的2121个区县开展了生源地信用助学贷款工作，仍有部分省份未启动生源地信用助学贷款工作，已开展的27个省份中也未覆盖所辖全部县区。

在问及没有申请贷款的原因时，37.9%的人选择由于申请手续繁杂，30.5%的人选择由于还款压力，此外还有部分人选择其他原因，诸如家长不在，无法签字；新生入学，对政策不了解；父母更愿意借亲戚的；贷款手续没办好；当地部门不批准；贷款名额有限；无担保人；资料不全；当地政策问题；潜规则。

2. 申请贷款过程中存在的问题

据统计，在贷款申请中存在的主要问题集中表现为贷款手续烦琐、管理部门服务意识弱、存在不公平现象、程序透明度低及申请条件限制过严五个问题，反映以上五个问题的人数均占到总调查人数的 10% 以上，另外有部分调查对象显示存在贷款名额太少、担保人条件太严格两项问题。

3. 是否按时还款及目前大学生的诚信状况

在问及是否会按时还款时，有 2968 人回答了此题。其中，89.2% 的人选择会按时还款；0.8% 的人选择不会按时还款；10% 的人选择不确定。有 3167 人对目前大学生的诚信状况作出了评价，其中，13% 的人认为较好；76.1% 的人认为基本上不错，但也存在一些问题；9.4% 的人认为比较差；1.5% 的人认为很差。

4. 拖欠贷款的主要原因

据调查对象反映，拖欠贷款的原因如下：收入低所占比例为 56.5%，个人信用体系建设不完善所占比例为 19.7%，对违约学生的约束机制不健全所占比例为 14.1%，故意拖欠所占比例仅为 9.7%。

5. 还款规定的合理程度

认为还款规定合理的人数占到总调查人数的 47.1%，认为不确定是否合理者比重为 26.1%，认为不太合理的人数占到 12.4%，另外存在 9.6% 的调查对象认为还款规定非常合理，只有 4.8% 的人认为规定很不合理。另外，对于合理的还贷时间，认为开始还贷的时间定在毕业后 2—5 年、6—10 年还清的学生比较多。

（四）资助工作信息化建设相对滞后

近年来，政府对家庭经济困难学生资助的力度和广度不断加强，资助工作的内涵和内容也不断扩大，但迄今为止，我国尚未建立全国统一的现代化学生资助信息管理系统和工作平台，高校家庭经济困难学生资助工作的信息化建设相对滞后，阻碍了各级学生资助管理部门之间的信息交换、资源共享，不利于各级学生资助工作管理机构服务职能和管理效能的发挥。

（五）缺乏有效的评估与监督机制

重视项目实施效果和绩效评估是近年来世界各国教育政策的一个重要发展趋势，如在美国，政府投入的很多教育资助项目在实施后，都有来自官方或民间的学者去做大量的调查和实证研究，以考察这些经费的使用情况和使用效果，政府通过了解经费使用的实际效果与存在的问题对政策加以调整。近年来，随着我国建设人力资源强国战略与构建和谐社会目标的提出以及对社会公平的重视，国家对高校家庭经济困难学生资助的标准和范围都大幅度增强，但对于资助资金的使用效益、资助政策的执行效果以及各高校资助工作的评估却没有得到应有的关注，缺少对资助资金提取、发放、使用的监管机制。

二　高校层面

（一）管理机构不健全，专职人员少

许多高校虽然设立了资助管理中心之类的专门机构，也有专门的校级领导主管此事，但大多是按照既有的规程完成资助工作，资助内容也以经济资助为主，没有把资助工作作为高校和谐发展的重要内容来对待，忽视了资助管理中心的管理和教育职能。2006 年，教育部的文件要求高校学生资助部门应独立设置。但目前许多高校的资助管理中心和学生处没有完全分开，由于高校学生资助管理中心在实际工作中隶属学生工作部，导致其统筹协调资助管理工作的职能不利于实现与发挥。人员配备方面，只有北大和东北师大等学校的大学生资助管理中心是处级建制，中心的工作人员有 9 人左右。其余高校的学生资助管理中心基本上都只有 3 位专职人员，其中 1 位是中心主任，一般由学工部、研工部部长或副处长兼任，另外两位工作人员，1 位负责贷款，1 位负责勤工助学。学院里要设 1 名辅导员专职负责协调整个事务。由于资助管理中心专职工作人员数量较少，无法将学生资助工作做得细致深入。在调研的高校中，只有一所高校的资助工作机构比较完善，专职工作人员数量较多，其他高校虽然也设立了学生资助管理机构，但配备的专职工作人员数量都只有 3 人左右，其余均为兼职工作人员。

（二）对资助政策的宣传力度需加大

目前高校向社会、学生及家庭宣传家庭经济困难学生资助政策的力度有待加强，宣传形式也不够丰富。问卷调查结果显示，大部分同学只是对高校学生资助政策一般了解，了解很少的比例也不低。访谈中，高校学生资助管理的工作人员也表示，学生对资助政策了解的主动性差、依赖性强，往往是遇到事情了才想了解资助政策，而对平时资助中心的一些宣传不关注。

（三）家庭经济困难学生认定缺乏科学、有效的机制

在高校家庭经济困难学生资助工作的执行过程中，首要的问题就是科学准确地鉴别出家庭经济困难学生，确认其资助需求，将有限的资助资金最大限度地投放给贫困学生，提高资助资金的使用效益。家庭经济困难学生的认定工作主要包括认定家庭经济困难学生身份和划定其所属贫困等级，它是评审国家助学金、国家助学贷款、学费减免、学生困难补助、勤工俭学的重要参考依据。目前，各高校对家庭经济困难学生的认定依据主要是学生家庭情况调查表中填写的家庭可支配收入和学生在校的消费情况，但是地区经济发展差异、学生消费观念不同、家庭收入不透明、生源地调查困难加大了认定工作的难度。在实际执行过程中有很多学校依据地方政府开具的贫困证明，但其人为因素较大，公信度和可比性不高，以此作为认定的依据不科学。

在调研中，各高校普遍反映家庭经济困难学生认定难。主要原因有以下方面。

第一，我国经济发展不平衡，存在地区差异。

第二，家庭经济困难证明的准确性差。

第三，学生的心理不同。有的学生自卑，穷也不说，甚至还装作不困难；有的不困难却装作困难。

第四，信息监督难。一是学校对学生的家庭信息监督难，无法及时了解学生家庭经济状况的变化。学生家庭收入来源多样，而目前我国对家庭收入的统计系统构建得还不完善，很难准确了解真实的家庭经济状况，这样就造成学校在家庭经济困难学生界定的问题上没有客观依据，绝大多数的时候是靠学生自己的诚信以及其为学校提供的家庭调查情况表来界定。二是对学生的校内生活信息监督难。尤其是现在经济条件都

普遍提高了，不能单纯地像以前把某个物件当作评定是否为家庭经济困难学生的指标，比如以前认为手机是奢侈品，可以把手机当作这个指标，但现在手机只是一个普通通信工具，找不到一个合适的指标去判定。

第五，对于贫困的理解不一样，导致无法确定一个主客观统一的贫困标准。一是每个人的主观感受不同，对资助的需求也不一样。如有的同学家里很困难，每顿饭花的钱也很便宜，但是他心理却感到很满足，也不说自己困难。而有的同学花钱大手大脚，即使家里条件还可以，但是也感觉每个月的钱不够用。二是社会对于贫困如何评价。如有人认为家庭经济困难学生不能有手机等电子产品，不能烫头发，但有的家庭经济困难学生说别人花 500 元烫头发，而我只花了 50 元烫头发，虽然经济上贫穷，但也要追求美，可以花很少的钱。

由此可见，家庭经济困难学生的界定是一个十分复杂的过程，需要建立一个有效的、系统而合理的机制，而这种机制目前在我国高校中并没有建立起来。由于缺乏有效的认定机制，在实践中出现了一些学院、班级评定家庭经济困难学生的透明度和公平性不够的现象。例如，一些班级、学院实际上由班委、班主任、学院辅导员等确定资助对象，引起学生的不满；在班级采取投票选举过程中，存在拉票现象，人气高的不一定是家庭经济困难学生。很多学院将资助名额平均分配到各班级，而各班级真正需要资助的学生数量并不一定和平均分配的资助名额符合。这导致有些真正需要资助的学生因名额不够而得不到资助，有些班级则因名额过多而使一些并不困难的学生获得了资助，使少数不应被资助的学生获得了资助，而应该被资助的学生却难以得到资助，妨碍了资助的公平性。还有的学生认为在评定过程中的形式（如上台演讲）伤害了自尊心。

（四）家庭经济困难学生信息不全，动态管理困难

建立健全家庭经济困难学生档案库和信息库，是对家庭经济困难学生进行后续管理、跟踪和监督的重要支持手段，但是限于资金和人员等多方面因素，目前各高校还没有建立起较为完善的家庭经济困难学生档案库和信息库。高校学生资助管理机构对于每位家庭经济困难学生的家庭经济情况变化情况难以动态掌握，对每位家庭经济困难学生在受资助后学习、生活方面的改善难以及时了解，只能根据一些简单的、静态的信息提供资

助，难以保证资助效果。建立健全全校家庭经济困难学生动态信息数据库，一方面与学生入学地的相关系统建立连接，动态更新学生家庭经济状况；另一方面形成学校、院系、班级三级助学助困帮助体系，及时跟踪了解学生受资助后在学习、生活等方面的变化情况；通过这两种渠道收集信息，可以使高校资助工作机构准确了解本校家庭经济困难学生的全面情况，为调整资助方式和力度提供决策依据。

（五）资助方案与资助需求不匹配

由于我国各地区在经济、文化、教育等方面的发展不均衡，导致居民收入、消费水平、教育成本在地区间存在巨大的差异；不同院校、学科、专业的社会及个人回报存在差异；家庭经济困难学生的贫困程度、贫困原因、贫困类型和资助需求也不一致。高校家庭经济困难学生资助在一定意义上讲也是一个资助资源的配置问题，为提高资源的利用效率，学校应根据资助对象的不同情况针对每个学生的实际需要量身定做符合其需要的资助方案，在资助种类和资助项目上进行资源的有效配置。

（六）勤工助学岗位技术含量不高、报酬低

目前我国高校普遍存在勤工助学岗位少、收入偏低、岗位类型单一、与专业联系不紧密、无助于学生能力的提高等问题。以本次调研为例，在问卷调查中发现勤工助学方面存在的主要问题有以下几方面。

1. 勤工助学岗位与专业联系不紧密

您参加的勤工助学岗位对您能力的提高：

①紧密　　126 人　　11.9%

②一般　　313 人　　29.4%

2. 勤工助学岗位对能力的提高帮助不大

①很有帮助　　123 人　　11%

②较有帮助　　414 人　　37%

③一般　　373 人　　33.3%

④没什么帮助　　168 人　　15%

⑤完全没帮助　　411 人　　36.7%

3. 目前从事的岗位类型以劳务型为主

目前您从事的岗位类型：

①技能型　　245 人　　20.9%

②管理型 212 人 18.1%

③劳务型 649 人 55.3%

④研究型 68 人 5.7%

4. 勤工助学的月收入偏低

①100 元以下 206 人 ②101—200 元 402 人

③201—300 元 141 人 ④301—400 元 77 人

⑤401—500 元 42 人 ⑥501—600 元 16 人

⑦600 元以上 31 人

5. 勤工助学渠道不畅

在"学校是否有提供校外兼职的组织"这一问题中，有 515 人选择"有"，297 人选择"没有"。在"最希望通过什么渠道参加勤工助学"这个问题中，选择如下：

①学校提供 758 人 60.9%

②熟人介绍 190 人 15.3%

③自己找 267 人 21.4%

④中介 30 人 2.4%

可见，学生们非常希望学校能设立专门的组织为大学生勤工助学开辟通道，多提供一些校内校外勤工助学的相关信息，尤其是在周末和假期提供更多的社会实践机会。而且在调查中学生们也表示，学生们其实都很想参加勤工助学，只是缺乏中介介绍。现有的中介组织复杂，差参不齐，导致一部分同学发生过被骗、克扣工资、拖延工时等情况。如果学校能设立一个为学生介绍校内外兼职工作的平台，可以尽量减少类似情况的发生，保护大学生的权益。

（七）针对家庭经济困难学生的奖学金比例太低

目前针对家庭经济困难学生的奖学金只有国家励志奖学金，每年的资助比例只占 3% 左右。从表 3 – 40 中可以看出奖学金是家庭经济困难学生最希望获得的资助方式，一方面它是学生通过努力获得的，令学生有自我实现感；另一方面奖学金的金额高，能有效解决学习和生活费用。但是由于奖学金的名额较少，且家庭经济困难学生必须和其他学生竞争，因而实现程度并不高。

表 3-40 学生希望获得的资助形式

资助方式	奖学金	助学金	助学贷款	勤工助学	困难补助	学费减免
人数（人）	2572	1276	580	1294	452	645
所占比例（%）	80.2	39.8	18.1	40.3	14.1	20.1

（八）资助管理中缺乏有效的监督机制

首先，对于家庭经济困难学生认定过程与结果缺乏监督与惩罚制度，尚未建立起个人的征信机制，缺乏对家庭经济困难学生家庭真实情况的随机抽查核实，对于认定中的弄虚作假行为没有进行严惩和责任追究。

其次，在奖助学金的后期管理上，缺乏跟踪回访机制。一些学生申请到奖助学金后大手大脚，有的用来请客吃饭，有的用来购买高档手机、服装等，使奖助学金不仅没有发挥其助困的作用，反而助长了学生奢侈浪费、互相攀比的不良风气。对以上现象一定要通过监督机制予以纠正并在校内重要媒体通报批评教育本人、警示他人。

（九）提高家庭经济困难学生的综合素质较难

在调研中，各高校普遍反映，提高家庭经济困难学生的综合素质较难，今后要将更多的精力放到建立经济资助、精神资助和素质提高的立体资助体系上来。目前，存在的一种普遍现象是经济条件差的学生，综合素质较差，尤其是人际交往能力亟待提高，部分学生存在自卑心理，但学习成绩较好；经济条件中等的学生，学习成绩一般，但综合能力较强。贫困对于大学生的成长来说具有一定的消极意义，本次问卷调查显示家庭经济困难学生在心理上和经济上存在的压力较大，家庭困难会对其人际沟通和交往能力、适应新环境的能力以及较好完成学习任务等方面产生影响。在与老师、同学关系的融洽程度，参加课外活动次数，参加讲座、报告次数，感觉学习时间充足程度，利用网络学习和收集资料的能力，学习方面及其他方面获得过的奖励，具备的就业能力（工作基本素质，人际沟通与协调能力，工作创新能力，自我管理能力，自学能力，工作判断能力，求职能力），毕业后的打算等方面家庭经济困难学生与非家庭经济困难学生之间存在显著性关系。

三 学生层面

（1）家庭经济困难学生大多来自经济落后或偏远地区，由于经济和教育条件所限，导致他们在计算机、外语、艺术特长、眼界、人际交往等方面与非家庭经济困难学生之间存在一定的差距，难免会存在自卑感和较大的心理压力。贫困对于大学生的成长来说具有一定的消极意义，本次问卷调查数据也显示家庭经济困难学生在心理上存在的压力较大，家庭困难会对其人际沟通和交往能力、适应新环境的能力以及较好完成学习任务等方面产生影响。此外，由于一些高校规定学习成绩差的家庭经济困难学生不能获得助学金等资助，或将学习成绩与申请资助的条件挂钩，导致家庭经济困难学生的学习压力较大。申请了助学贷款的同学由于担心就业形势不好，工资收入低影响还贷，因此在就业方面的压力也比未申请贷款的同学大。

（2）有些学生自身依赖心理较强，愿意获得无偿的赠予性资助，不愿意通过助学贷款和勤工助学这些有偿的资助方式减轻经济压力和生活困难。

（3）由于心理自卑，或怕被人瞧不起，即使家庭经济困难也装作不困难，不向学校申请资助。

（4）学生的诚信度有待提高，部分学生还款不积极，甚至不还款，导致贷款回收的违约现象，影响了银行对助学贷款发放的积极性。

第二节 大学生资助效果的优化对策

一 政府层面

（一）加强宏观调控职能，加大资金投入

（1）作为政策的制定者、资助资金投入、资助工作管理的主体，政府应发挥其宏观调控职能，继续加大资助投入，扩大受助范围，让资助政策惠及所有的家庭经济困难学生，在制度上和政策落实上保证"应助尽助"。进一步完善国家资助标准的动态调整机制，针对特困学生和处于困难与非困难之间的边缘学生群体制定有效的资助措施，在所有地区普及生源地信用贷款工作。

（2）进一步建立健全基层学生资助管理机构，解决机构、人员编制困难和经费紧张的局面，各级政府、财政部门、教育行政部门和学校要调整财政支出结构，更多地关注学生，适当增加资助工作经费。

（3）国家应当对所有现行的资助政策进行梳理，加强各项资助政策之间的有机联系和统一规划，明确各项资助措施在整个资助体系中应占的份额、应发挥的作用和应处的位置，减少交叉重叠现象，提升资助政策的整体效益。同时综合考虑各地区、各类高校的具体情况，均衡资助力度，减少资助资源在地区和校级间分布不平衡、名校和普通地方高校的家庭经济困难学生同命不同运、资助贫富差距大的现象。

（4）解决家庭经济困难学生经济资助问题是一个复杂的、长期的过程，要想全面、彻底地解决该问题，仅靠国家行为是不够的，必须调动个人、社会团体和企业的力量，一方面要想尽办法调动个人、社会团体和企业的捐助积极性，形成良好的资助捐助氛围和风气；另一方面要完善各种法规制度，打通捐助渠道，使得捐资助者能够方便、可信地找到捐助组织。政府应积极利用好税收、经济和法律等多种手段，积极鼓励金融机构参加国家高校家庭经济困难学生资助体系，同时确保其有一定的获利空间；对于个人和社会团体等民间力量，要充分利用舆论宣传等手段，引导和鼓励其在高校设立各种奖助学金、提供各种勤工助学岗位，丰富完善国家高校家庭经济困难学生资助体系。

（二）制定资助法规，保障资助者和受资助者的合法权益

国家是高等教育的最大受益者，同时也是高等教育事业发展的直接推动者，必须通过建章立制，根据我国社会经济的实际情况，建立和完善与高校家庭经济困难学生资助体系相关的政策、法规和制度，以确保各种资助行为有法可依、有章可循，对资助实施者和资助受益者的合法权益给予有力的保护，对侵犯资助实施者和资助受益者合法权益或相关违法违规行为，必须依法给出严厉制裁，最终实现通过制度来推动高校家庭经济困难学生资助工作科学、协调、可持续发展。

（三）提高国家助学贷款的可实现程度

高校家庭经济困难学生资助体系是一项庞大的、复杂的系统工程，单靠国家、政府是无法长期负担的，必须适应经济发展规律，本着成本分担原则，形成可长期、持续发展的资助体系。助学贷款模式作为一种在西方国家资助的主体模式，既符合市场经济发展规律，体现高等教育成本国家和个人共同分担原则，又能够适应当前国情，充分体现公平。大力发展助学贷款，既能解决学生眼前的经济困难，又有利于快速回笼资金，解决国家财政不足的实际困难。

针对目前助学贷款中存在的问题，可从以下四个方面着手改善。

1. 加速个人诚信系统建设，完善助学贷款回收机制

无论是国家助学贷款的需要还是提高社会公信度的需要，信用体系都是一个基础性的问题，是保证助学贷款信用度的长远之计和治本之策。个人信用体系是一个国家的基础性问题，既是完善国家助学贷款制度的迫切需要，也是提高社会公信度的重要前提，是完善助学贷款的"硬环境"。虽然我国目前已经在金融机构建立了针对个人的信用系统，并且在国家助学贷款工作中也起到了减少拖欠、降低风险的实际作用，但就整个社会生活来说，将个人信用等级涵盖到医疗、保险、教育、就业等多个方面，形成全面、完善的个人信用体系还有较大差距。在建立全面的个人信用体系同时，作为完善助学贷款回收机制的"软环境"，加强大学生信用意识教育，培养良好的契约精神也是一项重要和基础的工作。

2. 增加贷款和还款制度的灵活性

首先，在贷款金额方面适度提高上限。现行资助政策中的国家助学贷款可提供的贷款金额最高额度为 6000 元/年，随着高校收费和物价指数的提高，学生完成学业所需的开支不断增加，6000 元/年的额度上限无法满足经济困难学生尤其是特困学生的经济需求。其次，设计更加灵活可行的还款方案，适当放宽还款期限。现行资助政策中的助学贷款制度规定学生需在毕业后 6 年内还清其全部贷款，但近年来出现的大学生就业难、起薪低等现象，导致及时足额还款有一定难度，还贷率呈整体下降趋势。美、日等发达国家的助学贷款还款期限相对较长、还款方式较灵活。如美国的"斯坦福无贴息贷款"规定学生在毕业后 10 年内还清贷款即可，新实行的"与收入相关还款方案"可由学生根据自身收入情况灵活选择和配置还款计划，甚至一些月份的还款额还可以为零。

3. 构建高效、低成本的贷款回收机制

贷款回收机制在各国的执行办法有较大差异。在个人税收制度比较完善的欧美发达国家，税务部门可以准确地掌握个人经济状况，从而高效回

收个人贷款。由于我国目前收入信息不透明、税收体制不完善，无法借鉴发达国家的贷款回收机制。根据我国的实际情况，可以考虑尝试将养老金和助学贷款偿还挂钩的做法。由于我国的社会保险制度已经基本覆盖到各地区、各阶层人员，对于助学贷款未偿还完的学生，可以从其就业后缴纳的养老保险中扣除所欠的贷款金额。

4. 制定家庭经济困难学生就业保障政策

关注扶持家庭经济困难学生的就业，是高校学生资助工作一个极为重要的环节。帮助家庭经济困难学生顺利就业，不仅有助于改变贫困家庭的经济状况，更关系到社会的稳定与国家的未来。同时解决就业问题，才能保证家庭经济困难学生有能力偿还助学贷款，减少助学贷款回收的风险。

（四）完善监管与考核评估机制

（1）加大资助资金监管力度。我国高校家庭经济困难学生资助政策提供的各种资助资金并不是直接拨给受资助的学生，而是由高校作为资金的代管者实行具体的资助。在这一过程中，资金存在着克扣、挪用、滥用等多种可能，必须加大对资助资金的监管和审核，确保资助及时、足额、准确地拨付受资助者。

（2）建立高校助学基金审计制度，对资助基金是否足额提取，是否如实足额使用进行审计，并对使用绩效进行评价，确保各高校不折不扣地执行教育部、财政部关于"每年必须从高校事业费收入中提取4%—6%的经费，通过各种方式资助贫困家庭学生"的规定。

（3）关注每年资助经费的效果和绩效，制定科学、合理的评价指标和评价方法对国家各项资助政策和各高校的资助工作进行科学、定期的评估，对获资助的学生也要从学习成绩、思想表现、道德观念、资助经费的使用去向、实际工作能力等方面进行全面考核，将家庭经济困难学生资助工作纳入高校的办学评估指标体系，根据评估的结果和评估中发现的问题对资助政策和资助工作加以改进和完善，提高国家资助资金的使用效益。

（五）推进高校家庭经济困难学生资助工作的信息化建设

为不断增强各级学生资助工作管理机构的管理效能和协同办公能力，优化工作环境，改进工作模式，提高办公效率，推动学生资助工作更好更快发展，必须建立全国统一的现代化高校学生资助工作信息管理平台，实现全国学生资助管理中心、省级学生资助管理中心、普通高等学校学生资助管理部门之间信息的收发、交换与传递，提高工作效率，节省人力物力。高校学生资助工作管理平台应与高校学籍学历管理平台、就业工作管理平台等不同业务平台之间实现数据共享，整合政府、高校、社会的资助资源和信息，实现对学生本人和家庭基本情况及学生在校表现情况的信息采集、家庭经济困难学生认定和资助资金发放过程的管理、资助结果的跟踪和考核、学生信用评估等功能。管理平台的建立，对提高全国高校学生资助工作管理效能，增加中央、省（区、市）、高校的协同办公能力，强化决策的一致性，提高工作效率，加强资助工作的审核与监督，改善办公环境，节省人力物力都具有重要作用。

二　高校层面

（一）完善资助机构建设，增加专职人员数量

各高校必须成立专门的学生资助管理中心，该中心为常设机构，由校级领导直接负责，统一归口管理全校的国家助学贷款、奖助学金、勤工助学、特殊困难补助、学费减免等学生资助工作，并与学生管理、思想教育、心理健康教育、就业指导中心等机构的日常工作密切配合。

各高校要加强学生资助管理中心专职人员队伍建设。原则上要按学校全日制普通本、专科生、研究生在校生规模 1∶2500 的比例，在现有编制内调剂落实编制，并配备相应的专职工作人员。

（二）加大资助政策宣传力度，广开助学渠道

一方面，各高校要高度重视资助政策宣传工作，使家庭经济困难学生资助工作深入人心、家喻户晓，切实提高资助工作的社会知晓度、满意度。切实加强领导，精心组织落实；向新生发放录取通知书时，必须按照要求同时寄送《高等学校学生资助政策简介》宣传手册，务必做到人手一册；要充分利用招生简章、标语、新闻媒体、校园网、新生热线电话等形式，多角度、多层面地深入宣传本校各项资助政策、资助措施、实施情况和工作成果，广泛宣传实施过程中涌现出来的先进典型，推广好的做法和经验，调动师生的积极性、主动性和参与性。

另一方面，通过与社会各界加强联系，不断拓宽助学渠道。如与企业建立长效合作机制，实现企业、高校和家庭经济困难学生的"共赢"，首先是企业作为资助提供者既可以借机宣传企业文化、提升知名度，又能够

通过为家庭经济困难学生提供培训、实习机会，择优储备人才，提升企业竞争力；其次是学校通过企业为家庭经济困难学生拓宽助学岗位，解决资助资金不足的问题；最后是学生可以通过助学岗位收获技能、积累经验，为就业打好基础。

（三）定性与定量相结合，科学合理认定资助对象

科学合理认定资助对象是有效资助的前提。家庭经济困难学生认定是一项十分复杂的工作，涉及方方面面的因素，为了增加家庭经济困难学生认定的科学性和准确性，可以采取定性与定量相结合的方法。高校可以在进行广泛调研的基础上，结合大量家庭经济困难学生的个人及家庭基本情况、资助需求、消费数据等信息，运用数学建模方法，构建学生家庭经济贫困程度量化评定模型。选取和学生家庭收入及支出相关的变量，对每个学生的贫困程度进行量化评定。经过量化评定可以初步确定可能存在经济困难的学生范围，然后辅之以个别谈话、向周围人了解情况、观察其日常表现等手段，确定家庭经济困难学生名单。此外，还要通过不定期地对资助对象进行跟踪反馈以及随机选取资助对象家庭进行实地调查来验证和修正模型，不断提高家庭经济困难学生认定的准确性。有条件时，要充分发挥现代信息技术的优势，使民政部门的扶贫信息和学校的家庭经济困难学生信息实现共享。要完善认定的监督与举报机制。

（四）建立家庭经济困难学生信息库，实现动态管理

各高校应在构建起科学、合理的家庭经济困难学生认定机制的基础上，全面收集贫困学生的信息，建立健全家庭经济困难学生资助信息数据库，并对数据库中的各项信息不断更新完善，以便动态管理家庭经济困难学生，实现按需资助。数据库中的信息主要包括家庭经济困难学生家庭的情况、家庭经济困难学生个人的基本情况、受资助情况、在校的各方面表现情况、心理健康情况、遇到的问题及困难、接受辅导与培训情况、日常消费情况、参加公益活动情况、就业情况等内容。高校通过建立起这样一个信息实时、有效、全面的数据库，不但可以随时根据学生个人及家庭经济状况的变化及时作出资助方案的调整，更重要的是可以准确把握家庭经济困难学生共性和个性的资助需求，为每一位家庭经济困难学生量身定做资助方案，对他们给予经济、学业、心理、就业全方位及个性化的资助和支持，从而形成学生在大学的成长过程（入学—获得资助—在校状况—

就业）与助学体系相对应的一个轨迹、体系，建立学生在学时获得资助—毕业后回馈学校、社会一个良性循环体系。

（五）设计个性化资助方案，资助与需求匹配

实现资助与需求匹配的方法是在统一规划资助方式和资助金额的基础上，根据每个学生的实际经济情况、个人能力、日常表现等，设计个性化的资助方案。一是根据学生个人情况和各种资助方式的特点进行合理搭配，其中要以有偿方式为主，培养学生自立自强的意识。二是通过建立健全家庭经济困难学生信息库，计算不同困难程度学生的资助需求，使资助方案符合其经济需求。三是根据不同困难类型和不同困难原因，进行不同内容的资助。四是根据不同年级阶段的特点提供不同的资助方案。如对低年级家庭经济困难学生，应帮助其尽快适应新的学习生活环境，在摆脱贫困心理阴影的前提下培养学生自强自立的观念，可以侧重于为其提供心理咨询、助学贷款和一些服务性的勤工助学岗位；对高年级学生由于其具备了一定的专业知识和技能，应着重为其提供一些与专业知识和技能相关的勤工助学岗位，从而帮助学生认识到知识可以改变自身经济困难，激发学生学习兴趣，培养学生的社会实践和就业能力。

（六）开拓勤工助学渠道，提升工作岗位层次

勤工助学是国外高校学生解决家庭经济困难的重要途径，通过勤工助学不仅可以解决经济上的困难，还可以积累社会经验、锻炼实际工作能力，助困和育人的双重功效使得勤工助学比简单的经济资助更受到同学们的欢迎。高校可以尝试建立"勤工助学服务中心"，为大学生勤工助学提供信息服务，进行专业培训，一方面可以拓展校外岗位渠道，另一方面也使在校大学生获得更多的技能，以便将来能更快适应工作岗位。在岗位性质上，除满足经济助困需要的服务岗位外，如分发信件、清洁等简单劳动岗位，重点开发与大学生专业知识相结合的勤工助学岗位，使大学生的专业技能得到发挥和锻炼，如组织开展科技服务等，使勤工助学由劳务型向智力型转变。

（七）增设助困奖学金，激励与助困并举

虽然政府和高校都设置了高额的奖学金用来奖励成绩优异的学生，但实际上能获得奖学金的家庭经济困难学生的比例是很低的。而调查表明，奖学金是家庭经济困难学生最希望获得的资助方式。因此，政府要在财力

允许的范围内加大对优秀的家庭经济困难学生的奖励范围，高校可以增设一些专门用于激励家庭经济困难学生的奖学金。如针对学业进步较大的家庭经济困难学生设立进步奖学金，针对自立自强、乐观向上的家庭经济困难学生设立自强奖学金等。这样既增强了家庭经济困难学生的信心，令其有成就感，激励其不断进步；又能有效解决其经济需求，不伤其自尊。

（八）建立有效监督机制，提高资助资金效益

1. 针对家庭经济困难学生认定、审批等工作建立监督和责任追究制度

首先是通过备查、复查和抽查等方式，确保认定材料的可信度。具体做法是家庭经济困难学生认定材料出具方（一般是当地政府）应留存证明材料备查；学校每学年应定期对家庭经济困难学生认定结果进行复查；按比例随机抽取部分家庭经济困难学生，对其认定资格进行抽查。其次是建立责任追究制度，一旦发现弄虚作假的情况，先取消其受助资格，收回资助；然后追根溯源，对认定、审批环节中的相关责任人进行处理；对于情节严重者应给予一定的经济处罚甚至退学。只有建立起有效的监督和惩罚机制并坚决贯彻落实，才能真正健全高校家庭经济困难学生认定机制。

2. 加强资助经费分配的监管

由于缺乏准确认定家庭经济困难学生的方法，高校在资助名额分配时往往采用基于人数比例方式进行分配。这种方法在一定程度上必然会造成经费的浪费；无法真正做到按需资助。因此，高校要在完善资助对象认定机制的基础上，改变资助经费的分配方式，同时加强对资助经费分配后各院系落实情况的跟踪监督，及时调整分配不公，最终确保资助经费有效分配、有效使用。

3. 监督资助经费是否得到有效使用

在奖助学金的后期管理上，一方面要加强对发放的奖助学金的使用目的和使用方式进行跟踪监督；另一方面要加强教育和引导，提倡正确的消费观；两者并举，防止资助资金得不到合理、有效的利用。

（九）注重人文关怀，资助与学生发展相结合

高校学生资助工作既是促进教育公平的一项民生工程，也是实施科教兴国战略的一项重要举措，其最终目标是为国家培养更多高素质的人才。随着国家资助力度的不断加大，高校的学生资助工作也应由仅对家庭经济

困难学生的经济资助层次逐渐提升到建立经济资助、精神资助和素质提高的立体资助体系的层次，充分发挥资助政策助困育人的效能。

要了解家庭经济困难学生内心的情感，帮助他们减轻因家庭贫困可能带来的心理阴影或负担，缓解精神压力，积极营造团结互助的校园氛围，给予更多的人文关怀。家庭经济困难学生是一个需要给予特殊关注的群体，他们所承受的心理压力和负担在一定程度上甚至比经济压力还大，因此，高校要更关注他们的内心世界，了解和解决他们的困难，让家庭经济困难学生的烦躁情绪、压抑情绪、自卑情绪有疏通渠道，并能及时得到合法、合理、合适的宣泄和释放，尽量降低贫困对学生心理造成的不良影响，帮助他们树立正确的信念，培养积极的情感和坚强的意志，提升自我管理和心理调适能力，培养健全的人格和良好的心理素质。

结合家庭经济困难学生的自身发展需要，可以从以下三个方面对其实施能力资助，全面提升家庭经济困难学生的综合素质和能力。

（1）针对家庭经济困难学生在计算机、外语和专业课学习方面遇到的问题和困难进行辅导和培训，引导他们进行职业生涯规划并开展多种形式的素质拓展训练，提高其就业创业能力，使他们具备未来学习、工作中所需的基本素质和社会生存能力。

（2）高度关注家庭经济困难学生的心理健康，加强对他们的心理引导，帮助其树立正确的人生观、价值观。采取心理健康普查、心理测评、个别咨询、团队活动、开设课程等方式，培养他们积极向上、健康乐观的心态，减轻他们在生活、学习、人际交往和就业上的心理压力，提高其人际交往和组织领导能力，促进其健康成长。

（3）通过组织家庭经济困难学生参加勤工助学、公益劳动、社会实践、见习实习等不同形式的活动，开拓他们的视野，培养他们的社会实践能力及社会责任感。

三　学生层面

（一）树立自信、自立、自强的人生信念

家庭经济困难学生不能对国家、社会和高校的资助视为理所当然，要在正确认识家庭贫困现状的同时，积极主动地改变现状；既不能将贫困归咎于国家、社会和学校，"怨天尤人"；也不能将经济困难问题归咎于缴

费制度，"愤世嫉俗"，而是要树立自信、自立、自强的人生信念，乐观向上，"人穷志不短"，培养自己的耐挫能力，在困境中走出精彩的人生道路，以优异的成绩回报国家、社会和学校，以过硬的本领开创崭新的人生。由共青团中央、全国学联主办，中国青年报社、中国高校传媒联盟承办的寻访"中国大学生自强之星"活动，就是在全国高校范围内评选出那些自信、自立、自强，在"受助"的同时学会"自助"乃至"助人"的优秀家庭经济困难学生。

（二）树立诚信意识

家庭经济困难学生要珍惜个人信用，这是其改变贫困、摆脱贫困的最重要资源和最基本的前提。作为文明社会公民的最基本道德规范，诚信已经不仅仅是一种道德操守，而是贯穿于人一生的重要资源。个人信用质量已经与个人的生活、学习、工作等方面密不可分，守信者必将赢得尊重、收获利益；失信者必将付出应有的代价。家庭经济困难学生的诚信缺失，不仅造成了恶意拖欠国家助学贷款，导致银行"惜贷"；更使得个人在未来的生活和事业发展中丧失了一种宝贵资源。每个家庭经济困难学生都应该从及时还贷做起，珍惜并维护来之不易的个人诚信记录，既让国家助学贷款发挥更大的作用，也使自己的个人诚信记录"洁白无瑕"。

（三）树立感恩意识

"滴水之恩，涌泉相报。"学会感恩是我们中华民族的优良传统，是社会公民的一项基本行为品德。通过进行传统的感恩思想教育，引导和提升大学生的感恩意识，让广大受资助学生深切感受到自己受到的资助是多么地来之不易，既要对社会所有纳税人对奖助学金的贡献心怀感激，又要对党和国家以及社会对自己的关怀深有体会，以感恩的心态回报社会和他人对自己的关怀和帮助，以促进大学生成长、成才和提高大学生的道德修养以及人文素质。

参考文献

一　专著（图书、学位本书、会议文集等）

[1] ［法］布迪厄：《文化资本与社会炼金术》，包亚明译，上海人民出版社 1997 年版。

[2] ［德］马克斯·韦伯：《经济与社会》（上卷），林荣远译，商务印书馆 1997 年版。

[3] ［美］R. 伟恩·蒙迪、罗伯特·M. 诺埃：《人力资源管理》，经济科学出版社 1998 年版。

[4] ［美］小詹姆斯·H. 唐纳利等：《管理学基础：职能、行为、模型》，李柱流译，中国人民大学出版社 1982 年版。

[5] ［美］哈罗德·孔茨、海茵茨·韦里克：《管理学》，马春光译，经济科学出版社 1998 年版。

[6] ［美］弗里蒙特·E. 卡斯特：《组织与管理：系统方法与权变方法》，傅严译，中国社会科学出版社 2000 年版。

[7] ［美］尼古拉斯·亨利：《公共行政与公共事务》（第八版），中国人民大学出版社 2002 年版。

[8] ［美］金斯伯格：《社会工作评估：原理与方法》，黄晨熹译，华东理工大学出版社 2005 年版。

[9] ［美］劳伦斯·汉密尔顿：《应用 STATA 做统计分析》，郭志刚译，重庆大学出版社 2011 年版。

[10] Maureen. Woodhall. Review of Student Support Schemes in Selected OECD Countries［M］. Paris：OECD，1978.

[11] Coombs，R.. The World Critis in Education：the Vies from the Eighties［M］. New York：Oxford University Press，1985.

［12］ Cheng, K. M., The Concept of Legitimacy in Educational Policy-making: Alternative Explanations of Two Policy Episodes in Hong Kong ［M］. London: University of London Institute of Education, 1987.

［13］ George Psaccharopoulos. Economics of Education Research and Studies ［M］. Washington, D. C. USA. Advances in Education Yergamon Press, 1987.

［14］ Financial Support for Students: Grant, Loans or Graduate Tax? ［M］. London: Bedford Way, 1989.

［15］ Harlow G. Unger. Encyclopedia of American Edueation (Volume11) ［M］. Newyork, 1996.

［16］ Jean M. Johnson. Graduate Education Reform in Europe, Asia and the Americas ［M］. National Science Foundation, 2000.

［17］ Stufflebeam D. L. A meta-evaluation ［R］. Western Michigan University, School of Education, 1974.

［18］ 瞿保奎:《教育学文集·教育评价》,人民教育出版社 1989 年版。

［19］ 吴国存:《企业职业管理与雇员开发》,经济管理出版社 1996 年版。

［20］ 张民选:《理想与抉择——大学生资助政策的国际比较》,人民教育出版社 1998 年版。

［21］ 王承绪、顾明远:《比较教育》,人民教育出版社 1999 年版。

［22］ 陈玉琨:《教育评价学》,人民教育出版社 1999 年版。

［23］ 夏征农、陈至立:《辞海》(1999 年缩印版),上海辞书出版社 2000 年版。

［24］ 马克思:《1844 年经济学哲学手稿》,人民出版社 2000 年版。

［25］ 王战军:《学位与研究生教育评估技术与实践》,高等教育出版社 2000 年版。

［26］ 陈玉琨:《教育评价学》,人民教育出版社 2001 年版。

［27］ 萧宗六:《学校管理学》,人民教育出版社 2001 年版。

［28］ 王康平:《高校学费政策的理论与实践》,厦门大学出版社 2001 年版。

［29］ 金娣、王刚:《教育评价与测量》,教育科学出版社 2002 年版。

［30］教育管理词典编委会：《教育管理词典》，海南人民出版社 2005
年版。

［31］芮明杰：《管理学:现代的观点》，上海人民出版社 2005 年版。

［32］林根祥：《管理学基础》，武汉理工大学出版社 2006 年版。

［33］陆国钧、陆军：《管理学》，南京师范大学出版社 2006 年版。

［34］姚丽娜：《管理学教程》，浙江大学出版社 2007 年版。

［35］涂艳国：《教育评价》，高等教育出版社 2007 年版。

［36］石金涛：《绩效管理》，北京师范大学出版社 2007 年版。

［37］范柏乃：《政府绩效评估与管理》，复旦大学出版社 2007 年版。

［38］曲绍卫：《大学竞争力研究——基于新制度经济学分析框架》，教育
科学出版社 2008 年版。

［39］杨菊华：《社会统计分析与数据处理技术:STATA 软件的应用》，中
国人民大学出版社 2008 年版。

［40］桂富强：《高校贫困生发展性资助理念及管理体系研究》，西南交通
大学出版社 2009 年版。

［41］岳昌君：《教育计量学》，北京大学出版社 2009 年版。

［42］陈灿芬：《高校贫困大学生现状研究》，西安交通大学出版社 2010
年版。

［43］潘玉进：《教育与心理研究中数据分析方法》，科学出版社 2010
年版。

［44］卓越：《公务员绩效评估》，中国人民大学出版社 2010 年版。

［45］张茂聪：《论教育公共性及其保障》，商务印书馆 2012 年版。

［46］杨菊华：《数据管理与模型分析:STATA 软件应用》，中国人民大学
出版社 2012 年版。

［47］沈华：《中国高校资助政策与学生行为选择研究》，中国社会科学出
版社 2012 年版。

［48］王曙光：《告别贫困——中国农村金融创新与反贫困》，中国发展出
版社 2012 年版。

［49］中国社会科学院语言研究所词典编辑室：《现代汉语词典》，商务印
书馆 2012 年版。

［50］张光明：《完善家庭经济困难学生资助体系》，人民教育出版社

2012 年版。

［51］陈绵水等：《国家奖助学金资助制度绩效评价》，经济科学出版社2013 年版。

［52］谢宇：《回归分析》（修订版），社会科学文献出版社 2013 年版。

［53］杨国洪：《大学生资助体系的国际比较与借鉴》，中山大学出版社2013 年版。

［54］李佐军：《第三次大转型：新一轮改革如何改变中国》，中信出版社2014 年版。

［55］贾俊平、何晓群、金勇进：《统计学》，中国人民大学出版社 2014年版。

［56］王世忠：《大学生资助政策执行效果评估研究》，中国社会科学出版社 2014 年版。

［57］杨丙见：《政府担保的高等教育助学贷款研究》，复旦大学，2001 年。

［58］熊志忠：《基于变革的贫困大学生资助体系研究》，华东师范大学，2005 年。

［59］徐建华：《浙江省高校经济困难学生资助政策研究》，浙江师范大学，2005 年。

［60］谢黎文：《高校经济困难学生资助管理模式研究与信息系统实现》，西南交通大学，2006 年。

［61］刘燕：《中国大学奖学金问题研究》，华中科技大学，2006 年。

［62］濮筠：《高校学生资助政策比较与构想》，兰州大学，2006 年。

［63］王锐英：《教育公平理论及其在战后美国高等教育领域的实践》，陕西师范大学，2006 年。

［64］李东阳：《当前高校贫困生资助体系构建研究》，郑州大学，2007 年。

［65］肖遥：《高校经济困难学生资助体系研究》，湖南农业大学，2007 年。

［66］胡道敏：《基于人力资源开发的高校贫困大学生资助体系研究》，贵州大学，2007 年。

［67］曲龙巨：《基于和谐理念的高等学校贫困生资助体系研究》，哈尔滨

工程大学（北京），2007 年。

[68] 安冰：《高校贫困生资助管理问题研究》，山东大学，2008 年。

[69] 丁阳：《高校经济困难学生资助体系的研究》，中国地质大学（北京），2008 年。

[70] 冯永刚：《制度架构下的道德教育研究》，山东师范大学，2008 年。

[71] 贝紫燕：《高等学校家庭经济困难学生资助政策实施研究》，华东师范大学，2008 年。

[72] 彭安臣：《中国博士生资助》，华中科技大学，2009 年。

[73] 郑春：《对我国高校贫困生资助体系的反思》，西南财经大学，2009 年。

[74] 谢更兴：《我国高校贫困生资助体系研究》，天津大学，2009 年。

[75] 王平：《我国高校贫困学生资助体系的构建与发展》，中南大学，2009 年。

[76] 张昕鹏：《高校贫困生认定方法与资助体系的研究》，江南大学，2009 年。

[77] 梁红军：《德育视野下的高校资助育人体系研究》，赣南师范学院，2010 年。

[78] 梁天梅：《高校贫困生资助过程管理研究》，长安大学，2010 年。

[79] 莫世亮：《浙江省高校贫困生资助政策执行研究》，浙江师范大学，2010 年。

[80] 杜德省：《高校学生资助工作问题研究》，华中科技大学，2010 年。

[81] 赵贵臣：《我国大学生资助体系的德育功能研究》，东北师范大学，2011 年。

[82] 乔宏峰：《高校家庭经济困难学生资助体系研究》，长春理工大学，2011 年。

[83] 梁楚：《我国大学生资助体系及其思想政治教育功能研究》，西南财经大学，2011 年。

[84] 马彦周：《大学生发展型资助体系构建研究》，华中农业大学，2012 年。

[85] 刘晶：《高校家庭经济困难学生资助政策的执行效果研究》，北京科技大学，2012 年。

［86］李闯:《高校贫困生资助体系及评价方法研究》,内蒙古科技大学,2012 年。

［87］陈芳:《甘肃高校学生资助体系及运行状况调查》,兰州大学,2012 年。

［88］张梦菲:《高校家庭经济困难学生资助政策实效性研究》,长春理工大学,2014 年。

［89］徐丽红:《社会权利视域下的中国显性高校帮困资助政策研究》,华东师范大学,2014 年。

［90］朱春梅:《公平视角下加强高校资助育人工作的研究——基于对天津市 20 所高校的调查》,天津医科大学,2015 年。

［91］夏书珍:《高校学生资助政策在实施过程中存在的问题和对策研究——以 A 学院为例》,山东师范大学,2015 年。

［92］杨萍:《高校家庭经济困难学生资助政策实施效果研究》,云南财经大学,2015 年。

［93］安江燕、刘永智、陈玉冰:《高校学生资助管理工作的实践与探索》,2012 管理创新、智能科技与经济发展研讨会本书集,2012 年。

二 连续出版物(期刊、报纸)

［94］［美］劳拉丝·E. 格拉蒂:《美国的大学生资助》,张慧译,《理工高教研究》2003 年第 6 期。

［95］Cornwell, C. , D. B. Mustard, et al. . The Enrollment Effects of Merit-Based Financial Aid: Evidence from Georgia's Hopr Program ［J］. Journal of Labor Economics, 2006 (24) .

［96］Doyle, W. R. Adoption of Merit-Based Student Grant Programs: An Event History Analysis ［J］. Educational Evaluation and Policy Analysis, 2006 (28) .

［97］Zhang, L. , & Ness, E. C. Does State Merit-Based Aid Stem Brain Drain ［J］. Educational Evaluation and Policy Analysis, 2010 (6) .

［98］柳国辉、谌启标:《国外学生资助政策及借鉴意义》,《江苏高教》1999 年第 4 期。

［99］戚业国、辛海德:《国外高校学生资助模式的形成及其发展》,《吉

林教育科学》（高教研究）1999 年第 5 期。

[100] 胡银环：《试论学生资助制度在实现教育公平中的作用》,《教育与经济》2000 年第 1 期。

[101] 鸿岭：《日本的大学生贷学金资助模式》, 《中国财政》2002 年第 2 期。

[102] 张建奇：《1983 年以来我国大学生资助的演变》,《现代大学教育》2003 年第 1 期。

[103] 贾生华、陈宏辉、田传浩：《基于利益相关者理论的企业绩效评价——一个分析框架和应用研究》,《科研管理》2003 年第 4 期。

[104] 景天魁：《中国社会保障的理念基础》,《吉林大学社会科学学报》2003 年第 5 期。

[105] 陈兴明：《特罗的大众化理论中的教育公平观及启示团》,《黑龙江高教研究》2003 年第 6 期。

[106] 高建民：《美国近年联邦教育资助评述》,《比较教育研究》2003 年第 8 期。

[107] 沈红：《国家助学贷款:政策与实践中的既成矛盾》,《北京大学教育评论》2004 年第 1 期。

[108] 曹赛先、沈红：《浅论我国的高校分类》,《科学学与科学技术管理》2004 年第 2 期。

[109] 詹鑫：《英国高校改革:学生资助与教育参与》, 《比较教育研究》2004 年第 4 期。

[110] 李庆豪、沈红：《我国大学生资助政策的优化与重构》,《清华大学教育研究》2004 年第 6 期。

[111] 熊志忠：《教育成本分担制与国内外高校学生资助政策的比较研究》,《煤炭经济研究》2005 年第 2 期。

[112] 曹赛先、沈红：《高等学校分类的理论与实践》,《高等教育研究》2005 年第 8 期。

[113] 牛彦绍：《中国高校学生资助体系的目标分析》,《河南教育》（高校版）2005 年第 8 期。

[114] 李慧勤：《高校经济困难学生资助政策实证研究》,《经济研究参考》2005 年第 58 期。

[115] 马晓强:《"科尔曼报告"述评——兼论对我国解决"上学难、上学贵"问题的启示》,《教育研究》2006 年第 6 期。

[116] 陈振明:《公共部门绩效管理的理论与实践》,《中国工商管理研究》2006 年第 12 期。

[117] 赵炳起、李永宁:《高校贫困生资助绩效评价与提升对策研究》,《高等工程教育研究》2007 年第 3 期。

[118] 席升阳:《批判与期盼:社会转型中的中国大学》,《自然辩证法研究》2007 年第 5 期。

[119] 马静、宋德安、王峰虎:《陕西省属高校贫困生资助绩效实证分析》,《西安邮电学院学报》2007 年第 11 期。

[120] 余春玲:《基于平衡记分卡的高校贫困学生资助评价体系》,《江苏高教》2009 年第 1 期。

[121] 郑杭生:《改革开放三十年:社会发展理论和社会转型理论》,《中国社会科学》2009 年第 3 期。

[122] 姜旭萍、肖迪明、张晓松:《高校学生资助体系政策效果评估研究》,《当代经济》2009 年第 4 期。

[123] 周敏:《平衡记分卡用于高校学生资助工作绩效评估的探讨》,《文教资料》2009 年第 6 期。

[124] 胡云江:《论高校贫困生的级差分类与资助绩效评价》,《当代教育科学》2009 年第 9 期。

[125] 余秀兰:《60 年的探索:建国以来我国大学生资助政策探析》,《北京大学教育评论》2010 年第 1 期。

[126] 赵杰、刘永兵:《布迪厄的文化资本与教育公平》,《社会科学战线》2010 年第 3 期。

[127] 江应中:《高校贫困生资助政策的伦理性及价值跃迁》,《江苏高教》2010 年第 3 期。

[128] 范聪:《我国高等学校贫困生资助绩效研究——以 A 大学为例》,《南昌教育学院学报》2010 年第 6 期。

[129] 李少华:《美国教育评估的原评估发展与启示》,《中国高教研究》2010 年第 11 期。

[130] 范先佐:《我国学生资助制度的回顾与反思》,《华中师范大学学

报》（人文社会科学版）2010 年第 11 期。

[131] 钟一彪：《高校贫困生资助绩效的分析框架与评估模式》，《广东青年干部学院学报》2010 年第 12 期。

[132] 凌峰：《基于目标的高校学生资助绩效考核研究》，《辽宁行政学院学报》2010 年第 12 期。

[133] 王志伟、李少阳、李强、王智宇：《国内外家庭经济困难学生资助制度及方法比较研究》，《榆林学院学报》2011 年第 1 期。

[134] 罗朴尚、宋映泉、魏建国：《中国现行学生资助政策评估》，《北京大学教育评论》2011 年第 1 期。

[135] 雷娜、卞艳艳、赵晓明：《高校家庭经济困难学生资助政策体系效果的实证研究——以河北省为例》，《河北交通职业技术学院学报》2011 年第 2 期。

[136] 徐瑞、郭兴举：《文化资本理论视阈中的教育公平研究》，《教育学报》2011 年第 2 期。

[137] 钟一彪：《社会工作视野下的贫困大学生资助绩效评估》，《广东青年干部学院学报》2011 年第 6 期。

[138] 刘朝刚、罗丽萍、卢卫仪、李志：《广东省创新方法工作机制研究》，《科技管理研究》2011 年第 17 期。

[139] 薛浩、陈万明：《我国高校贫困生资助政策的演进与完善》，《高等教育研究》2012 年第 2 期。

[140] 余鸣娇、徐吉鹏：《新资助政策体系对高校贫困生教育援助效果的评估研究》，《高教探索》2012 年第 3 期。

[141] 张茂聪、杜文静：《基于层次分析的县域基础教育政策评估指标体系构建》，《湖南师范大学教育科学学报》2012 年第 4 期。

[142] 刘晶：《后金融危机时代我国大学生资助实效性研究》，《首都师范大学学报》（社会科学版）2012 年第 6 期。

[143] 刘敏：《公众满意导向下的贫困生资助绩效评估路径研究》，《前沿》2012 年第 6 期。

[144] 董泽芳、张继平：《社会转型时期高等教育研究的社会责任》，《高校教育管理》2012 年第 6 期。

[145] 杨斌：《我国学生资助体系的形成与新发展——基于资助政策出台

背景的视角》，《中国建设教育》2012 年第 7 期。

［146］刘晶、曲绍卫：《贫困生资助政策在高校执行效果的评价研究》，《思想教育研究》2012 年第 7 期。

［147］谷衷新、安江燕、刘永智、宋艳兰：《高校学生资助管理体系问题及对策探析——以河北农业大学为例》，《河北农业大学学报》（农林教育版）2012 年第 8 期。

［148］曲绍卫、刘晶：《当前我国高校助困与育人契合的实效性分析》，《思想理论教育导刊》2012 年第 11 期。

［149］孙惠敏：《我国民办高等教育发展及转型三阶段》，《教育发展研究》2012 年第 11 期。

［150］于纪航：《浅析高校贫困学生资助管理模式存在的问题及对策》，《经济研究导刊》2013 年第 2 期。

［151］刘晶、曲绍卫：《高校贫困生资助政策的效果研究》，《现代教育管理》2013 年第 3 期。

［152］聂法良：《不同管理定义的分析与启示》，《青岛科技大学学报》（社会科学版）2013 年第 6 期。

［153］曲绍卫、马世洪、纪效珲：《瞄准实现"中国梦"：加速提升人力资本赶超竞争力》，《中国高等教育》2013 年第 10 期。

［154］王薇：《家庭经济困难学生资助管理体系研究》，《经营管理者》2013 年第 12 期。

［155］黄艳：《高校学生资助管理体系改革探析》，《高教论坛》2014 年第 1 期。

［156］李清贤、曲绍卫、范晓婷：《后金融危机时代我国大学生就业走势研究》，《教育与经济》2014 年第 1 期。

［157］杨剑锋、赵健：《高校贫困生资助工作评价维度及框架构建》，《湖北经济学院学报》（人文社会科学版）2014 年第 2 期。

［158］王立新：《论矛盾凸显期的社会转型：方向、路径与战略选择》，《江海学刊》2014 年第 3 期。

［159］冯永刚：《高等教育公共性的制度障碍及其破解》，《江苏高教》2014 年第 3 期。

［160］沈红、赵永辉：《美国高校学生资助政策变革及其效应》，《高等工

程教育研究》2014 年第 4 期。

[161] 陈乔、胡小强:《高校学生资助二级管理模式所存在问题的对策研究》,《价值工程》2014 年第 8 期。

[162] 韩伟:《高校家庭经济困难学生资助工作思考——以西华师范大学的外国语学院家庭经济困难学生资助工作为例》,《学理论》2015 年第 4 期。

[163] 吴玲:《高校学生资助工作的公平性研究》,《思想理论教育》2015 年第 6 期。

[164] 赵健:《高校贫困学生资助工作评价模型的构建与应用》,《学校党建与思想教育》2015 年第 8 期。

[165] 刘云博、白华:《精准化资助:高校学生资助工作新思维》,《教育评论》2016 年第 2 期。

[166] 武立勋、胡象明:《高校家庭经济困难学生资助政策实施效果研究——基于对北京部分高校本科毕业生的调查分析》,《国家教育行政学院学报》2016 年第 2 期。

[167] 吴广宇、姚卫兵、范天森:《高校学生资助工作人员的专业发展》,《教育与职业》2016 年第 4 期。

[168] 袁振国、教育公平:《从有教无类到因材施教》,《上海教育》2016 年第 7 期。

[169] 许广华:《探析现有高校家庭经济困难学生资助政策与困难学生群体形成原因的关系》,《教育教学论坛》2016 年第 12 期。

[170] 中国教育年鉴编辑部:《中国教育年鉴 1949—1981》,中国大百科全书出版社 1984 年版。

[171] 中华人民共和国国务院:《政务院关于调整全国高等学校及中等学校学生人民助学金的通知》,《新华月报》1952 年 7 月 11 日。

[172] 中共中央文献研究室:《为实现中华民族近代以来最伟大的梦想而奋斗》,《人民日报》2013 年 12 月 3 日。

[173] 田俊荣、吴秋余:《新常态,新在哪?》,《人民日报》2014 年 8 月 4 日。

[174] 吴楠:《"新常态"实质是转换增长动力》,《中国社会科学报》2014 年 12 月 17 日。

［175］李和平：《大力推进教育管办评分离》，《人民政协报》2015 年 3 月 18 日。

［176］刘博智：《管办评分离有矩可循》，《中国教育报》2015 年 5 月 9 日。

［177］中国银行国际金融研究所"中国经济发展新模式研究"课题组：《中国跨越"中等收入陷阱"的路径与策略》，《中国经济时报》2015 年 5 月 12 日。

［178］刘延东：《在国际教育信息化大会上的致辞》，《中国教育报》2015 年 6 月 9 日。

［179］任有群：《信息时代教育公平的新内涵——国际教育信息化大会〈青岛宣言〉解读》，《中国教育报》2015 年 6 月 16 日。

［180］金立群：《中国如何跨越"中等收入陷阱"》，《人民日报》2015 年 8 月 11 日。

［181］习近平：《携手消除贫困，促进共同发展》，《人民日报》2015 年 10 月 17 日。

［182］袁贵仁：《提高教育质量》，《光明日报》2015 年 11 月 9 日。

［183］中央经济工作会议在京举行，新华网，http://news. xinhuanet. com/fortune/2014 – 12/11/c_ 1113611795. htm。

［184］中华人民共和国中央人民政府，《外交部发布 2015 年后发展议程》，http://www. gov. cn/gzdt/2013 – 09/22/content_ 2492606. htm。

［185］十八届五中全会会议公报全文发布，新华社［EB/OL］，http://news. sina. com. cn/c/nd/2015 – 10 – 29/doc – ifxkhcfk7417721. shtml。

［186］袁振国：《以改革促进教育公平》，国家教育宏观政策研究院，http://edu. qq. com/a/20150415/046154. htm。

［187］中国共产党十八届三中全会公报发布，新华网［EB/OL］，http://news. xinhuanet. com/house/tj/2013 – 11 – 14/c_ 118121513. htm。

［188］十八大报告，新华网［EB/OL］，http://www. xj. xinhuanet. com/2012 – 11/19/c_ 113722546. htm。

［189］《中共中央关于全面深化改革若干重大问题的决定》，新闻网［EB/OL］，http://news. xinhuanet. com/politics/2013 – 11/15/c_ 118164235. htm。

［190］中共中央文献研究室《中国特色社会主义社会建设道路》课题组：《十

八大以来习近平关于民生建设的新思想新举措》，http://www.wxyjs.org.cn/ddwxzzs/wzjx/201503/201506/t20150603_172940.htm。

［191］教育部 2015 年工作要点，教育部［EB/OL］，http://www.moe.edu.cn/publicfiles/business/htmlfiles/moe/moe _164/201502/183971.html。

［192］国际教育信息化大会在青岛开幕，光明网［EB/OL］，http://politics.gmw.cn/2015-05/23/content_15759071.htm。

［193］国家教委办公厅：《关于切实做好高校经济困难学生入学工作的通知》，［EB/OL］，http://www.xszz.cee.edu.cn/zizhuzhengce/gaodengjiaoyu/2012-09-02/1234.html。

［194］中华人民共和国教育部：《高等院校分类》［EB/OL］，http://www.moe.gov.cn/jyb_zwfw/zwfw_fwxx/201506/t20150618_190602.html，2016-4-10。

［195］NPSAS. National Postsecondary Student Aid Study［EB/OL］. http://nces.ed.gov/surveys/npsas/，2014-10-19.

［196］独立行政法人日本学生支援机构 JASSO ［EB/OL］. http://www.jasso.go.jp/，2015-8-20.

三　政策法规

［197］Heller, D. E., & Marin, P. State Merit Scholarship Programs and Racial Inequality［Z］. Cambridge, MA, 2004.

［198］教育部、财政部：《关于普通高等学校、中等专业学校和技工学校学生实行人民助学金制度的通知》（77）教技字 530 号、（77）财事字 180 号［Z］，1977 年 12 月 17 日。

［199］教育部、财政部：《普通高等学校本、专科学生人民助学金暂行办法》，《中华人民共和国国务院公报》1983 年第 4 期。

［200］教育部、财政部：《关于改革现行普通高等学校人民助学金制度报告的通知》，《中华人民共和国国务院公报》1986 年第 4 期。

［201］教育委员会、财政部：《关于重新印发〈普通高等学校本、专科学生实行奖学金制度的办法〉和〈普通高等学校本、专科学生实行贷款制度的办法〉的通知》，《中华人民共和国国务院公报》1987

年第 7 期。

[202] 教育部办公厅：《关于切实做好洪涝灾区困难学生入学工作的紧急通知》，《教育部政报》1998 年第 8 期。

[203] 中国人民银行、教育部、财政部：《关于国家助学贷款的管理规定》（试行），《中华人民共和国国务院公报》1999 年第 5 期。

[204] 中国人民银行、教育部和财政部：《关于转发〈国务院办公厅转发中国人民银行等部门关于助学贷款管理补充意见的通知〉和印发〈中国人民银行助学贷款管理办法〉的通知》，《中华人民共和国国务院公报》2000 年第 8 期。

[205] 财政部、教育部：《关于印发〈国家奖学金管理办法〉的通知》，《中华人民共和国财政部文告》2002 年第 4 期。

[206] 教育部：《关于切实做好资助高校经济困难学生工作的紧急通知》（教电〔2003〕298 号），2003 年 7 月 21 日。

[207] 国务院：《关于建立健全普通本科高校、高等职业学校和中等职业学校家庭经济困难学生资助政策体系的意见》，《中华人民共和国国务院公报》2005 年第 5 期。

[208] 财政部、教育部：《关于印发〈国家助学奖学金管理办法〉的通知》，《中华人民共和国教育部公报》2005 年第 7 期。

[209] 教育部、财政部：《关于认真做好 2008 年高等学校新生资助有关工作的通知》（教财〔2008〕11 号），2008 年 7 月 8 日。

[210] 财政部、教育部、银监会：《关于大力开展生源地信用助学贷款的通知》（财教〔2008〕196 号），2008 年 9 月 9 日。

[211] 财政部、教育部：《关于印发高等学校毕业生学费和国家助学贷款代偿暂行办法的通知》（财教〔2009〕15 号），2009 年 3 月 11 日。

[212] 中共中央、国务院：《国家中长期教育改革和发展规划纲要（2010—2020 年）》（中发〔2010〕12 号），2010 年 7 月 8 日。

[213] 财政部、教育部：《应征入伍服义务兵役高等学校在校生学费补偿国家助学贷款代偿及退役复学后学费资助暂行办法》（财教〔2011〕510 号），2011 年 10 月 28 日。

[214] 财政部、教育部、民政部、总参谋部、总政治部：《关于实施退役士兵教育资助政策的意见》（财教〔2011〕538 号），2011 年 10 月

25 日。

[215] 中国教育发展基金会：《关于印发普通高校家庭经济困难新生入学资助项目暂行管理办法的通知》（教基金会〔2012〕10 号），2012 年 5 月 23 日。

[216] 教育部：《关于印发〈教育信息化十年发展规划（2011—2020）〉的通知》（教技〔2012〕5 号），2012 年 3 月 13 日。

[217] 财政部、教育部、总参谋部：《关于印发高等学校学生应征入伍服义务兵役国家资助办法的通知》（财教〔2013〕236 号），2013 年 8 月 20 日。

[218] 财政部、教育部、中国人民银行、银监会：《关于调整完善国家助学贷款相关政策措施的通知》（财教〔2014〕180 号），2014 年 7 月 18 日。

[219] 教育部：《关于深入推进教育管办评分离 促进政府职能转变的若干意见》（教政法〔2015〕5 号），2015 年 5 月 4 日。

[220] 教育部、财政部：《关于进一步加强学生资助政策宣传工作的通知》（教财〔2015〕8 号），2015 年 8 月 13 日。

附录 A　大学生资助绩效评估指标体系研制专家调查问卷

尊敬的各位专家:

您好! 首先感谢您在繁忙的工作中参与此项调查, 我是北京科技大学教育经济与管理研究所的博士研究生, 该指标要素的等级评定是这本书《中国高校大学生资助绩效评估研究》的关键环节, 需要对相关指标的重要性程度测评以保证评估指标体系的科学性与代表性。得知您在该领域造诣颇深且实践经验丰富, 感谢您抽出宝贵的时间对高校大学生资助绩效评估指标要素进行评价打分, 请在您认为的那一栏上画"√"。您的回答将成为本书的重要依据, 所提供的数据信息仅限用于学术研究, 衷心感谢您的支持! 您的宝贵意见对我的研究具有极大的帮助! 衷心感谢您的支持!

北京科技大学教育经济与管理研究所

2015 年 12 月

I　基本信息

1. 学校名称: _____
2. 学校所在地区: _____
3. 您的性别: □ 男　　　　□ 女
4. 您的年龄: □ 24—29 岁　□ 30—34 岁　□ 35—39 岁　□ 40 岁以上
5. 您的学历: □ 大学本科　□ 硕士研究生　□ 博士研究生
6. 您的职称: □ 教授/调研员　□ 副教授/副调研员
　　　　　　□ 讲师/助理调研员

Ⅱ　高校大学生资助管理指标要素重要程度调查

下表为依据"投入—活动—产出"的项目成果测评模型，结合资助政策框架体系、资助管理工作流程以及利益相关主体诉求，最终挑选出的43项高校大学生资助绩效评估指标备选要素。请您对各测评要素的重要程度按照以下五个等级进行评定，并根据您的判断在适合的位置上打"√"。

序号	指标要素	非常重要	重要	一般	不重要	非常不重要
1	机构设置					
2	机构职能					
3	工作经费					
4	办公条件					
5	校级机构人员配备					
6	院（系）人员配备					
7	奖学金制度建设					
8	助学金制度建设					
9	助学贷款制度建设					
10	基层就业资助制度建设					
11	应征入伍服兵役资助制度建设					
12	师范生免费教育制度建设					
13	退役士兵资助制度建设					
14	入学资助项目制度建设					
15	勤工助学制度建设					
16	校内资助制度建设					
17	绿色通道制度建设					
18	贫困生认定制度建设					
19	奖学金政策落实					
20	助学金政策落实					
21	助学贷款政策落实					
22	基层就业资助政策落实					

续表

序号	指标要素	非常重要	重要	一般	不重要	非常不重要
23	应征入伍服兵役资助政策落实					
24	师范生免费教育政策落实					
25	退役士兵资助政策落实					
26	入学资助项目政策落实					
27	勤工助学政策落实					
28	校内资助政策落实					
29	绿色通道政策落实					
30	资金发放					
31	资金管理					
32	宣传工作					
33	育人活动					
34	信息报送					
35	信息采集报送					
36	信息审核					
37	信息维护与管理					
38	信息平台建设					
39	资助水平					
40	育人成效					
41	贷款质量					
42	服务特殊领域					
43	监督检查					

您认为除以上 43 项评估要素外，还有哪些重要的评估要素需要补充？请在下列横线处作答。

　　_____、_____

　　_____、_____

　　_____、_____

非常感谢您对本问卷的填写！再次感谢您的配合和支持！

附录 B 大学生资助绩效评估指标权重赋值专家调查表

尊敬的专家学者：

您好！我是北京科技大学教育经济与管理研究所的博士研究生。该指标体系等级评定是我的博士毕业论文《大学生资助绩效评估研究——基于中央直属 120 所高校的实证分析》的关键环节，需要对相关指标进行量化测评，拟采用层次分析法（AHP）进行权重计算以保证评估指标体系的科学性。得知您在该领域造诣颇深且实践经验丰富，感谢您抽出宝贵时间参照例表填写，您的宝贵意见对我的研究具有极大的帮助！衷心感谢您的支持！

北京科技大学教育经济与管理研究所

2014 年 4 月

例表　　　　　　　　　　标度方法及含义

序号	重要性等级	C_{ij} 赋值
1	i，j 两元素同等重要	1
2	i 元素比 j 元素稍微重要	3
3	i 元素比 j 元素明显重要	5
4	i 元素比 j 元素强烈重要	7
5	i 元素比 j 元素极端重要	9
6	i 元素比 j 元素稍微不重要	1/3
7	i 元素比 j 元素明显不重要	1/5
8	i 元素比 j 元素强烈不重要	1/7
9	i 元素比 j 元素极端不重要	1/9

填表说明：

例表中赋值仅作为参考，您可依据自己对重要性等级程度的判断进行填写，例如您认为 i 元素比 j 元素稍微重要的程度为 5/3，则可在赋值空格中填 5/3；认为 i 元素比 j 元素明显不重要的程度为 2/5，则可填 2/5。

表 B-1　　　　　　　　　一级指标判断矩阵

i \ j	基础建设	工作实施	工作成效
基础建设	1	—	—
工作实施		1	—
工作成效			1

表 B-2　　　　　　　　基础建设二级指标判断矩阵

i \ j	机构建设	队伍建设	制度建设	信息平台建设
机构建设	1	—	—	—
队伍建设		1	—	—
制度建设			1	—
信息平台建设				1

表 B-3　　　　　　　　工作实施二级指标判断矩阵

i \ j	政策落实	信息管理	宣传教育
政策落实	1	—	—
信息管理		1	—
宣传教育			1

表 B – 4　　　　　　　　　　工作成效二级指标判断矩阵

i / j	资助成效	导向成效
资助成效	1	—
导向成效		1

表 B – 5　　　　　　　　　　机构建设三级指标判断矩阵

i / j	机构设置	机构职能	工作经费	办公条件
机构设置	1	—	—	—
机构职能		1	—	—
工作经费			1	—
办公条件				1

表 B – 6　　　　　　　　　　队伍建设三级指标判断矩阵

i / j	校级机构人员配备	院（系）人员配备
校级机构人员配备	1	—
院（系）人员配备		1

表 B – 7　　　　　　　　　　制度建设三级指标判断矩阵

i / j	国家奖助学金	国家助学贷款	勤工助学	服义务兵役学费资助	基层就业学费资助	退役士兵教育资助	贫困学生认定
国家奖助学金	1	—	—	—	—	—	—
国家助学贷款		1	—	—	—	—	—
勤工助学			1	—	—	—	—
服义务兵役学费资助				1	—	—	—
基层就业学费资助					1	—	—
退役士兵教育资助						1	—
贫困学生认定							1

表 B – 8 信息平台建设三级指标判断矩阵

i / j	校内资助网站建设
校内资助网站建设	1

表 B – 9 政策落实三级指标判断矩阵

i / j	事业收入资助经费支出	国家助学贷款	国家奖助学金	勤工助学	服义务兵役学费资助	基层就业学费资助	退役士兵教育资助	绿色通道
事业收入资助经费支出	1	—	—	—	—	—	—	—
国家助学贷款		1	—	—	—	—	—	—
国家奖助学金			1	—	—	—	—	—
勤工助学				1	—	—	—	—
服义务兵役学费资助					1	—	—	—
基层就业学费资助						1	—	—
退役士兵教育资助							1	—
绿色通道								1

表 B – 10 信息管理三级指标判断矩阵

i / j	信息采集报送	信息审核	信息维护管理
信息采集报送	1	—	—
信息审核		1	—
信息维护管理			1

表 B – 11　　　　　　　　　宣传教育三级指标判断矩阵

i\j	宣传工作	育人活动	信息报送
宣传工作	1	—	—
育人活动		1	—
信息报送			1

表 B – 12　　　　　　　　　资助成效三级指标判断矩阵

i\j	资助水平	育人成效	贷款质量
资助水平	1	—	—
育人成效		1	—
贷款质量			1

表 B – 13　　　　　　　　　导向成效三级指标判断矩阵

i\j	服务特殊领域
服务特殊领域	1

感谢您的合作！

附录 C 大学生资助绩效评估
三级指标判断矩阵

表 C-1 机构建设三级指标判断矩阵

i \ j	机构设置	机构职能	工作经费	办公条件
机构设置	1	1/2	1	1
机构职能	2	1	2	2
工作经费	1	1/2	1	1
办公条件	1	1/2	1	1

表 C-2 队伍建设三级指标判断矩阵

i \ j	校级机构人员配备	院（系）人员配备
校级机构人员配备	1	3
院（系）人员配备	1/3	1

表 C-3 制度建设三级指标判断矩阵

i \ j	国家奖助学金	国家助学贷款	勤工助学	服义务兵役学费资助	基层就业学费资助	退役士兵教育资助	贫困学生认定
国家奖助学金	1	1	2	2	2	2	1
国家助学贷款	1	1	2	2	2	2	1
勤工助学	1/2	1/2	1	1	1	1	1/2
服义务兵役学费资助	1/2	1/2	1	1	1	1	1/2
基层就业学费资助	1/2	1/2	1	1	1	1	1/2
退役士兵教育资助	1/2	1/2	1	1	1	1	1/2
贫困学生认定	1	1	2	2	2	2	1

表 C-4　　　　　　　　　　信息平台建设三级指标判断矩阵

i／j	校内资助网站建设
校内资助网站建设	1

表 C-5　　　　　　　　　　政策落实三级指标判断矩阵

i／j	事业收入资助经费支出	国家助学贷款	国家奖助学金	勤工助学	服义务兵役学费资助	基层就业学费资助	退役士兵教育资助	绿色通道
事业收入资助经费支出	1	5/4	5/3	5/3	5/3	5/3	5/2	5/2
国家助学贷款	4/5	1	4/3	4/3	4/3	4/3	2	2
国家奖助学金	3/5	3/4	1	1	1	1	3/2	3/2
勤工助学	3/5	3/4	1	1	1	1	3/2	3/2
服义务兵役学费资助	3/5	3/4	1	1	1	1	3/2	3/2
基层就业学费资助	3/5	3/4	1	1	1	1	3/2	3/2
退役士兵教育资助	2/5	1/2	2/3	2/3	2/3	2/3	1	1
绿色通道	2/5	1/2	2/3	2/3	2/3	2/3	1	1

表 C-6　　　　　　　　　　信息管理三级指标判断矩阵

i／j	信息采集报送	信息审核	信息维护管理
信息采集报送	1	4/3	4/3
信息审核	3/4	1	1
信息维护管理	3/4	1	1

表 C-7 宣传教育三级指标判断矩阵

i \ j	宣传工作	育人活动	信息报送
宣传工作	1	5/4	5/3
育人活动	4/5	1	4/3
信息报送	3/5	3/4	1

表 C-8 资助成效三级指标判断矩阵

i \ j	资助水平	育人成效	贷款质量
资助水平	1	8/5	8/7
育人成效	5/8	1	5/7
贷款质量	7/8	7/5	1

表 C-9 导向成效三级指标判断矩阵

i \ j	服务特殊领域
服务特殊领域	1

附录 D   大学生资助绩效评估
三级指标权重

1. 基础建设下的三级指标

表 D-1   机构建设三级指标权重设置

三级指标	机构设置	机构职能	工作经费	办公条件
权重	0.20	0.40	0.20	0.20

表 D-2   队伍建设三级指标权重设置

三级指标	校级机构人员配备	院（系）人员配备
权重	0.67	0.33

表 D-3   制度建设三级指标权重设置

三级指标	国家奖助学金	国家助学贷款	勤工助学	服义务兵役学费资助	基层就业学费资助	退役士兵教育资助	贫困学生认定
权重	0.20	0.20	0.10	0.10	0.10	0.10	0.20

表 D-4   信息平台建设三级指标权重设置

三级指标	资助网站建设
权重	1

2. 工作实施下的三级指标

表 D - 5　　　　　　　　　　政策落实三级指标权重设置

三级指标	事业收入资助经费支出	国家助学贷款	国家奖助学金	勤工助学	服义务兵役学费资助	基层就业学费资助	退役士兵教育资助	绿色通道
权重	0.20	0.16	0.12	0.12	0.12	0.12	0.08	0.08

表 D - 6　　　　　　　　　信息管理三级指标权重设置

三级指标	信息采集报送	信息审核	信息维护管理
权重	0.40	0.30	0.30

表 D - 7　　　　　　　　　宣传教育三级指标权重设置

三级指标	宣传工作	育人活动	信息报送
权重	0.42	0.33	0.25

3. 工作成效下的三级指标

表 D - 8　　　　　　　　　资助成效三级指标权重设置

三级指标	资助水平	育人成效	贷款质量
权重	0.40	0.25	0.35

表 D - 9　　　　　　　　　导向成效三级指标权重设置

三级指标	服务特殊领域
权重	1

附录 E　t 检验与单因素方差分析结果输出

一　依据办学层次划分的两个独立样本 t 检验结果

1. 大学生资助管理整体水平

. ttest overall，by（layer）

Two-sample t test with equal variances

Group	Obs	Mean	Std. Err.	Std. Dev.	[95% Conf. Interval]	
本科	112	81.74714	.7453356	7.887891	80.27021	83.22408
高职	8	68.14625	3.138605	8.877316	60.72463	75.56787
combined	120	80.84042	.7867581	8.618503	79.28256	82.39828
diff		13.60089	2.90941		7.839469	19.36232

diff = mean（1）－ mean（2）　　　t = 4.6748　　　Ho：diff = 0　　　degrees of freedom = 118

Ha：diff < 0　　　　　　　Ha：diff! = 0　　　　　　　Ha：diff > 0

Pr（T < t）= 1.0000　　Pr（|T| > |t|）= 0.0000　　Pr（T > t）= 0.0000

2. 大学生资助管理基础建设

. ttest input，by（layer）

Two-sample t test with equal variances

Group	Obs	Mean	Std. Err.	Std. Dev.	[95% Conf. Interval]	
本科	112	26.54018	.3046942	3.224581	25.93641	27.14395
高职	8	23.2625	1.875875	5.305775	18.82676	27.69824
combined	120	26.32167	.3166088	3.468276	25.69475	26.94858
diff		3.277679	1.238397		.8253152	5.730042

diff = mean（1）－mean（2）   t = 2.6467   Ho：diff = 0   degrees of freedom = 118

Ha：diff < 0   Ha：diff！＝0   Ha：diff > 0

Pr（T < t）= 0.9954   Pr（｜T｜ > ｜t｜）= 0.0092   Pr（T > t）= 0.0046

3. 大学生资助管理工作实施

. ttest process，by（layer）

Two-sample t test with equal variances

Group	Obs	Mean	Std. Err.	Std. Dev.	[95% Conf. Interval]	
本科	112	38.62812	.4344361	4.597639	37.76726	39.48899
高职	8	31.04625	1.384381	3.915621	27.77271	34.31979
combined	120	38.12267	.4493143	4.921992	37.23298	39.01235
diff	7.581875	1.668799	4.277198	10.88655		

diff = mean（1）－mean（2）   t = 4.5433   Ho：diff = 0   degrees of freedom = 118

Ha：diff < 0   Ha：diff！＝0   Ha：diff > 0

Pr（T < t）= 1.0000   Pr（｜T｜ > ｜t｜）= 0.0000   Pr（T > t）= 0.0000

4. 大学生资助管理工作成效

. ttest output，by（layer）

Two-sample t test with equal variances

Group	Obs Mean	Std. Err.	Std. Dev.[95% Conf. Interval]		
本科	112 16.51955	.2314952	2.449915	16.06083	16.97828
高职	8 13.8375	.6550239	1.852687	12.28861	15.38639
combined	120 16.34075	.2282514	2.500368	15.88879	16.79271
	diff 2.682054	.8851186	.9292777	4.434829	

diff = mean（1）－mean（2）   t = 3.0302   Ho：diff = 0   degrees of freedom = 118

Ha：diff < 0   Ha：diff！＝0   Ha：diff > 0

Pr（T < t）= 0.9985   Pr（｜T｜ > ｜t｜）= 0.0030   Pr（T > t）= 0.0015

二 依据办学水平划分的单因素方差分析结果

1. 大学生资助管理整体水平

. oneway overall level, tabulate scheffe

Summary of overall

level	Mean	Std. Dev.	Freq.
985	85. 011316	4. 9873956	38
211	83. 5675	6. 6723496	48
其他	72. 328824	8. 4299516	34
Total	80. 840417	8. 6185029	120

Analysis of Variance

Source	SS	df	MS	F	Prob > F
Between groups	3481. 24379	2	1740. 6219	38. 01	0. 0000
Within groups	5357. 90869	117	45. 7940913		
Total	8839. 15248	119	74. 2785923		

Bartlett's test for equal variances: chi2 (2) = 9. 2984   Prob > chi2 = 0. 010

Comparison of overall by level

(Scheffe)

Row Mean-Col Mean	985	211
211	− 1. 44382	
	0. 618	
其他	− 12. 6825	− 11. 2387
	0. 000	0. 000

2. 大学生资助管理基础建设

. oneway input level, tabulate scheffe

Summary of input

level	Mean	Std. Dev.	Freq.
985	27.055263	2.637433	38
211	27.385417	2.9572119	48
其他	24	3.9119862	34
Total	26.321667	3.468276	120

Analysis of Variance

Source	SS	df	MS	F	Prob > F
Between groups	258.029928	2	129.014964	12.86	0.0000
Within groups	1173.41374	117	10.0291773		
Total	1431.44367	119	12.0289384		

Bartlett's test for equal variances: chi2 (2) = 5.9619 Prob > chi2 = 0.051

Comparison of input by level

(Scheffe)

Row Mean − Col Mean	985	211
211	.330154	
	0.891	
其他	− 3.05526	− 3.38542
	0.000	0.000

3. 大学生资助管理工作实施

. oneway process level, tabulate scheffe

Summary of process

level	Mean	Std. Dev.	Freq.
985	40.700526	2.8977698	38
211	39.468542	3.8540098	48
其他	33.341471	4.7907393	34
Total	38.122667	4.9219918	120

Analysis of Variance

Source	SS	df	MS	F	Prob > F
Between groups	1116.70433	2	558.352166	36.99	0.0000
Within groups	1766.19001	117	15.0956411		
Total	2882.89435	119	24.2260029		

Bartlett's test for equal variances: chi2 (2) = 8.5362   Prob > chi2 = 0.014

Comparison of process by level
(Scheffe)

Row Mean - Col Mean	985	211
211	-1.23198	
	0.348	
其他	-7.35906	-6.12707
	0.000	0.000

4. 大学生资助管理工作成效

. oneway output level, tabulate scheffe

Summary of output

level	Mean	Std. Dev.	Freq.
985	17.222895	2.4098401	38
211	16.601042	2.164851	48
其他	14.987353	2.5449216	34
Total	16.34075	2.5003684	120

Analysis of Variance

Source	SS	df	MS	F	Prob > F
Between groups	95.1001412	2	47.5500706	8.57	0.0003
Within groups	648.869091	117	5.54588967		
Total	743.969232	119	6.25184229		

Bartlett's test for equal variances: chi2 (2) = 1.0760   Prob > chi2 = 0.584

Comparison of output by level

(Scheffe)

Row Mean – Col Mean	985	211	
211	– .621853		
	0.480	– 2.23554	– 1.61369
	0.001	0.011	

三　依据所在区域划分的单因素方差分析结果

1. 大学生资助管理整体水平

. oneway overall area, tabulate

Summary of overall

area	Mean	Std. Dev.	Freq.
中部	82.384	8.5687801	25
东部	80.920946	7.8211221	74
西部	78.719048	11.083817	21
Total	80.840417	8.6185029	120

Analysis of Variance

Source	SS	df	MS	F	Prob > F
Between groups	154.550464	2	77.2752322	1.04	0.3563
Within groups	8684.60201	117	74.2273676		
Total	8839.15248	119	74.2785923		

Bartlett's test for equal variances：chi2 (2) = 4.2398　Prob > chi2 = 0.120

2. 大学生资助管理基础建设

. oneway input area, tabulate scheffe

Summary of input

area	Mean	Std. Dev.	Freq.
中部	27.58	2.3757455	25
东部	26.409459	3.1930219	74
西部	24.514286	4.7061965	21
Total	26.321667	3.468276	120

Analysis of Variance

Source	SS	df	MS	F	Prob > F
Between groups	108.754574	2	54.377287	4.81	0.0098
Within groups	1322.68909	117	11.305035		
Total	1431.44367	119	12.0289384		

Bartlett's test for equal variances: chi2 (2) = 10.5917　Prob > chi2 = 0.005

Comparison of input by area

(Scheffe)

Row Mean – Col Mean	中部	东部
东部	– 1.17054	
	0.326	
西部	– 3.06571	– 1.89517
0.010	0.079	

3. 大学生资助管理工作实施

. oneway process area, tabulate

Summary of process

area	Mean	Std. Dev.	Freq.
中部	38.5348	5.3387991	25
东部	37.928919	4.5639383	74
西部	38.314762	5.7899599	21
Total	38.122667	4.9219918	120

Analysis of Variance

Source	SS	df	MS	F	Prob > F
Between groups	7. 79908534	2	3. 89954267	0. 16	0. 8534
Within groups	2875. 09526	117	24. 5734638		
Total	2882. 89435	119	24. 2260029		

Bartlett's test for equal variances：chi2（2）= 2. 2584　Prob > chi2 = 0. 323

4. 大学生资助管理工作成效

. oneway output area, tabulate

Summary of output

area	Mean	Std. Dev.	Freq.
中部	16. 2692	2. 556459	25
东部	16. 532027	2. 2881008	74
西部	15. 751905	3. 1210265	21
Total	16. 34075	2. 5003684	120

Analysis of Variance

Source	SS	df	MS	F	Prob > F
Between groups	10. 1169287	2	5. 05846437	0. 81	0. 4489
Within groups	733. 852304	117	6. 27224191		
Total	743. 969232	119	6. 25184229		

Bartlett's test for equal variances：chi2（2）= 3. 3459　Prob > chi2 = 0. 188

四　依据隶属部门划分的两个独立样本 t 检验结果

1. 大学生资助管理整体水平

. ttest overall, by（depart）

Two-sample t test with equal variances

Group	Obs	Mean	Std. Err.	Std. Dev.	[95% Conf. Interval]	
教直	77	83. 95312	. 7598007	6. 667224	82. 43984	85. 46639

Group	Obs Mean	Std. Err.	Std. Dev.[95%	Conf. Interval]		
非教直	43	75.26651	1.367804	8.969289	72.50617	78.02685
combined	120	80.84042	.7867581	8.618503	79.28256	82.39828
diff	8.686605	1.440629	5.833767	11.53944		

diff = mean (1) – mean (2)　　t = 6.0297　　Ho: diff = 0　　degrees of freedom = 118

　　Ha: diff < 0　　　　　　　Ha: diff! = 0　　　　　　　Ha: diff > 0

　Pr (T < t) = 1.0000　　Pr (| T | > | t |) = 0.0000　　Pr (T > t) = 0.0000

2. 大学生资助管理基础建设

. ttest input, by (depart)

Two-sample t test with equal variances

Group	Obs	Mean	Std. Err.	Std. Dev.	[95%	Conf. Interval]
教直	77	27.09351	.3453843	3.030735	26.40561	27.7814
非教直	43	24.93953	.578951	3.796436	23.77116	26.10791
combined	120	26.32167	.3166088	3.468276	25.69475	26.94858
diff	2.153972	.6327233	.9010073	3.406936		

diff = mean (1) – mean (2)　　t = 3.4043　　Ho: diff = 0　　degrees of freedom = 118

　　Ha: diff < 0　　　　　　　Ha: diff! = 0　　　　　　　Ha: diff > 0

　Pr (T < t) = 0.9995　　Pr (| T | > | t |) = 0.0009　　Pr (T > t) = 0.0005

3. 大学生资助管理工作实施

. ttest process, by (depart)

Two-sample t test with equal variances

Group	Obs	Mean	Std. Err.	Std. Dev.	[95%	Conf. Interval]
教直	77	39.92766	.4208064	3.692561	39.08955	40.76577
非教直	43	34.89047	.7967753	5.224805	33.28251	36.49842
combined	120	38.12267	.4493143	4.921992	37.23298	39.01235
diff	5.037197	.8187986	3.415753	6.658641		

diff = mean (1) – mean (2)　　t = 6.1519　　Ho: diff = 0　　degrees of freedom = 118

Ha：diff < 0　　　　　　　Ha：diff！ = 0　　　　　　　Ha：diff > 0

Pr（T < t）= 1.0000　　　Pr（｜T｜ > ｜t｜）= 0.0000　　　Pr（T > t）= 0.0000

4. 大学生资助管理工作成效

ttest output，by（depart）

Two-sample t test with equal variances

Group	Obs	Mean	Std. Err.	Std. Dev.	[95% Conf. Interval]	
教直	77	16.86182	.2463631	2.161827	16.37114	17.35249
非教直	43	15.40767	.4277474	2.804927	14.54445	16.2709
combined	120	16.34075	.2282514	2.500368	15.88879	16.79271
diff		1.454144	.4588953	.5454062	2.362881	

diff = mean（1）- mean（2）　　t = 3.1688　　Ho：diff = 0　　degrees of freedom = 118

Ha：diff < 0　　　　　　　Ha：diff！ = 0　　　　　　　Ha：diff > 0

Pr（T < t）= 0.9990　　　Pr（｜T｜ > ｜t｜）= 0.0019　　　Pr（T > t）= 0.0010

五　依据学校类型划分的两个独立样本 t 检验结果

1. 大学生资助管理整体水平

. ttest overall，by（type）

Two-sample t test with equal variances

Group	Obs	Mean	Std. Err.	Std. Dev.	[95% Conf. Interval]	
综合	20	85.276	1.391592	6.223387	82.36337	88.18863
专业	100	79.9533	.8779617	8.779617	78.21123	81.69537
combined	120	80.84042	.7867581	8.618503	79.28256	82.39828
diff		5.3227	2.062617	1.238156	9.407244	

diff = mean（1）- mean（2）　　t = 2.5806　　Ho：diff = 0　　degrees of freedom = 118

Ha：diff < 0　　　　　　　Ha：diff！ = 0　　　　　　　Ha：diff > 0

Pr（T < t）= 0.9945　　　Pr（｜T｜ > ｜t｜）= 0.0111　　　Pr（T > t）= 0.0055

2. 大学生资助管理基础建设

ttest input, by (type)

Two-sample t test with equal variances

Group	Obs	Mean	Std. Err.	Std. Dev.	[95% Conf. Interval]	
综合	20	27.765	.5440721	2.433164	26.62624	28.90376
专业	100	26.033	.3580194	3.580194	25.32261	26.74339
combined	120	26.32167	.3166088	3.468276	25.69475	26.94858
diff	1.732	.8381113	.0723115	3.391688		

diff = mean (1) − mean (2)　　　t = 2.0666　　　Ho: diff = 0　　　degrees of freedom = 118

Ha: diff < 0　　　　　　　Ha: diff! = 0　　　　　　　Ha: diff > 0

Pr (T < t) = 0.9795　　Pr (|T| > |t|) = 0.0410　　Pr (T > t) = 0.0205

3. 大学生资助管理工作实施

. ttest process, by (type)

Two-sample t test with equal variances

Group	Obs	Mean	Std. Err.	Std. Dev.	[95% Conf. Interval]	
综合	20	41.085	.7379622	3.300267	39.54043	42.62957
专业	100	37.5302	.4990234	4.990234	36.54003	38.52037
combined	120	38.12267	.4493143	4.921992	37.23298	39.01235
diff	3.5548	1.165671	1.246454	5.863146		

diff = mean (1) − mean (2)　　　t = 3.0496　　　Ho: diff = 0　　　degrees of freedom = 118

Ha: diff < 0　　　　　　　Ha: diff! = 0　　　　　　　Ha: diff > 0

Pr (T < t) = 0.9986　　Pr (|T| > |t|) = 0.0028　　Pr (T > t) = 0.0014

4. 大学生资助管理工作成效

. ttest output, by (type)

Two-sample t test with equal variances

Group	Obs	Mean	Std. Err.	Std. Dev.	[95% Conf. Interval]	
综合	20	16. 426	. 5683714	2. 541834	15. 23639	17. 61561
专业	100	16. 3237	. 2504617	2. 504617	15. 82673	16. 82067
combined	120	16. 34075	. 2282514	2. 500368	15. 88879	16. 79271
diff		. 1023	. 6149803	− 1. 115528	1. 320128	

diff = mean（1）－ mean（2）   t = 0. 1663   Ho：diff = 0   degrees of freedom = 118

Ha：diff < 0   Ha：diff! = 0   Ha：diff > 0

Pr（T < t）= 0. 5659   Pr（︱T︱> ︱t︱）= 0. 8682   Pr（T > t）= 0. 4341

注：以上表中各分类下基础建设、工作实施及工作成效的均值均为百分制换算前的得分。

附录 F 多元线性回归模型输出

模型一：高校类别与大学生资助管理基础建设的回归模型

```
. reg var6 bxcc lsbm xxlx bxsp985 bxsp211 bxspqt ssqyzb ssqydb ssqyxb,beta
note: bxsp985 omitted because of collinearity
note: ssqyzb omitted because of collinearity
```

Source	SS	df	MS		
				Number of obs =	120
				F(7, 112) =	6.14
Model	397.088802	7	56.7258289	Prob > F =	0.0000
Residual	1034.36287	112	9.23538279	R-squared =	0.2774
				Adj R-squared =	0.2322
Total	1431.44367	119	12.0289384	Root MSE =	3.039

var6	Coef.	Std. Err.	t	P>|t|	Beta
bxcc	1.614187	1.303409	1.24	0.218	.1165816
lsbm	-.0045597	.802481	-0.01	0.995	-.000633
xxlx	1.411722	.803349	1.76	0.082	.1523303
bxsp985	0	(omitted)			0
bxsp211	.6015524	.6991591	0.86	0.391	.0853262
bxspqt	-2.240627	.9802269	-2.29	0.024	-.2923348
ssqyzb	0	(omitted)			0
ssqydb	-1.550808	.7444979	-2.08	0.040	-.2183108
ssqyxb	-3.150777	.915321	-3.44	0.001	-.3466308
_cons	26.48467	1.467538	18.05	0.000	.

模型二：高校类别与大学生资助管理工作实施的回归模型

```
. reg var7 bxcc lsbm xxlx bxsp985 bxsp211 bxspqt ssqyzb ssqydb ssqyxb,beta
note: bxsp985 omitted because of collinearity
note: ssqyzb omitted because of collinearity
```

Source	SS	df	MS		
				Number of obs =	120
				F(7, 112) =	12.87
Model	1284.9425	7	183.563215	Prob > F =	0.0000
Residual	1597.95159	112	14.2674249	R-squared =	0.4457
				Adj R-squared =	0.4111
Total	2882.89409	119	24.2260008	Root MSE =	3.7772

var7	Coef.	Std. Err.	t	P>|t|	Beta
bxcc	3.574672	1.620041	2.21	0.029	.181922
lsbm	1.271957	.9974247	1.28	0.205	.1244362
xxlx	1.799536	.9985035	1.80	0.074	.1368266
bxsp985	0	(omitted)			0
bxsp211	-.7634491	.8690032	-0.88	0.382	-.0763066
bxspqt	-5.095588	1.21835	-4.18	0.000	-.4684659
ssqyzb	0	(omitted)			0
ssqydb	-1.544946	.925356	-1.67	0.098	-.1532509
ssqyxb	-.4946807	1.137676	-0.43	0.665	-.0383484
_cons	36.45863	1.824041	19.99	0.000	.

模型三：高校类别与大学生资助管理工作成效的回归模型

```
. reg var8 bxcc lsbm xxlx bxsp985 bxsp211 bxspqt ssqyzb ssqydb ssqyxb,beta
note: bxsp985 omitted because of collinearity
note: ssqyzb omitted because of collinearity
```

Source	SS	df	MS		
				Number of obs =	120
				F(7, 112) =	3.18
Model	123.241477	7	17.6059253	Prob > F =	0.0042
Residual	620.727779	112	5.54221231	R-squared =	0.1657
				Adj R-squared =	0.1135
Total	743.969256	119	6.25184249	Root MSE =	2.3542

var8	Coef.	Std. Err.	t	P>|t|.	Beta
bxcc	1.496359	1.009706	1.48	0.141	.149907
lsbm	.3619835	.6216542	0.58	0.562	.0697108
xxlx	-.6671163	.6223266	-1.07	0.286	-.0998501
bxsp985	0	(omitted)			0
bxsp211	-.8401435	.5416143	-1.55	0.124	-.1652998
bxspqt	-1.816852	.7593478	-2.39	0.018	-.3288063
ssqyzb	0	(omitted)			0
ssqydb	-.0532169	.5767367	-0.09	0.927	-.0103915
ssqyxb	-.6094152	.7090675	-0.86	0.392	-.0929977
_cons	15.81336	1.136851	13.91	0.000	.